JN436099

아산재단 연구총서 제458집

저소득층 초등학생을 위한 식생활교육 프로그램 개발

- 심리·사회적, 영양학적 요인을 중심으로 -

저소득층 초등학생을 위한 식생활교육 프로그램 개발: 심리·사회적, 영양학적 요인을 중심으로
Copyright ⓒ 2020 Kyung Won Kim, Seo-Jin Chung, Soonhae Hong, Hyunjoo Song
All rights reserved.
This Edition was published by Jipmoondang in 2020, Seoul, Korea.

이 책의 저작권은 저자에게 있습니다.
이 책의 출판권은 **(주)집문당**에 있습니다.
저작권법에 의하여 보호를 받는 저작물이므로 무단전재와 무단복제를 금합니다.

아산재단 연구총서 제458집

저소득층 초등학생을 위한 식생활교육 프로그램 개발

- 심리·사회적, 영양학적 요인을 중심으로 -

김경원·정서진·홍순혜·송현주

집문당

김경원(金瓊媛) 서울대학교 가정대학 식품영양학과 졸업
서울대학교 가정대학원 식품영양학과 졸업(영양학 석사)
미국 사우스캐롤라이나대학교 보건대학원 보건교육학과 졸업(보건교육학 Ph.D.)
현재 서울여자대학교 자연과학대학 식품영양학전공 교수

정서진(鄭瑞珍) 이화여자대학교 신산업융합대학 식품영양학과 교수

홍순혜(洪淳慧) 서울여자대학교 사회과학대학 사회복지학과 교수

송현주(宋炫周) 서울여자대학교 특수치료전문대학원 심리치료학과 교수

아산재단 연구총서 제458집

저소득층 초등학생을 위한 식생활교육 프로그램 개발
심리·사회적, 영양학적 요인을 중심으로

2020년 3월 20일 1판 1쇄

저자 | 김경원·정서진·홍순혜·송현주
발행인 | 임동규
발행처 | **(주)집문당**
등록 | 1971. 3. 23. 제2012-000069호
주소 | 03134 서울시 종로구 돈화문로 82, 5층
전화 | 1811-7567 팩스(02)742-4657
이메일 | sale@jipmoon.com
홈페이지 | www.jipmoon.com

ISBN 978-89-303-1858-7 94330
978-89-303-1500-5(세트)

가격 15,000원

이 도서의 국립중앙도서관 출판시도서목록(CIP)은 e-CIP홈페이지(http://www.nl.go.kr/ecip)와 국가자료공동목록시스템(http://www.nl.go.kr/kolisnet)에서 이용하실 수 있습니다.
(CIP제어번호: CIP2020006821)

머리말

재단법인 아산사회복지재단에 "저소득층 초등학생을 위한 식생활 교육 프로그램 개발 - 심리·사회적, 영양학적 요인을 중심으로"의 결과물을 한 권의 책으로 발간하게 되었습니다. 연구를 지원하고, 많은 관심자분들에게 연구결과를 공유할 수 있는 기회를 허락하신 아산사회복지재단에 감사를 드립니다.

본 연구는 아산사회복지재단 지원 하에 2011년 7월부터 2013년 6월까지 2년간 진행되었습니다. 연구에는 식품영양학 교수 2인, 심리치료전공 교수 1인, 사회복지학 교수 1인이 참여하여 아동의 영양학적, 심리적, 사회적 영역을 모두 포괄하였습니다.

현재 우리사회에서는 소득 양극화로 인해 빈곤 계층이 증가하고 결손 또는 맞벌이 가정이 증가하면서 부모나 양육자의 적절한 보살핌 없이 방치되는 아동들도 증가하고 있습니다. 아동들에게 돌봄이 부족할 때 가장 먼저 영향을 받는 영역 중 하나는 식생활 관련 분야입니다. 결식을 하거나 여러 영양소를 골고루 갖춘 식사를 하지 못하거나, 스스로 식사를 해결해야 하는 경우가 많이 발생합니다. 초등학생들의 경우 중식은 학교 무료급식으로 해결되더라도 조식과 석식은 계속 문제로 남습니다. 비만이나 섭식장애도 늘고 있으며, 혼자 대충 식사하는 과정에서 식사예절을 배우지 못하고 심리·사회적으로도 안정감을 느끼지 못하고 있습니다. 결식, 혼자하는 식사, 이외의 나쁜 식습관들은 아동의 자아존중감과도 부정적인 관련성을 보여주고 있습니다. 하지만 저소득층 아동들이 많이 이용하고 있는 학교 내 돌봄교실이나 지역아동센터, 사회복지기관 등에서 아동의 영양과 심리사회적 요인들을 고려한 요리활동이나 요리능력 향상 교육 등은 제대로 제공되지 못하고 있으며, 이런 교육을 위한 매뉴얼도 매우 부족합니다.

이런 문제에 대한 대안으로, 우리 연구팀은 저소득층 아동이 직접 참여하는 요리활동을 통한 식생활교육 프로그램을 개발하였습니다. 아동의 식생활문제는 학교급식이나 도시락배달 서비스만으로 해결되기 어렵습니다. 아동 스스로 영양가 있는 식품을 알고 이를 활용해 스스로 요리를 준비하여 섭취할 수 있다면 아동의 현재 영양상태를 개선할 수 있을 뿐만 아니라 성인이 된 이후에도 올바른 식습관을 갖는 데 많은 도움이 될 것입니다.

연구는 다음과 같은 절차를 통해 진행되었습니다. 첫째, 주제 관련 문헌들을 검토하였고 둘째, 초등학교 교육복지사업에서 저소득층 아동과 함께 일하는 지역사회교육전문가, 학교 방과후 돌봄교실 교사, 지역아동센터 실무자 5인을 대상으로 포커스그룹 인터뷰를 실시하여 대상 아동의 식습관이나 식생활 문제, 식생활교육 프로그램 개발 시 필요사항 등을 파악하였습니다. 셋째, 문헌연구와 포커스그룹 인터뷰 결과를 기반으로 설문지를 작성하여 초등학교 교육복지사업 및 지역아동센터 실무자들과 아동들을 대상으로 식생활 행태, 식행동, 요리활동 경험, 식생활 관련 심리·사회적 요인 등을 조사하였습니다. 넷째, 양적 및 질적 연구 결과들을 토대로 아동대상 식생활 개선 요리활동 프로그램을 개발하였습니다. 개발된 프로그램은 구체적이면서도 손쉽게 따라할 수 있는 식생활교육 차수별 교육계획안, 교육에서 활용 가능한 교육자료를 포함하고 있습니다, 다섯째, 개발된 프로그램을 아동관련 기관에서 실행하고 효과성 검증을 위해 비교집단 사전사

후 비교 분석을 실시하였습니다. 마지막으로, 프로그램 효과평가에 근거하여 식생활교육 프로그램을 수정·보완하여 최종본을 제시하고 활용 활성화 방안을 모색하였습니다.

본 연구의 포커스그룹 인터뷰, 설문조사, 교육프로그램 실행 등에 참여해주신 실무자와 아동들에게 감사의 마음을 전합니다. 또한 문헌조사에서부터 프로그램의 개발, 실행 및 평가에 이르는 연구의 전 과정에서 수고를 아끼지 않은 서울여자대학교 식품영영학과의 이서연, 이은혜, 하성아, 김소미, 김수아, 송아란, 사회복지학과의 방진희, 엄경남, 특수치료전문대학원 심리치료학과의 김희정, 이화여자대학교 식품영양학과의 박선영 석·박사과정 학생들에게 감사의 마음을 보냅니다. 이 한권의 책이 복지사각지대에 처해 있거나 부모의 맞벌이 등으로 스스로 식사를 해결해야 하는 많은 저소득층 아이들의 영양상태를 개선하고 올바른 식습관을 습득할 수 있는 기회를 제공할 수 있기를 기대합니다.

저자 일동

차 례

| 표 차례 |

| 그림 차례 |

제1장 연구의 필요성 및 목적

제1장 연구의 필요성 및 목적

1. 연구의 필요성

가. 연구 배경

1) 저소득층 아동의 영양 실태와 식생활교육의 문제

학동기는 성장발달이 왕성하고 식습관이 형성되는 시기로, 이 시기에 균형된 영양소 섭취를 통해 신체적 성장과 정신적 건강을 도모함이 중요하다. 그러나 초등학생 대상의 연구를 보면 편식, 아침 결식, 에너지나 지방 및 당 함량이 높은 간식 선택, 채소 기피 등 식습관 문제가 다양하게 보고되고 있다(나수영 등 2010; 신은경 등 2006; 정나영 · 김경원 2009). 또한 사회경제적 수준과 소득 수준에 따라 한편에서는 지방이나 에너지의 과다 섭취, 비만과 생활습관병이 문제시되는 반면, 저소득층 아동들은 에너지나 칼슘, 철, 비타민 A, 비타민 C 등 영양소의 섭취가 저조하고 영양불량의 위험이 높다. 경기도 지역의 저소득층 영유아와 아동 대상 연구에서 학동기 아동의 경우 전반적인 영양상태, 규칙적인 식사, 식사량의 일정성이 불량하였고 특히 인스턴트식품의 섭취 빈도가 높아서 취학 아동의 영양관리가 더 부실한 것으로 나타났다(홍순혜 등 2006; 홍순혜 2007; 홍순혜 · 이숙영 2010).

저소득층 아동들은 부모가 맞벌이를 하는 경우가 많아서 어린이들이 방과 후에 혼자 시간을 보내거나 방과 후 학교, 사회복지기관 등에서 시간을 보내게 된다. 이에 따라 가정에서의 식사 기회가 줄어들고, 가족과 함께 하는 식사보다는 혼자 하는 식사, 자신이 직접 음식을 해 먹거나 식사를 해결해야 하는 경우가 허다하다. 또한 인스턴트 식품을 자주 섭취하고 제한된 가짓수의 음식으로 불충분한 식사를 하게 되며 심리적 만족감과 안정감이 낮아지게 되어 신체적 건강뿐 아니라 심리 · 사회적 건강문제가 생기기 쉬운 상태에 이르게 된다.

아동의 올바른 식습관 형성과 건강을 위해 가정과 학교에서 지속적이고 체계적으로 식생활교육을 실시해야 한다. 미국에서는 1990년대 초반부터 5 a Day, Team Nutrition 등 아동 대상의 영양교육을 활발하게 실시하고 있다. 국내에서도 학교 영양교사 제도의 도입, 어린이 식생활안전관리특별법 제정 등으로 어린이 영양과 건강을 위해 다양한 정책과 사업을 전개하고 있다. 이에 따라 초등학생을 대상으로 한 학교 영양교육의 사례가 늘고 있으며 교육 후에 영양지식이나 식습관이 양호하게 변화하는 등 긍정적 결과가 보고되고 있다(안윤 등 2009; 우태정 등 2006). 그러나 저소득층 아동 대상의 연구, 영양학적 요인 외에 심리·사회적 요인에 초점을 둔 식생활교육은 상당히 부족하다. 특히 저소득층 아동들의 하교 후 생활공간인 방과 후 학교나 지역사회복지관 등에서의 식생활교육은 매우 미비한 실정이다.

2) 식습관과 심리 · 사회적 요인, 정신건강

편식과 문제성 식습관은 초기 아동기에 가장 흔하게 나타나며 10세 미만 어린이 중 1/3 정도의 아동이 섭식과 관련된 문제를 보인다고 보고된다(Rydell & Dahl 2005). Sontag 등(2008)의 연구에 의하면 9살 무렵이 되면 남아에 비해 여아가 살이 찌는 것에 대해 보다 많은 두려움을 가진다고 하였다. Erermis 등(2004)은 비만한 청소년의 경우 그렇지 않은 청소년에 비해 섭식태도가 좋지 않고 우울, 행동 문제가 높았다고 보고하면서 비만한 아동 중에서 심리사회적 어려움을 겪고 있는 아동에 대한 개입이 중요하다고 하였다. Gustafsson 등(2010)은 여자 청소년의 문제성 섭식에 대한 연구에서 이상 섭식은 원래 가지고 있는 성격 특성보다는 개인과 사회문화적 환경간 상호작용과 보다 많이 관련 있다고 하였다. 이러한 연구 결과들은 후기 아동기 또는 청소년기의 섭식 문제는 선천적인 요인보다는 환경적인 요인에 의해 영향을 더 많이 받고 있음을 간접적으로 시사한다.

초등학교 고학년은 아동기에서 청소년기로 이어지며 사춘기가 시작되는 중요한 시기이다. 이미 여러 연구들에서 여아의 경우 이 시기의 신체 이미지가 자아존중감과 직결되며 심한 우울과 같은 심리적 장애와도 깊이 관련된다고 보고되었다. 따라서 사춘기 무렵 청소년 섭식 문제에 대한 개입은 사춘기 무렵에 발발하기 쉬운 여러 정신 병리를 예방하고 행복한 적응을 하게 하는 데 중요하다.

아동의 올바른 식습관, 안전하고 위생적인 음식관리를 위해 다양한 행동수정 기법과 인지기법들이 활용되고 있다. 미국 농림부의 Food Safety and Inspection Service에서는 안전한 음식관리 교육을 위한 활동책자와 자료를 제공한다.

음식이 정신건강에도 매우 중요하다는 연구결과가 뉴질랜드 연구팀에 의해 발표되었다. 뉴질랜드 언론에 따르면 오타고대학 공중보건학과 연구팀은 안전하고 영양가 있고 적당한 가격의 음식을 사먹는데 어려움을 겪는 1만 9천여 명을 대상으로 조사한 결과, 음식 걱정이 있는 사람들은 먹을 음식이 충분히 있는 사람들과 비교할 때 심리적 고통의 수치가 훨씬 높은 것으로 나타났다. 연구팀은 수입이나 교육 등 사회·경제적 요인들을 염두에 두었을 때 음식 걱정을 하는 사람들이 정신적 고통의 수치가 커질 위험은 90% 정도 높아졌다고 발표하였다(보건복지부 복지로 뉴스레터 2011).

정경배·김미숙(1999)은 결식아동의 17.7%가 학습부진 문제, 6.6%는 비행 등 심리사회적인 문제를 보인다고 하였다. 이에 결식아동의 기초생활을 보장하고 신체적·심리적·사회적 발달을 지원하기 위한 다각적인 사회적 지원이 요청된다. 또한 이혜원(2000)의 연구에 따르면, 결식아동의 64%는 결손가정 아동으로서 빈곤 38.6%, 부모의 역할 부재 24.6%, 정서불안 14%, 학습부진 8.8%, 난폭한 행동 3.5%, 도벽 및 가출 등 정서 문제 3.5%를 나타내고 있었다.

결식이 아동의 발달에 미치는 부정적 영향에 주목하여 UN 아동권리협약 제6조는 모든 아동은 영양은 물론 생명에 관한 권리를 가지고 있으며, 부모와 정부는 아동의 생존과 발달을 최대한 보장해야 한다고 명시하고 있다. 일본의 아동학대방지법은 결식을 아동학대의 한 유형인 방임으로 규정하고 있다. 우리나라에서도 결식의 개념을 부모가 자녀에게 균형있는 영양을 섭취할 수 있는 식사를 제때에 제공하지 않음으로써 신체·인지·정서·사회적 발달을 저해하는 방임으로 정의하고, 부모가 1차적 양육책임자로서의 역할을 유기하거나 쉽게 포기하지 않도록 현행 아동복지법 제2조의 구속력을 강화해야 함(이혜원 · 최경옥 2010)을 강조하였다.

강명순(2000)은 '빈곤 아동 · 청소년 종합대책(희망투자전략)'에 대해 정책 목표 추진상의 문제점을 다음과 같이 지적하였다. 급식을 실시하는 지역아동센터 95개소를 조사한 결과 조리사가 있는 기관이 44개소(46.3%)로 이는 정부의 급식지원금으로는 인건비가 책정되지 않아 발생하는 문제로 세부정책의 추진목표가 부재한 결과(이형하 2006)임을 강조하고 있다. 윤보람 등(2009)은 2008년 여름방학 동안 결식아동에게 도시락을 제공한 전국 114개 기관에 대해 식단관리, 생산관리, 위생관리에 대한 실태조사에서 응답기관의 64%가 표준 레시피를 사용하지 않았다고 보고하였다. 보존식을 보관하지 않는 기관이 43%이었고 응답대상의 38%는 결식아동을 위한 급식영양관리기준의 존재를 모르고 있으며, 도시락 급식기관의 영양사 고용율은 28%, 영양사가 식단을 작성하는 비율은 34%로 식단관리가 제대로 되어 있지 않는 등 다양한 문제점이 지적되었다.

3) 학동기 아동의 맛 선호도 형성 과정

현재까지 알려진 바로는 소비자가 선택하거나 선호하는 식품의 맛과 향미는 대부분 경험적 학습의 결과이다. 단맛과 쓴맛(본능적으로 선호 · 비선호 형성)을 제외한 다른 맛과 향미에 대한 선호도는 대부분 학습에 의해 형성되는 것으로 추정된다(Cashdan 1994). 성장 단계별 식품 선호도 형성 과정을 살펴보면 유아의 경우 이유식을 섭취할 때 대부분의 음식에 대해 거부감을 나타내지 않고 새로운 식품과 향미에 대한 선호도 형성이 비교적 용이한 것으로 보고되며, 이 시기에 다양한 식품을 접하면 성장과정에서 그리고 성인이 된 후에도 다양한 음식을 즐기는 것으로 나타났다. 2세 이후의 아동기에 접어들면 새로운 식품에 대한 두려움(food neophobia)이 증가하고 식품에 대한 선호도가 형성되는 데 오랜 시간이 걸리며 이때부터 편식과 영양 과잉, 영양 불균형, 비만 등의 문제가 부각된다. 이후 사춘기는 식품에 대한 선호도 형성에 또 다른 전환점이 되는 중요한 단계여서 유아동기에 좋아하던 음식에 대한 선호도가 감소하고 이전에 싫어하던 음식에 대해서는 선호도가 증가하는 경향을 보이는 것으로 보고되었다.

식품에 대한 선호도 형성에 사회환경적 요인이 크게 작용(Addessi 등 2005)하여 아이들은 또래 아이들과 동일한 음식을 먹고자 하는 습성이 강하다. 성별, 가정환경(부모의 식품 선호도, 부모의 교육정도, 경제 여건 등), 민족성, 음식문화 풍토, 개인의 식태도(식품 섭취를 즐기는 정도, 새로운 식품에 대한 두려움 정도), 식품의 공급 여부 등의 인자는 선호도 형성에 유의미한 영향을 주는 것으로 보고되고 있다. 또한 식품에 대한 선호도 형성은 새로운 식품에 대한 반복적인 단순 노출로 친숙도가 높아져 선호도가 증가할 수 있다. 이외에도 새로운 향미가 친숙한 향미와 짝을 지어 반복적으로 노출되는 경우나 새로운 향미와 함께 섭취되는 성분이 긍정적인 생리 효과(에너지 증가, 포만감 부여 등)가 있다면 새로운 향미에 대한 선호도를 형성(flavor-nutrient learning)하는 것으로 나타났다(Brunstrom 2007).

나. 연구의 필요성

저소득층 아동의 하교 후 생활 공간은 방과 후 학교나 지역사회복지관, 지역아동센터 등이다. 이러한 기관에서의 식생활교육은 학교에서의 영양, 식생활교육에 비해 매우 부족하여 이 기관들에서 수행할 수 있는 식생활교육 프로그램의 개발이 절실히 요구된다〈그림 1-1〉.

부모의 가출이나 맞벌이로 인해 혼자 지내는 저소득층 가정 아동이 증가하고 있는 실정이다. 그로 인해 아동들이 제때 식사를 못하거나 굶는 일이 잦아지면서 영양 결핍, 신체발달 부진 등의 문제가 발생한다. 종종 형제나 자매끼리 음식을 조리해 먹기도 하는데 안전사고의 우려가 있으며 영양이 잘 갖춰지지 못한 식사를 하는 경우가 많다. 이에 일선 현장에서는 학교와 지역사회복지관이 연합해 아동들을 위한 요리교실을 개설해 스스로 만들어 먹을 수 있는 간단한 요리 강습을 진행하고 있지만, 사회복지사는 아동들을 관리하고 요리강사가 요리 만드는 법을 가르치는 수준에서 그치는 경우가 많아 아동들의 식생활 개선까지 기대하기에는 무리가 있다. 따라서 식생활교육 프로그램이 개발되면 방과 후 학교나 지역사회복지관 등 기관 담당자, 교사들이 저소득층 아동을 위한 식생활교육에 매우 유용하게 활용할 수 있다.

〈그림 1-1〉 본 연구의 필요성

저소득층 초등학생을 대상으로 요리활동 중심의 식생활교육 프로그램을 개발, 교육한다면 아이들이 잘 먹지 않으려는 음식 재료를 좋아하는 재료와 반복적으로 섭취할 수 있게 하여 편식 등의 식습관이 개선될 것이다. 뿐만 아니라 만들기 쉬운 레시피를 중심으로 직접적인 요리활동을 하면 식생활교육에서 실제 체험(hands on experience) 위주의 학습으로 교육효과를 높일 수 있게 된다. 특히 저소득층 어린이들의 경우 본인이 스스로 음식을 조리해야 하는 상황이 빈번하게 발생한다. 본 연구를 통하여 신선한 식재료를 본인 스스로 간단히 조리하여 먹을 수 있는 훈련의 기회가 마련되면 기존의 분식(라면, 과자 등의 끼니 때우기 음식) 위주의 식생활에서 영양학적으로 보다 질이 나아진 음식 섭취를 유도하고 영양상태가 개선되는 효과를 거두리라 예상된다.

기존의 어린이 대상 식생활교육과 영양교육은 영양적 측면에 주로 초점을 두었다. 그러나 식생활교육은 단순히 식사 섭취와 영양적 측면만이 아니라, 식사예절, 식품위생, 식사 준비시 안전 등을 다루어야 하며, 어린이의 사회적·심리적 상태를 고려하여 계획되어야 한다. 이에 본 연구에서는 기존의 어린이 대상 영양교육의 범위를 확대하여 저소득층 어린이들의 영양과 건강, 식생활 문제를 개선하고, 식생활과 관련된 심리·사회적 요인을 고려한 종합적인 식생활교육 프로그램을 개발하고자 하였다. 또한 섭식과 건강한 식습관은 신체적 건강뿐 아니라 심리적 건강과 사회적 건강에도 중요한 영향을 미치므로, 본 연구에서 개발되는 프로그램의 보다 광범위한 활용과 효과를 검증하는 데 심리적·사회적 변인의 평가는 매우 중요하다. 이러한 관점에서 본 연구는 기존의 어린이 대상 영양교육과 차별화되며 매우 독창적인 접근을 시도하였다고 볼 수 있다.

2. 연구 목적

가. 최종 목적

본 연구에서는 최종적으로 저소득층 어린이의 건강 증진을 위해, 다학제간 접근을 통하여 심리·사회적 요인을 고려한 요리활동 중심의 식생활교육 프로그램을 개발하고자 하였다.

나. 세부 목표

1) 심리·사회적, 영양학적 요인을 중심으로 저소득층 초등학생 식생활교육의 요구도를 파악하고 식생활교육 프로그램 개발에 관한 기초자료를 마련한다.
2) 방과 후 학교, 사회복지기관 등에서 활용 가능한 저소득층 초등학생 대상 요리활동 중심의 식생활교육 프로그램을 개발, 제시한다.
3) 저소득층 초등학생 대상의 식생활교육 프로그램이 영양학적, 심리·사회적 변인에 미치는 효과를 평가한다.

제2장 연구 내용 및 방법

제2장 연구 내용 및 방법

연구 16-24개월 (2012.10 - 2013.6)	**연구의 최종 목적** 저소득층 어린이의 건강 증진 • 심리 · 사회적 요인을 고려한 요리활동 중심의 식생활교육 프로그램 제시
	⇧
	시범교육 실시 및 효과평가 • 시범교육 실시(지역아동센터, 종합사회복지관 등) • 교육 효과평가 • 식생활교육 프로그램의 수정 및 보완
	⇧
연구 9-15개월 (2012.3 - 2012.9)	**식생활교육 프로그램 개발** • 식생활교육 프로그램의 개요 구성 • Session별 교육주제 및 목표 설정 • 레시피 개발, 요리활동, 식생활교육 내용 구성 • 심리 · 사회적, 영양학적 요인을 고려한 컨텐츠 구성 • Session별 기존의 교육자료 수집 및 일부 제작
	⇧
연구 1-8개월 (2011.7 - 2012.2)	**저소득층 초등학생 식생활교육의 요구도 분석** • 초등학생의 영양문제, 식생활교육의 요구도 파악 • 초등학생의 요리활동 요구도 파악 • 식생활관련 사회적 요인 파악 • 식생활관련 심리적 요인 파악

〈그림 2-1〉 연구 내용

본 연구(2011.7~2013.6)는 저소득층 초등학생을 위한 식생활교육 프로그램의 요구도 분석, 프로그램 개발, 프로그램 시범 실시 및 효과평가, 최종 프로그램 제시로 구성되었다〈그림 2-1〉. 연구 범위와 내용은 〈표 2-1〉에 제시하였다.

〈표 2-1〉 연구 범위와 내용

연구 범위	연구 내용
1. 저소득층 초등학생 식생활교육의 요구도 파악	• 영양학적 요인 파악: 문헌, 설문조사 - 저소득층 초등학생의 영양, 식습관 문제 - 식생활교육의 요구도 분석 • 저소득층 초등학생의 요리활동 요구도 조사: 문헌, 설문조사 - 초등학생이 선호·비선호하는 식재료, 조리법 조사 - 요리활동의 여건 조사 - 식생활교육 프로그램에 적합한 식재료, 레시피 도출 및 제시 • 식생활관련 사회적 요인 파악: 설문조사 - 저소득층 아동의 식생활 행태, 사회적 요인 조사 - 사회복지기관의 프로그램 요구도, 실시 가능성 등 파악 • 식생활관련 심리적 요인 파악: 설문조사 - 심리적 요인 조사: 아동용 섭식태도 검사 등 • 통계 분석 및 결과 제시
2. 식생활교육 프로그램 개발	• 식생활교육 프로그램의 개요 구성: 형식, session별 주제 등 • Session별 교육계획안 개발 - 교육목표 설정 - 각 session별 프로그램의 초안 작성 - 요리활동 중심의 영양학적 요인 고려한 교육계획안 개발 - 심리·사회적 접근을 이용한 교육계획안 개발 - 교육자료(PPT, 활동지) 개발
3. 시범교육 실시, 효과평가 및 식생활교육 프로그램 최종본 제시	• 저소득층 초등학생 대상 시범교육 실시 - 교육군, 대조군 선정 - 총 8회 식생활교육 실시 • 시범교육의 효과평가 - 두 군간 교육 전후의 영양학적, 요리활동 관련 요인(영양지식, 자아효능감, 식행동, 요리활동 능력 등)을 비교하여 교육 효과평가 - 두 군간 교육 전후의 사회적, 심리적 요인 비교 • 식생활교육 프로그램의 수정·보완 및 지역사회(종합사회복지관, 지역아동센터 등)에서 활용 가능한 식생활교육 프로그램 제시

1. 저소득층 초등학생 대상 식생활교육의 요구도 조사

본 연구에서는 문헌조사, 저소득층 아동과 사회복지기관 담당자 대상의 설문조사, 포커스그룹 인터뷰(focus group interview, FGI) 등의 방법으로 식생활교육 프로그램에 관한 요구도를 다각적으로 파악하였다〈표 2-2〉. 기존의 아동영양 관련 연구에서는 식행동과 식습관, 영양소 섭취 실태를 위주로 교육 요구도를 알아보았으나, 본 연구에서는 심리·사회적 요인, 영양학적 요인, 요리활동에 관한 요구도 등을 조사하여 종합적·전반적인 식생활교육의 요구도를 파악하였다.

〈표 2-2〉 식생활교육 요구도 조사 내용과 방법

내용	방법
1. 영양학적 요인 파악 • 저소득층 초등학생의 영양, 식습관 문제 • 식생활교육의 요구도 분석	• 문헌조사, FGI, 설문조사(초등학생 대상) • FGI, 설문조사(기관담당자 대상)
2. 저소득층 초등학생의 요리활동 요구도 조사 • 초등학생이 선호·비선호하는 식재료, 조리법 • 요리활동의 여건 조사 • 식생활교육 프로그램에 적합한 식재료, 레시피 도출 및 제시	• 설문조사(초등학생 대상) • 설문조사(기관담당자 대상), FGI • 실험조리
3. 식생활관련 사회적 요인 파악 • 저소득층 아동의 식생활 행태, 사회적 요인 • 사회복지기관의 프로그램 요구도, 실시 가능성 등 파악	• 설문조사(초등학생 대상), FGI • 설문조사(기관담당자 대상)
4. 식생활관련 심리적 요인 파악 • 심리적 요인 조사: 아동용 섭식태도 검사	• 설문조사(초등학생 대상)

가. 문헌 조사

아동의 영양문제나 식습관은 최근의 국민건강영양조사, 영양학 관련 학술지를 검색하여 파악하였다. 초등학생이 선호하거나 비선호하는 식재료와 조리법 등은 조리과학 관련 학술지를 검색하여 분석, 파악하였다.

나. 포커스그룹 인터뷰

1) 대상: 초등학교의 지역사회교육전문가, 학교 방과 후 교사, 지역아동센터 실무자 등 5인이 포커스그룹 인터뷰(FGI)에 참여하였다. 포커스그룹 인터뷰는 미리 작성한 인터뷰 가이드에 따라 연구자가 진행하였고, 인터뷰 내용을 녹음·기록한 후 정리하였다.

2) 기간: 2011년 8월

3) 포커스그룹 인터뷰 내용

- 대상 아동들의 식습관, 식생활 문제
- 대상 아동들의 비만 문제
- 빈곤가정 아동의 식생활과 식습관과 관련된 심리·사회적 문제
- (기존에 유사 프로그램을 운영한 경우) 빈곤가정 아동의 식생활교육 프로그램이 아동에게 심리·사회적으로 미친 영향
- 빈곤가정 아동을 위한 식생활교육 프로그램 개발시 적합한 주제나 내용
- 빈곤가정 아동 대상 식생활교육에서 적합한 교육 방법
- 요리활동: 조리 관련 도구나 시설의 구비 정도, 학생들의 요리활동 경험과 반응, 요리활동 진행시 어려운 점 등

• 식생활교육 프로그램이 빈곤가정 아동에게 심리·사회적으로 긍정적 영향을 주기 위해 중점을 둘 부분, 심리적 부분에서 기대하는 것

다. 기관담당자 대상 설문조사

1) 대상: 학교의 복지담당전문가(지역사회교육전문가 또는 학교사회복지사), 지역아동센터 교사

2) 기간: 2011년 11~12월

3) 내용

• 일반사항(기관, 지역, 전공, 직책, 근무 기한, 이용 학생 수, 이용하는 5~6학년생 수)

• 저소득층 초등학생(5~6학년생) 대상 식생활교육 요구도:

- 식생활교육 여부, 원하는 횟수·간격, 1회 소요 시간, 시기(학기, 방학), 프로그램 개발시 실시 여부
- 주제(개방형 질문), 내용, 방법, 사용가능한 방법, 적합한 교육자료 형식
- 요리활동: 지도 여부, 진행시 어려운 점, 기관에서 사용가능한 조리 기구

4) 방법: 우편 설문조사

라. 초등학생 대상 설문조사

1) 대상: 서울과 경기도 일부 지역의 지역아동센터, 방과 후 학교에 참여하는 초등학생(5~6학년생)

2) 기간: 2011년 11~12월

3) 내용

- 일반사항: 학년, 성별, 연령, 가족 수, 주로 돌봐 주는 사람
- 건강: 현재 질병 여부, 자신의 건강상태 평가
- 식생활 행태: 식생활 평가, 식생활 관심도, 식사 횟수, 식사 소요 시간, 식사 관련 부모님께 바라는 것, 아침식사(빈도, 결식 이유, 식사 내용, 준비자), 저녁식사(빈도, 결식 이유, 준비자, 식사시 행동, 스스로 챙겨 먹는 경우 방법), 방학 중 점심식사(정도, 장소)
- 식습관: 편식(여부, 편식하는 음식, 이유), 외식 빈도, 간식(횟수, 주로 먹는 간식, 장소)
- 식행동: 일반적 식행동, 식품군별 섭취, 바람직하지 못한 식행동 등 15문항의 빈도를 '일주일에 0~2일', '일주일에 3~5일', '일주일에 6~7일'로 측정하였다.
- 요리활동: 요리 경험 여부, 요리활동 선호도, 요리활동이 좋은 이유와 싫은 이유
- 부모님(보호자)의 방임 행동: 식사, 세수/이 닦기, 학교생활에 대한 관심 등 6문항을 '전혀 그렇지 않다'에서 '항상 그렇다'의 4점 척도로 측정하였다.
- 자아존중감: 최보가와 전귀연(1993)이 Coopersmith(1967)와 Pope 등(1988)의 척도를 기반으로 개발한 32문항의 자아존중감 척도로 측정하였다. 전반적 자아존중감, 사회적 자아존중감, 가정에서의 자아존중감, 학교에서의 자아존중감 등 하위 척도로 구성되었다. 각 문항은 5점 척도(전혀 그렇지 않다~매우 그렇다)로 측정하였고 각 하위 척도별 총점을 계산하여 사용하였다.

  ① 전반적 자아존중감(global self-esteem): 자기자신에 대한 좀 더

일반적인 평가를 하며, 아동 자신의 모든 부분에 대한 평가에 근거한다. 6문항이며 Cronbach's $\alpha=0.828$이었다.

② 사회적 자아존중감(social-peer self-esteem): 다른 사람에 대한 친구로서, 자기 자신에 대해 느끼는 감정을 포함한다. 9문항으로 Cronbach's $\alpha=0.905$였다.

③ 가정 자아존중감(home-parents self-esteem): 가정생활에서 자신의 가치가 얼마나 인정되고 있으며 부모와의 관계가 얼마나 원만한가에 대한 평가적 태도를 말한다. 가족구성원으로서 자신에 대해 느끼는 감정을 반영한다. 9문항으로 Cronbach's $\alpha=0.881$이었다.

④ 학교 자아존중감(school-academic self-esteem): 학업적 평가는 물론 학교생활에서 자신이 느끼는 유능감을 포함하며 학생으로서 자신에 대한 평가를 다룬다. 8문항으로 Cronbach's $\alpha=0.669$였다.

- 아동 섭식태도 검사: Child Eating Attitude Test(Maloney 등 1988)를 이용하였고, 비만, 음식 집착, 체중조절 등 하위 척도로 구성되며 26문항으로 섭식태도와 행동을 측정하였다.

4) 방법: 우편 설문조사

마. 자료의 통계 분석

설문조사로 수집한 자료는 통계프로그램(SPSS 18.0)을 이용하여 빈도, 평균과 표준편차 등 기술 통계치를 산출하였다. 성별에 따른 변수 간 차이는 t-test, χ^2-test 등을 이용하여 분석하였다. 유의성 검증은 $\alpha=0.05$ 수준에서 하였다.

2. 저소득층 초등학생 대상 식생활교육 프로그램 개발

가. 식생활교육 프로그램의 개요 작성

초등학생 대상 조사와 기관 담당자 대상의 요구도 조사에 근거하여 프로그램의 개요, 각 session의 교육 주제 등을 구성하였다. 식생활교육 프로그램은 총 8회 교육으로 1회 교육 시간은 총 60분으로 구성하였다. 이 중 영양교육 15~20분, 요리활동교육은 40~45분으로 구성하였다. 초등학생 대상의 교육은 이들의 교육 수용 능력을 고려할 때 45분 정도가 적당하나 본 교육 프로그램은 영양교육 및 식생활교육 외에 요리활동을 중심으로 한 교육으로 진행되어, 요리활동에 소요되는 시간을 고려하여 매회 교육을 60분 정도로 좀 더 길게 구성하였다.

나. 식생활교육 프로그램 개발

1) 교육목표 설정

영양, 요리활동, 심리·사회적 측면을 고려하여 session별로 3개 내외의 교육 목표를 설정하였다. 본 식생활교육 프로그램의 대상자는 초등학교 고학년생이므로 이들의 인지 수준, 교육 수용 능력을 고려할 때 매회 교육의 목표는 3개 이내로 함이 적당한 것으로 판단되어 3개 내외로 설정하였다.

2) 요리활동 중심의 식생활교육 프로그램 개발

각 session별 교육목표 달성을 위한 영양교육의 내용과 방법을 구성하였다. 아동 대상의 교육인 점을 고려하여 지식이나 정보 제공의 영양교육은 영양 관련 주요 정보를 위주로 간단명료하게 구성하였고 식생활에서 실천할 방법을 위주로 하였다. 또한 실제 체험을 통한 학습이 중요하므로 매회 교육은 활동 중심(예: 요리활동, 영양학적 요인의 수정 활동 등) 교육으로 구성하였다. 본 식생활교육 프로그램은 학교보다는 지역아동센터, 종합사회복지관 등 지역사회내 기관에서 활용할 프로그램 위주인 점을 고려하여 요리활동은 사회복지기관에서 할 수 있는 활동, 사회복지기관 여건(조리시설, 기구 등)에 따른 활동으로 구성하였고, 식생활교육 프로그램 커리큘럼과 연계하여 개발하였다(전체적인 교육기간, 1회 교육시간, session별 주제 등 고려).

교육 프로그램은 조를 구성하여 요리활동을 하도록 하며 식사예절, 식사 전에 손 씻기, 상 차리기, 한 끼 식사 구성해 보기 등도 포함하여 식습관 관련 심리·사회적 요인에도 초점을 두었다. 교육 내용의 예를 들면 조리 기구 다루기, 식재료 손질, 쉽게 할 수 있는 채소 음식 만들기, 단백질이 풍부한 음식 만들기 등이다. 이와 관련된 영양교육과 요리활동, 아동들이 흥미롭게 참여할 수 있도록 퀴즈나 게임 위주로 방법을 구성하여 교육 프로그램의 초안과 수정본을 작성하였다.

3. 저소득층 초등학생 대상 식생활교육 프로그램 실시 및 평가

가. 식생활교육 프로그램 실시

지역아동센터, 종합사회복지관 등 식생활교육 프로그램을 실시할 기관을 섭외하였다. 지역아동센터, 종합사회복지관 등 사회복지기관 3곳에서 저소득층 초등학생을 대상으로 식생활교육을 8회 실시하였다.

나. 식생활교육 프로그램 평가

식생활교육 전후 영양학적 요인, 요리활동, 심리·사회적 요인의 변화 여부 및 정도를 평가하였다. 교육 프로그램의 효과는 교육군, 대조군을 대상으로 식생활교육 전과 후의 설문조사 자료 분석을 통하여 알아보았다.

1) 식생활교육 프로그램 평가 방법

식생활교육 프로그램의 효과를 평가하기 위해 비동질성 대조군 연구(quasi-experimental design)를 이용하였으며, 교육군과 대조군 모두 교육군의 식생활교육 전과 교육 후 시기에 효과평가용 설문지를 자기기입식으로 작성하였다.

2) 대상자

식생활교육 프로그램의 효과를 평가하기 위해 교육군과 대조군을 선정하였다. 서울과 경기도 일부 지역의 지역아동센터, 종합사회복지관 담당자에게 본 연구에 관해 설명한 후 연구 참여에 동의한 기관의 초등학생(주로 5~6학년생)을 대상으로 하였다. 식생활교육의 효과평가를 위한 대상 기관과 학생 선정에서 본 연구 참여에 동의한 기관을 대상으로 하여 임의 표본추출(random sampling)은 현실적으로 어려운 실정이었으나, 교육군과 대조군을 선정할 때 서울(예: 서부, 북부), 경기도 등 지역을 고려하였다. 교육군은 서울과 경기도 일부 지역의 지역아동센터, 종합사회복지관 등 3개 기관에서 실시한 식생활교육에 참여한 41명을 대상으로 하였고, 마지막 교육까지 완료하고 교육 후 설문지에 성실하게 응답한 36명의 자료를 효과평가 분석에 이용하였다. 대조군은 지역아동센터, 종합사회복지관 등 3개 기관에서 대조군의 초등학생을 모집하였으며, 교육 전 조사에 48명이 참여하였다. 교육군의 교육 후 조사와 비슷한 시기에 대조군에서도 설문조사를 다시 실시하여, 교육 전 조사에 참여하고 교육 후 조사에도 제대로 응답한 30명의 자료를 효과평가 분석에 이용하였다.

3) 평가 항목

- 일반사항: 학년, 성별, 체중, 신장, 학업 성적 등을 조사하였다.
- 영양학적 요인: 건강 및 식생활 관심도, 식사 횟수, 편식과 간식 실태, 영양표시 읽기, 지식(건강, 영양 관련 지식), 행동(균형식 여부, 식사예절, 위생 등), 자아효능감(요리활동, 식생활) 등을 조사하였다.

식생활교육 전 평가 항목	식생활교육 프로그램 실행	식생활교육 후 평가 항목
▪ 교육군 41명, 대조군 48명 ▪ 일반사항 - 학교, 학년, 성별, 체중, 신장, 학업 성적 등 ▪ 영양학적 요인 - 건강 및 식생활에 대한 관심 - 식사 횟수 - 편식 및 간식 실태 - 영양표시 읽는지 여부 - 영양지식 - 식행동 - 자아효능감 (조리, 식생활 관련) ▪ 사회적 요인 - 총체적 자아효능감 - 사회적 자아효능감 - 가정에서의 자아효능감 ▪ 심리적 요인 - 아동용 섭식장애 검사 - 아동용 우울검사 - 아동용 감정표현 검사	▪ 1주: 오리엔테이션 ▪ 2주: 아침밥을 먹자 ▪ 3주: 단백질 식품을 먹자 ▪ 4주: 채소를 충분히 먹자 ▪ 5주: 과일을 먹자 ▪ 6주: 우유 · 유제품을 먹자 ▪ 7주: 인스턴트식품을 건강하게 먹자 ▪ 8주: 한 끼 식사를 만들어 보자	▪ 교육군 36명, 대조군 30명 ▪ 일반사항 - 학교, 학년, 성별, 체중, 신장, 학업 성적 등 ▪ 영양학적 요인 - 건강 및 식생활에 대한 관심 - 식사 횟수 - 편식 및 간식 실태 - 영양표시 읽는지 여부 - 영양지식 - 식행동 - 자아효능감 (조리, 식생활 관련) ▪ 사회적 요인 - 총체적 자아효능감 - 사회적 자아효능감 - 가정에서의 자아효능감 ▪ 심리적 요인 - 아동용 섭식장애 검사 - 아동용 우울검사 - 아동용 감정표현 검사 ▪ 프로그램 만족도 (교육군) -교육 내용의 이해도 -교육 내용의 흥미 -교육 내용의 만족도

〈그림 2-2〉 식생활교육 효과평가 연구설계 및 평가 항목

- 사회적 요인: 자아존중감을 측정하였고 전반적 자아존중감, 사회적 자아존중감, 가정에서의 자아존중감 등 하위 척도로 구성하여 조사하였다.
- 심리적 요인: 아동용 섭식장애 검사(Garner 1991), 아동용 우울검사(Kovacs 1992), 감정표현 검사(Penza-Clyve & Zeman 2002) 등을 평가하였다.
- 식생활교육 프로그램 만족도 평가: 식생활교육에 참여한 교육군

의 초등학생을 대상으로 교육 내용, 방법, 레시피 등 프로그램에 대한 만족도를 평가하였다.

다. 식생활교육 프로그램 평가 통계분석

1) 통계분석 방법

통계프로그램(SPSS 18.0)을 이용하여 x^2-test, t-test, repeated MANOVA 등의 방법으로 두 군간 영양학적 요인, 요리활동 관련 요인, 사회적 요인, 심리적 요인의 교육 전후의 변화를 비교하여 교육 효과를 평가하였다. 유의성 검증은 $\alpha=0.05$ 수준에서 하였다.

2) 변수별 총점과 하위영역 수준 분석

영양지식, 자아효능감, 자아존중감, 식행동 등 주요 분석 항목에 대해서는 해당 변수의 총점 외에 하위영역(subscale) 수준에서 분석하였다.

가) 영양지식

영양지식은 일반 식생활, 영양소 및 식품군에 관한 지식으로 총 10문항으로 구성하였다. 각 문항에 대해 정답인 경우 1점, 오답인 경우 0점을 부여하고 영양지식의 총점은 10문항의 정답의 합으로 산출하였다.

일반 식생활에 관한 지식은 식품구성자전거, 성장기 영양 등 4문항으로, 각 문항에 대해 정답인 경우 1점을 부여하였고 정답인 문항의 합으로 일반 식생활 지식 점수를 산출하였다(가능 점수: 0~4점). 영양소 및 식품군 지식은 식품군, 영양소, 영양표시 등 6문항으로, 각 문항에 대해 정답인 경우 1점을 부여하였고 정답인 문항의 합으로 영양소 및 식품군 지식의 점수를 산출하였다(가능 점수: 0~6점).

나) 자아효능감

자아효능감은 요리활동의 자아효능감, 식생활 관련 자아효능감 등 2영역, 총 15문항으로 구성하였다. 각 문항은 '매우 어렵다(1점)'~'매우 쉽다(4점)'로 측정하였고 자아효능감 총점은 각 문항 점수의 합으로 산출하였다(가능 점수: 15~60점). 자아효능감의 Cronbach's $\alpha=0.93$으로 높은 수준이었다.

요리활동의 자아효능감은 식재료 구매, 조리기구 사용, 요리능력에 대한 자신감 등 총 10문항으로, 각 문항은 '매우 어렵다(1점)'~'매우 쉽다(4점)'로 측정하였고 요리활동 자아효능감의 총점은 각 문항 점수의 합으로 산출하였다(가능 점수: 10~40점). 요리활동 자아효능감 하위 영역의 $\alpha=0.93$이었다. 식생활 자아효능감은 아침식사, 채소 섭취, 유제품 섭취 등 5문항으로, 각 문항은 '매우 어렵다(1점)'~'매우 쉽다(4점)'로 측정하였고 식생활 자아효능감 하위영역의 총점은 각 문항 점수의 합으로 산출하였다(가능 점수: 5~20점). 식생활 자아효능감 하위영역의 $\alpha=0.81$이었다.

다) 식행동

식행동은 일반 식행동, 식품군 섭취, 줄일 식행동 등 총 15문항으로 측정하였고 각 식행동을 얼마나 자주 하는지 '가끔(일주일에 0~2일)', '자주(일주일에 3~5일)', '거의 매일(일주일에 6~7일)'로 측정하였다. 각 응답 범주(category)에 1점(가끔)~3점(거의 매일)을 부여하였고 줄일 식행동(4문항)의 경우 역으로 점수를 부여한 후, 식행동 총점은 15문항의 합으로 산출하였다(가능 점수: 15~45점). 식행동의 Cronbach's α=0.64로 보통 수준이었다.

일반 식행동은 균형식, 식사량 등 4문항으로, 각 식행동을 얼마나 자주 하는지 '가끔(1점)'~'거의 매일(3점)'로 측정하였고 일반 식행동 하위영역의 점수는 각 문항의 점수 합으로 산출하였다(가능 점수: 4~12점). 일반 식행동 하위영역의 Cronbach's α=0.63이었다. 식품군 섭취는 곡류, 단백질 식품, 채소, 과일 등 각 식품군의 섭취에 관한 행동 6문항으로, 각 식행동에 대해 '가끔(1점)'~'거의 매일(3점)'로 측정하였고 식품군 섭취 하위영역의 점수는 각 식행동의 점수 합으로 산출하였다(가능 점수: 6~18점). 식품군 섭취 하위영역의 Cronbach's α=0.59이었다. 가공식품, 기름진 음식 등 줄일 식행동은 4문항으로, '가끔(3점)'~'거의 매일(1점)'로 측정하였다. 줄일 식행동 하위영역의 점수는 각 문항 점수의 합으로 산출하였고(가능 점수: 4~12점), 이 하위영역의 Cronbach's α=0.68이었다.

라) 자아존중감

자아존중감은 전반적 자아존중감, 사회적 자아존중감, 가정 자아존중감 등 3영역, 총 24문항으로 구성하였다. 각 문항은 '전혀 그렇지 않다(1점)'~'매우 그렇다(5점)'로 측정하였고 자아존중감 총점은 각 문항 점수의 합으로 산출하였다(가능 점수: 24~120점). 자아존중감의 Cronbach's α=0.96으로 매우 높은 수준이었다.

전반적 자아존중감은 자신에 대한 일반적인 평가 항목으로 총 6문항으로 구성하여 '전혀 그렇지 않다(1점)'~'매우 그렇다(5점)'로 측정하였다. 전반적 자아존중감 하위영역의 점수는 각 문항의 점수의 합으로 산출하였고(가능 점수: 6~30점), 이 하위영역의 Cronbach's α=0.85이었다. 사회적 자아존중감은 다른 사람에 대한 친구로서, 자기 자신에 대해 느껴지는 감정 등 총 9문항으로 구성하여 '전혀 그렇지 않다(1점)'~'매우 그렇다(5점)'로 측정하였다. 사회적 자아존중감 하위영역의 점수는 각 문항의 점수의 합으로 산출하였고(가능 점수: 9~45점), 이 하위영역의 Cronbach's α=0.94이었다. 가정 자아존중감은 가정생활에서 자신의 가치, 부모와의 관계 등 총 9문항으로 구성하여 '전혀 그렇지 않다(1점)'~ '매우 그렇다(5점)'로 측정하였다. 가정 자아존중감 하위영역의 점수는 각 문항의 점수의 합으로 산출하였고(가능 점수: 9~45점), 이 하위영역의 Cronbach's α=0.92이었다.

마) 심리적 요인

폭식행동 척도는 한국판 섭식태도 검사(이민규 등 1998) 26문항을 사용하여 1차 자료를 수집하여 분석한 결과, 본 연구 참여 아동들에게 이상섭식행동은 거의 보고되지 않았다. 따라서 프로그램 참여 아동들이 프로그램 참여를 통해 일상적인 폭식행동 변화가 유의하게 나타나는지 탐색하고자 하위 유형 중 하나인 폭식행동에 해당하는 7문항만을 선별하여 사용하였다.

아동용 우울척도는 Kovacs와 Beck(1977)이 아동기 우울증의 인지적, 정서적, 행동적 증상들을 평가하기 위해 개발한 자기보고형 척도이다. Beck(1967)의 성인용 척도를 아동의 연령에 맞게 변형시킨 것이며 7~17세 아동과 청소년에게 실시할 수 있다. 0~2점으로 평정하며 각 문항의 총점을 합산하여 총점으로 계산한다. 점수 범위는 0~54점이며 점수가 높을수록 우울한 것을 나타낸다.

정서표현억제 척도는 Penza-Clyve와 Zeman(2002)이 개발한 아동용 정서표현 척도를 사용하였다. 영어로 된 문항을 임상심리전문가인 공동연구원과 아동심리치료 박사과정 연구보조원이 함께 번역하고 역번역을 이중 언어 사용자에게 도움을 받아 최종 문항 번역을 완성하였다. 5점 리커트 척도로 '전혀 아니다(1점)'~'매우 그렇다(5점)'으로 채점하며 점수가 높을수록 정서표현억압이 높은 것으로 해석된다. 전체 16문항으로 구성되며 정서인식의 어려움과 정서표현의 어려움 두 가지 하위영역으로 구성된다. 본 연구에서는 총점과 하위영역을 모두 분석하였다.

라. 식생활교육 프로그램과 교육자료 평가

식생활교육 프로그램 개발과 실시에 참여한 교수, 대학원생, 교육 담당자 등 연구진을 대상으로 식생활교육 프로그램과 교육자료에 관한 평가를 실시하였다. 이를 토대로 식생활교육 프로그램과 교육자료를 보완한 후 식생활교육 프로그램의 최종본을 제시하였다.

1) **대상:** 연구에 참여한 교수, 대학원생, 교육 담당자 등 11명

2) **내용:** 식생활교육 프로그램과 교육자료에 대한 전반적 평가, Session별 평가

3) **방법**

- 식생활교육 프로그램과 교육자료에 대한 질적 정리 분석을 위하여 폐쇄형, 개방형 문항으로 구성된 평가용 설문지를 만들어 평가하였다.
- 폐쇄형 설문지: 식생활교육 프로그램과 교육자료에 대한 전반적인 평가를 하였으며, 폐쇄형 설문지를 이용하여 식생활교육 프로그램 계획시 요구도 반영, 목적과 목표의 적합성, 교육 내용 · 교

육 활동, 교육자료의 타당성 및 적절성, 효과평가 방법의 적절성, 효과평가 도구의 타당성 등 20문항으로 구성하였다.

- 개방형 설문지: 식생활교육을 실시한 후 각 session의 식생활교육 프로그램과 교육자료를 수정·보완하기 위해 개방형 질문을 이용하였다. 교육 프로그램의 경우 매회의 학습목표, 교육 내용, 교육 방법, 교육자료 등 교육계획안에 대해 구체적으로 수정·보완 사항을 서술하도록 하였다. 교육자료의 경우 매회 교육자료의 적합성(대상, 내용), 정확성, 이해도, 흥미도, 실용성 등에 관해 평가하도록 하였다.

4. 저소득층 초등학생 대상 식생활교육 프로그램 최종본 제시

식생활교육 프로그램을 실시한 후 교육 프로그램과 교육자료를 수정·보완하였고, 최종적으로 8회의 식생활교육계획안(lesson plan)을 제시하였다. 각 session별로 교육계획안 외에 교육할 때 사용할 PPT, 학생들이 활용할 수 있는 활동지, 조리활동을 위한 레시피를 제시하였다.

제3장 연구 결과 및 고찰

제3장 연구 결과 및 고찰

1. 저소득층 초등학생 대상 식생활교육의 요구도

가. 문헌 조사

1) 초등학생의 영양문제와 식습관

국민건강영양조사 결과 6~11세 연령층의 영양소 섭취 실태를 보면, 칼슘(권장섭취량의 71.2%)과 칼륨(충분섭취량의 78%)의 섭취가 저조한 반면, 나트륨, 단백질, 티아민, 리보플라빈 등 일부 영양소의 섭취는 영양섭취기준에 비해 높게 나타났다(보건복지부·질병관리본부 2012). 특히 칼슘(6~11세 연령층의 65.6%), 비타민 A(28.7%), 비타민 C(39.8%), 철(28%)의 섭취를 영양섭취기준 미만으로 낮게 섭취하는 대상자의 비율이 높아 이 영양소들의 섭취를 늘려야 함이 제시되었다.

여러 연구에서 초등학생의 식습관 문제로 편식, 아침 결식, 올바르지 못한 간식 습관 등이 제시되었다. 특히 간식으로 과일이나 우유보다는 과자 등 가공식품의 섭취와 패스트푸드의 빈번한 섭취 등의 문제가 지적되고 있다(박유화 등 2006; 정나영·김경원 2009). 서울 지역의 초등학생 조사에 의하면 약 절반의 아동들이 편식을 하였고 특히 녹황색 채소, 담색 채소 등 채소류의 섭취 빈도가 낮았다(이지영 · 이심열 2004). 초등학생들이 채소를 기피하는 경우가 많은데 이는 채소의 색, 맛, 질감 등에서 거리감이 느껴지기 때문이며, 특히 색이나 맛, 예전의 경험 등 여러 이유로 기피한다고 보고되었다(구언희 · 서정숙 2005). 이와 유사하게 나수영 등(2010)은 경기도 지역 초등학생 대상 연구에서 채소와 과일 섭취가 권장 수준에 비해 낮았고 균형식 등에 관한 영양지식이 낮았다고 보고하였다. 또한 나트륨, 단백질 등의 영양소 섭취는 영양섭취기준을 상회한 반면 칼슘, 칼륨 등의 섭취가 저조하여 국민건강영양조사의 결과와 유사한 경향을 보였다.

초등학생을 대상으로 당, 나트륨, 지방 등 위해가능 영양성분의 섭취를 조사한 연구(강문희 · 윤기선 2009)에서 이러한 영양성분을 많이 섭취하는 상위 20% 집단은 하위 20% 집단에 비해 당류 9.3배, 나트륨 20.4배, 콜레스테롤 9.7배, 포화지방 5.9배 등으로 높게 섭취하였다. 이들의 나트륨과 포화지방 섭취는 하루 섭취 권장량에 근접하며 세끼 식사에 함유된 양을 고려하면 권장량을 충분히 넘을 것으로 판단되어 문제점으로 지적되었다.

기존의 연구는 대부분 학교에서 일반 아동을 대상으로 시행되었으며 저소득층 아동을 대상으로 영양문제와 식습관을 파악한 연구는 다소 부족한 실정이다. 따라서 저소득층 아동을 대상으로 한 식생활교육 프로그램 개발에 앞서, 본 연구에서는 방과 후 학교나 지역아동센터를 이용하는 아동을 대상으로 이들의 식습관과 식행동 실태를 파악하였다.

2) 사회환경적 변화와 편식 실태

가족 규모의 핵가족화, 맞벌이 부부의 증가, 외식 비율의 증가, 섭취 음식의 서구화 등 과거에 비해 식생활에 영향을 주는 환경적인 요인들이 급변하고 있다. 또한 편의 위주의 식생활 문화로 인해 가공식품에 대한 소비 비율이 현격히 증가하고 있다(구복자 1999; 구복자 · 이경애 2000; 박성현 · 허무룡 2009). 이러한 환경적 변화로 인해 아동의 편식비율이 매우 높아지는 추세이며 초등학생의 과반수 이상이 편식을 하고 있는 실정이다(한은희 2007). 또한 학령기 아동의 경우 소득수준에 따라 영양 불균형의 양극화를 보이고 있다. 즉, 저소득층은 영양 부족, 고소득층은 영양 과잉의 경향을 나타내어 영양문제에 대한 해결방안을 다각적으로 모색해야 한다(최미경 · 이윤신 2008).

3) 아동이 선호 · 비선호하는 식재료와 조리법

선행 연구결과를 보면 편식여부에 따라 평소 선호하는 식재료가 매우 다르게 나타났다. 한 연구(김영희 · 서정숙 2004)에서는 약 70%의 편식 아동이 채소를 싫어하는 반면 비편식 아동의 약 15%만이 채소를 싫어하는 것으로 나타났고, 식습관에 따라 선호하는 식재료나 음식이 매우 다른 것으로 나타났다(한은희 2007). 여러 연구에서 학령기 아동이 가장 싫어하는 식품군은 채소류인 것으로 보고되었고(구난숙 · 박종임 1998; 김수영 · 김희섭 2008; 김영희 · 서정숙 2004; 박수진 2000; 이홍미 1998; 한미선 2007), 조리법과 관련하여서는 무침을 싫어하는 것으로 보고되었다(김미용 2007). 이러한 식습관과 편식 교정을 위해서는 이론적인 식생활교육이나 영양교육뿐 아니라 적극적인 요리활동이나 원예활동을 영양교육과 병행하는 것이 식습관을 개선하는 데 매우 효과적임이 보고되고 있다(Cosgrove 1991; 김수영 · 김희섭 2008; 박성현 · 허무룡 2009).

4) 외국의 식생활교육, 요리활동 프로그램 운영 실태

미국 농무성(U.S. Department of Agriculture)에서는 Team Nutrition, School Breakfast Program(SBP), Fresh Fruit and Vegetable Program, Special Milk Program 등 아동을 위한 다양한 영양 프로그램을 운영하고 있고, 프로그램 운영에 필요한 지원금을 정부가 학교나 지역에 지원하고 있다. 이 중 여러 프로그램은 저소득층 아동을 대상으로 하고 있어 저렴한 비용이나 무료로 아동들이 학교급식이나 다른 프로그램을 통해 적절한 영양 섭취와 올바른 식생활 및 식습관을 형성하도록 지원하고 있다.

특히 Team Nutrition은 USDA에서 지원하는 아동과 청소년 대상 영양 프로그램으로, 아동의 건강한 식사와 신체활동을 위해 아동과 보호자, 학교, 지역사회에 급식과 영양교육을 위한 기술적 지원을 아끼지 않고 있다. 이 외에도 Summer Food Service Program(SFSP)은 여름방학 동안 학교급식을 이용할 수 없는 저소득층 아동들을 대상으로 무료 급식을 제공하는 프로그램으로, 학교를 가지 않는 방학에도 아동들이 정상적인 영양 섭취를 할 수 있도록 하고 있다. 이런 다양한 프로그램을 통하여 아동들의 채소와 과일 섭취에 대한 긍정적인 기호도를 형성하였고 섭취량 또한 증가시켰으며 집에서도 우유를 섭취하는 비율이 증가하였다. 또한 아동들이 받는 영양교육 횟수가 증가하는 등 전반적인 프로그램 운영에 대해 긍정적인 반응을 얻고 있다(U.S. Department of Agriculture 2011, 2013).

이외에 유럽과 일본에서도 적극적인 식생활교육이 진행되고 있다. 영국의 경우 Local food movement, Cooking buses, Dish it up!, School dinner 등의 식생활교육 프로그램을 개발하여 어린이들이 올바른 식생활 습관을 형성하고 궁극적으로 비만을 예방하고자 국가적으로 지원하고 있다. 2005년에 제이미 올리버가 진행한 스쿨 디너 프로그램은 급식의 질을 높이고 건강한 음식에 대한 학생들의 수용도를 높이고자 진행하였고 미디어를 적극 활용하여 사회적인 큰 반응과 성과를 거두었다. 프랑스는 학령기 아동을 대상으로 미각교육 중심의 식생활교육을 진행하고 있으며 이탈리아에서는 슬로우 푸드 운동을 통해 식생활교육을 진행하고 있다. 일본은 식육기본법에 의해 식생활교육을 진행하고 있다. 대부분의 선진국은 그 형태는 각기 약간씩 다르나 공통적으로 아동기부터의 식생활교육에 대해 정부 차원에서 적극적인 지원과 프로그램 운영을 강화하고 있는 실정이다.

나. 포커스그룹 인터뷰를 통한 식생활교육 요구도 결과

아동의 식습관 관련 문제, 식생활교육 요구도로 구분하여 포커스그룹 인터뷰의 주요 결과를 정리하였다.

1) 아동의 식습관 및 이와 관련된 심리 · 사회적 문제

가) 대상 아동들의 식습관과 식생활 문제

- 기관에 따라서는 비만아 문제보다는 저체중이나 과체중의 문제가 발생되고, 그에 따른 신장 문제가 발생된다. TV에 나오는 아

이들의 영향으로 여자아이의 경우에는 잘 먹지 않아 저체중의 문제가 우려된다.

- 저소득층 아이들뿐만 아니라 맞벌이 가정의 아동의 경우에도 비만아가 문제될 수 있다.
- 부모와 함께 살지 않는 경우에는 조부모에게 저녁에 음식을 제공받기 때문에 식생활교육이 실시되어도 문제가 될 수 있다.
- 어린이들의 가정에서 식생활교육이 이뤄지지 못하고 있다. 교육받는 학생들의 주변 환경이 미비하여 지속적인 관리가 되지 못하고 있다.

나) 대상 아동들의 비만 문제

- 활동을 좋아하는 친구와 좋아하지 않는 친구의 차이는 비만 문제와 관련이 있다. 또한 정해진 식사시간에 식사를 하기보다는 배고픔을 느낄 때 음식을 섭취하는 학생들이 비교적 많기 때문에 폭식의 우려가 있으며, 그것은 비만과 관련성이 있다.
- 저소득층 아이들의 경우 식탐이 심하고 언제나 허기를 느낀다.
- 조부모와 함께 사는 경우 아이가 먹고 싶은 것만 먹기 때문에 영양문제와 비만이 생긴다.
- 부자 가정의 아동인데 부모님의 여건이 되지 않아 편하고 원하는 것만 먹게 되어 성격과 정서적인 문제를 초래할 수 있다.
- 어릴 적부터 먹어본 것만 주로 먹어서 그 입맛에 따른 식품을 선택하고, 편식으로 이어진다.
- 비만도 문제이나 영양불량과 과체중, 저체중의 문제가 우려된다.

다) 저소득층 아동의 식생활 및 식습관과 관련된 심리 · 사회적 문제

- 편식 아동의 경우 일반적으로 급식지도를 할 때 한 번만 먹어 보자는 식의 교육을 한다. 부모의 교육이 아닌 본인의 선택으로 음식을 선택할 수 있는 나이이어서 편식의 우려가 많이 나타난다.
- 배고픔을 충족하는 방법으로 과자류를 먹는다. 부모님이 아이들의 간식을 인스턴트식품으로 챙기고 부족한 영양결핍은 비타민제로 해결하는 경우가 있다.
- 정서적 문제를 가지고 있는 아이에게 질문하면 유전적 · 환경적으로 인한 것도 있으나 식습관의 문제가 많다.
- 기관에 온 지 얼마 안 된 아이 중에는 끊임없이 먹거나, 음식을 손에 쥐고 있어도 끊임없는 공복감을 느껴 식탐이 강한 아이들도 있다. 항상 배고플 수 있다는 생각에 기관에서 받은 간식이나 남은 간식을 집에 가서 먹기 위해 챙겨가는 학생들도 많다.
- 먹는 것과 관련된 감정조절이 되지 않으면 격한 감정을 표출하는 아이들이 있다. 감정기복이 심한 아이들은 재료의 맛이 많이 나는 음식을 좋아하지 않으나 인스턴트식품을 좋아하는 경우가 많다. 또한 집안 문제나 환경적인 문제도 복합적으로 나타난다.

2) 식생활교육 프로그램 개발의 요구도 분석

가) 저소득층 아동을 위한 식생활교육 프로그램 개발시 적합한 주제나 내용

- 요리만하고 끝나는 것이 아니라 생산, 소비, 뒷처리, 환경적인 문제를 복합적으로 배울 수 있고 주 1회씩 꾸준히 할 수 있는 연계프로그램을 개발해야 한다.

- 생활태도나 심리적 스트레스 해소의 문제와 관련하여 엄마들에게 먹거리 교육을 실시하는 것이 필요하다.
- 보호자들이 아이들의 먹거리 관심 갖기, 어린이 식품안전교육, 가족들과 함께 하는 요리활동 교실, 부모 식생활교육, 영양교육 전문가의 아이들 식습관 코칭교육, 바른 먹거리 교육, 건강 체크 교육 프로그램 등이 있었으면 한다.

나) 저소득층 아동 대상 식생활교육에서 적합한 교육 방법

- 환경적인 시설에 따라 적합한 레시피에 대한 조정이 필요하다.
- 기관이나 학교에서의 일회적인 교육이 아닌 개인의 경제적 상황을 고려한 식재료와 조리기구의 이용이 필요하다.
- 심리적인 문제로 인한 스트레스가 비만이나 폭식증으로 이어질 문제가 우려되며, 애정욕구에 따른 식탐 문제가 발생하기도 한다. 따라서 가정에서 받지 못하는 관심을 보여줌으로써 식생활 교육과 함께 심리적인 안정을 찾아주는 것도 좋은 교육 방법이 될 것이다.

다) 요리활동(조리도구·시설 구비 정도, 학생들의 요리활동 경험과 반응, 요리활동의 어려운 점)

- 기관 1: 전통음식도 만들어보고, 아이들과 함께 요리활동을 진행한다. 조리기구의 위험이 있으나 불 조리는 하지 않고 감자나 떡 찌기는 교과시수에 따라 실제로 한다. 저학년은 불을 다루지 못하나 고학년의 경우에는 불 사용법을 알아야 해서 지도하고 있다. 저학년은 플라스틱 칼을 사용하고 불 사용 같은 경우에는 전기팬을 사용하며 교사의 지도에 따라 진행된다. 고학년은 칼이나

불을 사용한다. 요리활동은 그룹당 4~5명씩 진행되고 보통은 2팀 정도로 진행된다. 인원이 많은 경우 보조 선생님, 도우미 친구들을 이용하여 진행한다. 비용은 1인당 1,200~1,500원 정도 지원되는데 과일이 비싸서 아쉬움이 많다. 1회에 6만원이 지원되고, 1년에 8~10번 정도 요리활동을 진행한다.

- 기관 2: 그림책에 요리를 다루는 내용이 많아서 책을 이용한 요리활동을 진행하는 경우도 많다. 요리활동을 통해 성취감도 느끼게 되어 좋아한다. 한식조리사 자격증이 있는 선생님이 진행하거나 요리활동 전문가가 진행하는 것은 현재 시점에서 불가능하다. 레시피 자체가 요리활동가 수준에 따라 다를 수 있고, 자원 봉사자들의 경우 어머니들의 참여로 진행된다. 비용 부담과 교육 프로그램시 아이들의 안전성 우려, 어린이 요리활동 진행의 인력 부족과 까다로운 절차 등이 문제이며, 식자재 구매의 자율성이 필요하다.
- 기관 3: 학생들이 격주로 농촌체험 활동을 통해 배추를 길러 김치 담그기를 하며 체험한다. 선생님들의 역할분담(에너지 소모)과 비용 지원, 재료 구입만 가능하면 요리활동 진행이 보다 효율적일 것이다. 더 많은 자원봉사자의 지원과 요리활동 강사의 초청이 필요하다.
- 기관 4: 다른 기관에 비해 다양한 프로그램을 진행하고, 사회단체나 외부 기업의 연계를 통해 요리교실을 진행한다. 그러나 여전히 주변 환경이 부실하며, 더 많은 인력 투입에 따라 안전하고 안정된 프로그램을 진행할 수 있다고 생각된다.

라) (기존에 유사 프로그램을 운영한 경우) 저소득층 아동의 식생활교육 프로그램이 아동에게 심리·사회적으로 미친 영향

- 식생활교육을 통해 함께 요리를 하고, 아동들이 느낀 점을 공유하면서 자신의 성취감을 느낄 수 있는 시간을 갖는 것이 매우 유익했다. 심리정서와 관련한 요리프로그램을 진행하며 기관마다 아이들의 가정방문과 사례관리, 상담을 통해 관리한다.

마) 식생활교육 프로그램이 저소득층 아동에게 심리·사회적으로 긍정적 영향을 주기 위해 중점을 둘 부분과 심리적 부분에서 기대하는 것

- 일회적인 교육이 아니라 가정에서도 아동들이 직접 할 수 있는 능력을 키워줘야 하고, 아동 혼자가 아닌 가족들과 함께 참여하고 체험하는 기회를 가질 수 있는 프로그램을 개발하였으면 한다.
- 아동의 심리적 안정, 스트레스, 영양불균형적 건강문제도 가정과 기관에서 공유하여야 하겠다.

다. 기관담당자 대상 식생활교육 요구도 설문 결과

1) 대상자의 일반적 특성

대상자의 일반적 특성을 보면 학교에서 일하는 대상자는 24명(57.1%), 지역아동센터의 담당자는 18명(42.9%)이었다. 담당자들의 활동 기관과 지역에서 유의적인 차이가 있었다〈표 3-1〉. 기관 담당자의 학부 전공을 보면 사회복지전공 24명(59.5%), 교육학/교육심리 전공 3명(7.1%), 기타 9명(21.4%)이었다. 이들의 근무 기간은 평균 3.18년(SD:

〈표 3-1〉 기관담당자의 일반적 특성

			지역			Total	χ^2
			서울	인천	경기도		
기관	학교	빈도(%)	24(57.1%)	0(0.0%)	0(0.0%)	24(57.1%)	19.82***
	지역아동센터	빈도(%)	7(16.7%)	5(11.9%)	6(14.3%)	18(42.9%)	
전체		빈도(%)	31(73.8%)	5(11.9%)	6(14.3%)	42(100.0%)	

***: $p<0.001$

2.02년)이었다.

학교 근무자에게 문의한 결과 학교의 복지 프로그램 대상 아동은 평균 200.7명(SD: 363.9명)이며 이중 5~6학년생은 평균 71.3명(SD: 136.3명)이었다. 지역아동센터의 경우 기관을 이용하는 학생 수는 평균 26.9명(SD: 11.5명)이었고, 이 중 초등학교 5~6학년생은 8.1명(SD: 4.6명)이었다. 따라서 식생활교육 프로그램을 개발하면 지역아동센터의 경우 소그룹 지도로 해야 할 것으로 사료된다.

2) 저소득층 초등학생(5~6학년생) 대상 식생활교육의 요구도

가) 식생활교육 실태

(1) 식생활교육과 요리활동 지도 여부

지난 1년간 초등학생을 대상으로 영양교육 또는 식생활교육을 한 경험 여부와 관련하여 56.1%(23명)는 경험이 있다고 하였고 43.9%(18명)는 경험이 없다고 하였다. 요리활동 지도 경험 여부에 대해 학교 복지 프로그램의 담당자는 37.5%(15명)가 요리활동을 지도한 경험이 있다고 한 반면 지역아동센터의 실무자는 7.5%(3명)만 경험이 있다고 하였다. 요리활동에서 지도해 본 메뉴는 〈표 3-2〉와 같다.

〈표 3-2〉 요리활동 교육시 지도해 본 메뉴

주제	요리명
건강한 먹거리와 전통 간식 만들기	떡, 강정, 호떡, 쿠키, 양갱, 피자, 케이크 등
생협 연계 바른 먹거리	월남쌈, 김치
간식 만들기	주먹밥, 유부초밥, 샌드위치, 떡볶이, 샐러드, 떡만두국, 수제비, 비빔국수, 해물파전, 도너츠, 스파게티, 피자빵, 핫케이크, 유산슬, 떡, 파르페, 산적, 삼각김밥, 해물떡볶이, 바나나쉐이크 등
편식메뉴 골라서 직접 만들기 (채소 활용 교육)	만두, 파인애플볶음밥, 김밥, 샌드위치, 비빔밥 등
명절 음식 만들기	떡만두국, 만두, 송편 등

(2) 요리활동 진행시 어려운 점, 기관에서 사용 가능한 조리 기구

요리활동을 진행할 때 가장 어려운 점은 시설이나 기구 부족(총 기관의 64.3%)이었으며 이외에 안전성(52.4%), 요리 난이도(47.6%), 예산 부족(42.9%), 영양 균형(35.7%) 등으로 나타났다〈그림 3-1〉. 이는 자원(시설, 기구, 예산)이나 기술(요리 난이도, 영양 균형) 등이 요리활동 교육의 저해 요인임을 제시하는 결과이다.

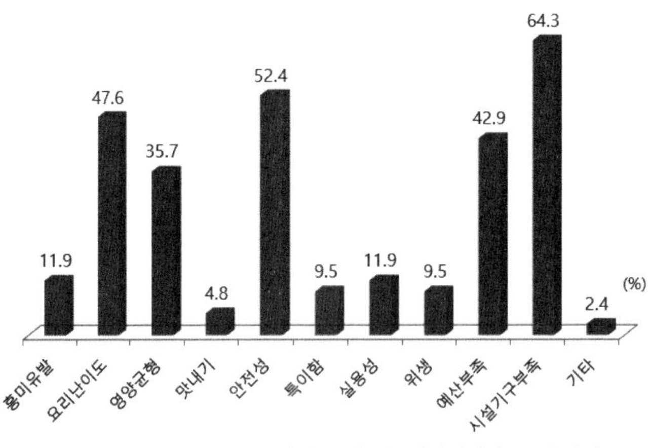

〈그림 3-1〉 요리활동 진행시 어려운 점 (총 기관담당자 중 응답자 %)

조사한 기관 중 조리활동 공간(조리실 등)을 갖춘 기관은 54.8%로 약 절반 정도이었다. 요리활동 교육을 할 때 사용할 수 있는 조리 기구에 대해 알아본 결과, 수도시설(싱크대 등)이 조사기관의 73.8%로 높았고, 일반 조리기구(66.7%), 가스레인지(64.8%), 전자레인지(64.8%), 보온밥솥(50.0%) 등이 있었다〈그림 3-2〉. 이에 비해 믹서나 블렌더(31.0%), 오븐(16.7%)을 구비한 기관은 적었다. 약 2/3의 기관에서는 조리활동이 가능하다고 사료된다.

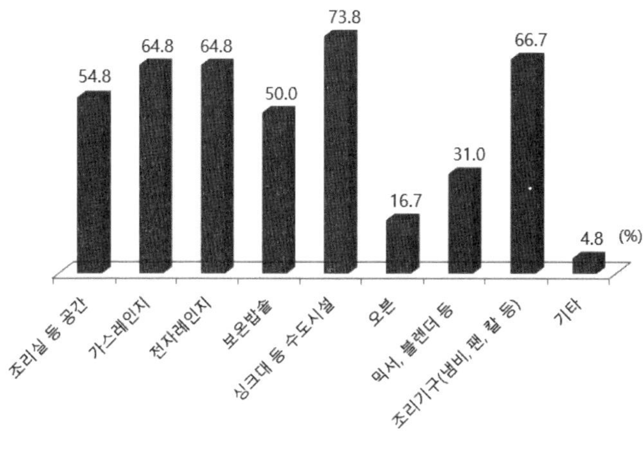

〈그림 3-2〉 기관에서 요리활동 교육시 사용할 수 있는 기구

나) 식생활교육에 관한 전반적 요구도

저소득층 초등학생 대상 식생활교육이 실시된다면 원하는 횟수는 평균 5.3회(SD: 3.9회), 기간은 평균 5주(SD: 3.6주)로 나타났다. 원하는 식생활교육의 소요 시간은 평균 57.7분/회(SD: 21.3분/회)로 한 번 교육할 때 약 1시간 정도를 원하였다. 식생활교육의 실시 시기로는 방학 중 42.9%(18명), 학기 중 11.9%(5명), 방학이나 학기 중에 상관

없이 좋다고 한 응답자가 40.5%(17명)이었다. 식생활교육 프로그램(총 4회 정도, 요리활동과 식생활 기본교육)이 개발된다면 응답자의 89.5%(34명)는 실시할 의향이 있다고 밝혀 저소득층 초등학생 대상 식생활교육 프로그램에 관한 요구도가 높음을 알 수 있었다.

다) 원하는 식생활교육 프로그램의 주제

개방형 질문으로 원하는 식생활교육 프로그램의 주제를 알아본 결과, 균형식(올바른 식습관, 편식 수정 등), 비만 예방, 식사예절, 식품위생, 안전한 요리활동 등이 제시되었다〈표 3-3〉. 또한 요리활동과 실습에 대해 언급하였으며 간단하게 할 수 있는 음식/간식 만들기, 아침식사 만들기, 실제적인 요리활동 등이 제시되었다.

〈표 3-3〉 기관담당자들이 원하는 초등학생 대상 식생활교육 프로그램의 주제

<table>
<tr><th colspan="3">개방형 질문에 대한 응답 내용</th></tr>
<tr><td rowspan="7">이론</td><td colspan="2">건강한 먹거리, 바른 먹거리, 건강에 좋은 음식, 정크 푸드가 우리 몸에 미치는 영향, 인스턴트 식품의 영향, 불량식품의 영향, 성장발달에 도움이 되는 식품</td></tr>
<tr><td rowspan="2">건강한 식습관, 바른 식생활 습관, 식습관이 성장에 미치는 영향, 균형 잡힌 영양교육과 식생활습관 교육</td><td>규칙적인 식습관, 아침식사의 중요성, 식사시간의 중요성, 폭식</td></tr>
<tr><td>균형된 식생활, 건강과 영양, 올바른 영양섭취의 필요성, 식품과 영양과의 관계, 편식수정, 편식의 위험성, 영양 부족시 일어날 수 있는 몸과 정신환경 상태</td></tr>
<tr><td colspan="2">비만예방, 비만관리, 영양실조 예방, 다이어트 올바르게 하기, 다이어트에 대한 정확한 지식 전달</td></tr>
<tr><td colspan="2">식사예절, 식습관 예절</td></tr>
<tr><td colspan="2">식중독 예방, 식품위생, 위생관리</td></tr>
<tr><td colspan="2">안전한 요리활동, 안전관리</td></tr>
<tr><td>실습</td><td colspan="2">집에서 간단하게 챙겨먹을 수 있는 음식 만들기, 간식 만들기, 아침대용으로 쉽고 영양 있는 음식 만들기, 친환경 간편한 푸드 요리, 셀프요리법, 비만관리 요리프로그램, 요리실습, 실습을 통한 요리활동, 요리교실</td></tr>
<tr><td>기타</td><td colspan="2">부모님들을 위한 영양교육, 식품의 5대 영양소에 대한 정확한 지식</td></tr>
</table>

라) 원하는 식생활교육 프로그램의 내용

저소득층 초등학생(5~6학년생) 대상 식생활교육 프로그램에서 요구도가 높은 교육 프로그램의 내용은 건강과 영양(응답자의 97.4%), 아침식사하기, 식사예절, 골고루 먹기/편식 수정, 식품위생, 올바른 간식 선택 등이었다〈표 3-4〉.

학교와 지역아동센터 기관별로 보면, 음식과 간식 만들기, 올바른 간식 선택 항목에서 요구도에 차이가 있었다. 음식과 간식 만들기에 대해 학교의 복지 프로그램 담당자는 보통 정도로 필요하다고 한 응답자가 27.5%(11명)인 데 비해 지역아동센터에서는 100% 필요하다고 하였다. 올바른 간식 선택 항목에서도 학교의 복지 프로그램 담당자의 17.5%(7명)는 보통 정도로 필요하다고 답한 것에 비해 지역아동센터에서는 100%가 필요하다고 하였다. 이로 미루어 볼 때 지역아동센터와 학교 복지 프로그램에서 필요로 하는 식생활교육 내용에

〈표 3-4〉 기관담당자의 식생활교육 프로그램 내용의 요구도 n(%)

변수	교육 요구도		
	필요하다	보통이다	별로 필요없다
1. 건강과 영양	38(97.4)	1(2.6)	
2. 식품군과 영양소	25(64.1)	12(3.1)	2(5.1)
3. 음식, 간식 만들기(레시피)[1)]	29(72.5)	11(27.5)	
4. 아침식사하기	36(92.3)	3(7.7)	
5. 골고루 먹기, 편식 수정	37(88.1)	3(7.1)	
6. 비만 예방과 관리	2(4.8)	37(94.9)	
7. 올바른 간식 선택(좋은 간식, 나쁜 간식)[1)]	33(82.5)	7(16.7)	
8. 영양표시 읽기	23(59.0)	14(35.9)	2(4.8)
9. 식사예절	36(92.3)	3(7.7)	
10. 식품위생, 식중독 예방	34(87.2)	5(12.8)	

1) 학교와 지역아동센터 기관간 유의적인 차이가 있는 변수임.

다소 차이가 있으며, 이는 대상 아동이 처한 상황적 열악함과도 관련이 있을 것으로 판단된다.

마) 원하는 식생활교육 프로그램의 방법

학교나 지역아동센터에서 저소득층 초등학생(5~6학년생) 대상 식생활교육을 할 때 적절한 교육 방법에 대하여 체험학습(총 응답의 31%), 요리실습(28%), 모둠활동(20%)에 대한 빈도가 높아서 아동들이 교육에 적극 참여할 수 있는 방법을 원하는 것으로 사료된다〈그림 3-3〉.

식생활교육을 할 때 기관에서 사용 가능한 교육 방법은 집단교육(총 기관의 78.6%), 조리실습(간단한 조리, 76.2%), 활동(게임, 73.8%), 컴퓨터(PPT 활용, 71.4%), 비디오 시청(45.2%)으로 조사한 기관의 약 3/4에서는 집단교육 외에 간단한 조리실습, 게임 등의 활동, 컴퓨터 활용 등이 가능한 것으로 나타났다〈그림 3-4〉.

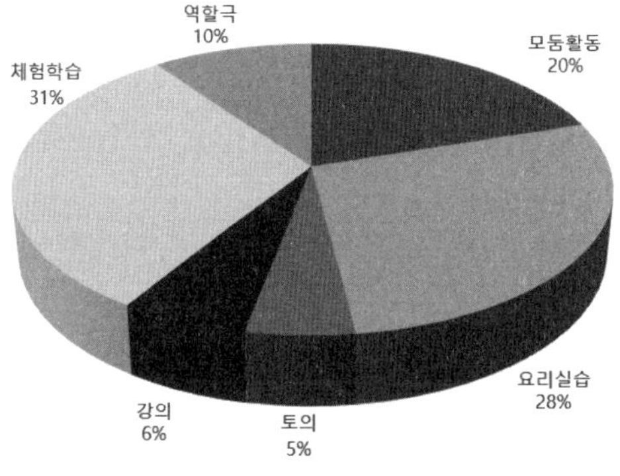

〈그림 3-3〉 기관에서 원하는 교육 방법

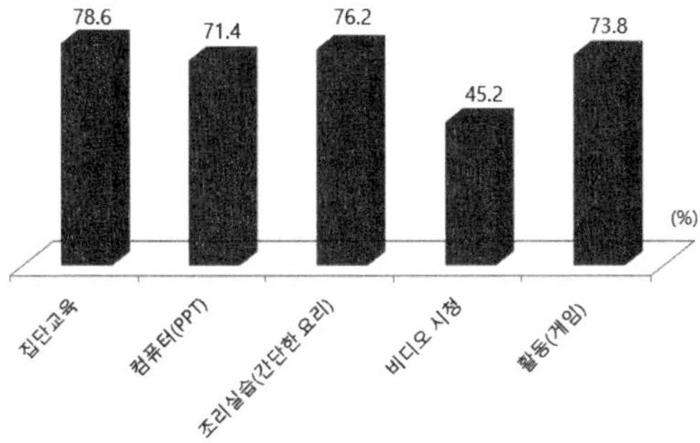

〈그림 3-4〉 기관에서 사용 가능한 교육 방법

바) 원하는 교육자료의 형식

식생활교육에서 원하는 교육자료의 형식은 활동지, 파워포인트 자료, 게임, 식품모형 등이었다. 이에 비해 소책자나 리플릿에 대한 선호도는 낮았다〈그림 3-5〉.

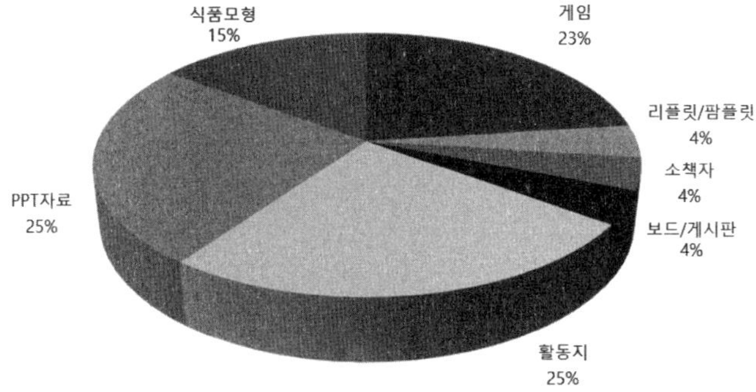

〈그림 3-5〉 기관에서 원하는 교육자료 형식

라. 초등학생 대상 식생활, 식사 실태와 관련 요인 설문 결과

1) 대상자의 일반적 특성

수집한 자료 중 응답이 불충분한 자료를 제외하고 설문 분석에 이용한 자료는 총 384명이었다. 이 중 5학년생이 57.0%, 6학년생 43.0%로 평균 연령은 12.4세이었고, 여학생의 비율이 60.9%로 다소 높았다. 함께 사는 가족은 평균 4.2명이었고 주로 돌봐 주는 사람은 어머니(52.2%)이었으며 이외에 아버지(14.7%), 할머니(13.9%) 순이었다〈표 3-5〉. 대상자의 24.7%는 현재 질병을 앓고 있다고 응답하

〈표 3-5〉 초등학생 대상자의 일반적 특성

변수	전체(384명)
학년	
5학년	219(57.0)[2]
6학년	165(43.0)
성별	
남자	150(39.1)
여자	234(60.9)
주로 돌봐주는 사람[1]	
아버지	54(14.7)
어머니	192(52.2)
할아버지	6(1.6)
할머니	51(13.9)
형제자매	25(6.8)
그 외 친척	7(1.9)
없음	19(5.2)
기타	14(3.8)
연령(세)	12.4 ± 0.6[3]
가족 수(명)	4.2 ± 1.2

1) 무응답: 16명, 2) n(%), 3) Mean ± SD

였고 자신의 건강상태에 대해 36.2%는 보통으로, 좋다 또는 매우 좋다고 한 학생은 각각 30%, 24%이어서 건강상태가 비교적 양호한 것으로 평가하였다. 남녀간 질병 여부나 건강상태에 대한 평가에서 유의적인 차이는 없었다.

2) 저소득층 아동의 식생활 행태

가) 식생활 평가와 식사 횟수 및 소요 시간

자신의 식생활에 대해 응답 학생의 약 41%만이 '좋다' 또는 '매우 좋다'고 하였고 약 48%는 보통으로 평가하였다〈표 3-6〉. 또한 식생할에 대해 '약간' 또는 '매우 관심 있다'고 한 학생은 26%에 불과하여 식생활에 대한 관심도가 비교적 낮은 것으로 사료된다. 남녀간 식생활에 대한 평가나 관심도에 유의적인 차이가 있었으며 남학생에 비해 여학생은 자신의 식생활이 매우 좋다고 생각하는 비율이 낮은 반면 ($p<0.001$), 식생활에 대한 관심은 다소 높은 편이었다($p<0.01$).

하루에 3번 식사하는 학생은 70.5%, 2번하는 학생은 24%이었다 〈표 3-6〉. 한 끼 식사하는 데 걸리는 시간은 10분 이내가 22.7%, 11~20분이 45.6%에 달하였고 특히 남학생의 77%는 20분 이내에 식사를 하여 여학생과 식사 시간에서 유의적인 차이를 보였다 ($p<0.01$). 아동기 영양의 중요성을 고려하여 하루에 3번 규칙적으로 식사하고 적어도 20분 이상 천천히 식사하도록 교육함이 요구된다.

식사와 관련하여 부모님께 바라는 사항으로는 '맛있는 음식 만들어 주기(28.8%)', '가족이 함께 식사하기(18.1%)', '밥 먹을 때 잔소리하지 않기(14.2%)', '밥을 제때에 챙겨주기(12.3%)'의 순이었다〈표 3-6〉. 이는 아동들이 맛있는 식사뿐 아니라, 가족과 함께 하는 식사를 원함을

〈표 3-6〉 초등학생 대상자의 식사 패턴

변수	전체	성별		χ^2
		남자	여자	
자신의 식생활 평가				
매우 나쁘다	8(2.1)[1)]	4(2.7)	4(1.7)	18.6***
나쁘다	35(9.2)	18(12.2)	17(7.3)	
보통이다	182(47.8)	61(41.2)	121(51.9)	
좋다	102(26.8)	32(21.6)	70(30.0)	
매우 좋다	54(14.2)	33(22.3)	21(9.0)	
계	381(100.0)	148(100.0)	233(100.0)	
식생활 관심도				
전혀 관심없다	31(8.2)	19(12.9)	12(5.2)	15.0**
별로 관심없다	85(22.5)	26(17.7)	59(25.7)	
보통이다	163(43.2)	68(46.3)	95(41.3)	
약간 관심있다	66(17.5)	18(12.2)	48(20.9)	
매우 관심있다	32(8.5)	16(10.9)	16(7.0)	
계	377(100.0)	147(100.0)	230(100.0)	
하루 식사 횟수				
1번	2(0.5)	2(1.3)	0(0.0)	6.4
2번	92(24.0)	36(24.2)	56(23.9)	
3번	270(70.5)	100(67.1)	170(72.6)	
4번 이상	19(5.0)	11(7.4)	8(3.4)	
계	383(100.0)	149(100.0)	234(100.0)	
한 끼 식사의 소요 시간				
10분 이내	87(22.7)	47(31.5)	40(17.1)	15.3**
11~20분	173(45.6)	68(45.6)	105(44.9)	
21~30분	95(24.8)	25(16.8)	70(29.9)	
30분 이상	28(7.3)	9(6.0)	19(8.1)	
계	383(100.0)	149(100.0)	234(100.0)	
식사 관련 부모님께 바라는 것				
밥을 제때에 챙겨준다	45(12.3)	26(18.1)	19(8.6)	14.5*
가족들이 함께 식사한다	66(18.1)	23(16.0)	43(19.5)	
밥 먹을 때 잔소리하지 않는다	52(14.2)	15(10.4)	37(16.7)	
맛있는 음식을 만들어 준다	105(28.8)	46(31.9)	59(26.7)	
식사할 때 게임이나 책을 보도록 내버려 둔다	14(3.8)	8(5.6)	6(2.7)	
식사 때 내가 먹고 싶은 것만 먹게 내버려 둔다	25(6.8)	7(4.9)	18(8.1)	
기타	58(15.9)	19(13.2)	39(17.6)	
계	365(100.0)	144(100.0)	221(100.0)	

*: $p<0.05$, **: $p<0.01$, ***: $p<0.001$,

1) n(%)

제시한다. 남녀 모두 '맛있는 음식 만들어주기'를 가장 원하였으며 남학생은 '제때에 챙겨주기', '가족과 함께 식사하기'의 순으로, 여학생은 '가족과 함께 식사하기', '밥 먹을 때 잔소리하지 않기'의 순으로 원하여 남녀별로 부모님께 바라는 사항에 유의적인 차이가 있었다 ($p<0.05$).

나) 아침식사

아침식사를 매일 먹는 학생은 46.7%, 1주일에 5~6회 먹는 학생이 19.3%로 약 2/3 정도에 해당하였다〈표 3-7〉. 아침식사는 뇌의 활동에 필요한 에너지원으로 중요하며 아침을 거르는 경우 불규칙적인 식사, 과식, 비만 등을 유발한다. 따라서 어릴 적부터 아침식사를 습관화하는 교육이 요구된다. 아침 결식의 이유로는 '늦게 일어나 시간이 없어서', '입맛이 없어서', '먹지 않는 것이 습관화 되어서' 등이 대다수이었고 '챙겨주는 사람이 없어서'는 소수에 불과하였다.

아침식사로는 밥과 반찬이 74.7%를 차지하여 한식 위주의 식사임이 제시되었다〈표 3-7〉. 아동들이 아침에 늦잠과 이로 인한 시간 부족 등으로 결식함에 따라, 간편하게라도 아침식사하는 방법 등에 관한 교육이 이뤄져야 하겠다. 아침식사는 어머니가 준비하는 경우가 대상 학생의 63.3%로 가장 높았다. 다만 주목한 부분은 스스로 준비하는 학생이 10.2%로 나타났는데 본 조사 대상이 초등학교 5~6학년생임을 감안할 때 스스로 아침을 차려먹는 학생의 식사 내용에 대해서 관심을 가질 필요가 있다. 남녀 학생간 아침식사 빈도와 내용, 결식 이유, 식사 준비자 등에서는 유의적인 차이가 없었다.

〈표 3-7〉 초등학생 대상자의 아침식사 실태

변수	전체	성별		χ^2
		남자	여자	
아침식사 횟수				
매일 먹는다	177(46.7)[2]	69(46.6)	108(46.8)	2.7
1주일에 5~6번	73(19.3)	27(18.2)	46(19.9)	
1주일에 3~4번	45(11.9)	22(14.9)	23(10.0)	
1주일에 1~2번	43(11.3)	14(9.5)	29(12.6)	
항상 먹지 않는다	41(10.8)	16(10.8)	25(10.8)	
계	379(100.0)	148(100.0)	231(100.0)	
아침 결식 이유[1]				
아무도 챙겨주지 않아서	19(5.2)	8(5.6)	11(4.9)	2.4
먹지 않는 것이 습관이 되어서	39(10.7)	13(9.0)	26(11.8)	
늦게 일어나 먹을 시간이 없어서	141(38.6)	52(36.1)	89(40.3)	
귀찮아서	36(9.9)	17(11.8)	19(8.6)	
입맛이 없어서	79(21.6)	34(23.6)	45(20.4)	
기타	51(14.0)	20(13.9)	31(14.0)	
계	365(100.0)	144(100.0)	221(100.0)	
아침식사 메뉴				
밥과 반찬	269(74.7)	103(73.0)	166(75.8)	4.1
빵과 우유	35(9.7)	11(7.8)	24(11.0)	
시리얼	29(8.1)	12(8.5)	17(7.8)	
기타	27(7.5)	15(10.6)	12(5.5)	
계	360(100.0)	141(100.0)	219(100.0)	
아침식사 준비자				
어머니	229(63.3)	81(58.3)	148(66.4)	4.3
아버지	18(5.0)	9(6.5)	9(4.0)	
할머니/할아버지	43(11.9)	20(14.4)	23(10.3)	
형제	4(1.1)	2(1.4)	2(0.9)	
본인	37(10.2)	15(10.8)	22(9.9)	
기타	26(7.2)	11(7.9)	15(6.7)	
학교	5(1.4)	1(0.7)	4(1.8)	
계	362(100.0)	139(100.0)	223(100.0)	

1) 복수 응답 문항

2) n(%)

다) 방학 중 점심식사

방학 중 점심식사를 항상 또는 거의 먹는 학생이 68.9%로 나타났으며 약 1/3의 학생들은 점심식사를 잘 먹지 않는 것으로 여겨진다〈표 3-8〉. 방학 중 점심식사는 집에서 하는 학생이 62.6%로 가장 많았고, 지역아동센터에서 식사하는 학생이 24.7%로 지역아동센터에서의 점심식사 의존 비율이 높은 편이었다. 남학생과 여학생간 점심식사 정도, 식사 장소에는 유의적인 차이가 없었다.

〈표 3-8〉 초등학생 대상자의 방학 중 점심식사 실태

변수	전체	성별		χ^2
		남자	여자	
방학 중 점심식사 정도				
항상 먹는다	203(53.4)[1)]	83(56.1)	120(51.7)	6.4
거의 먹는다	59(15.5)	27(18.2)	32(13.8)	
먹을 때도 있고 먹지 않을 때도 있다	92(24.2)	28(18.9)	64(27.6)	
거의 먹지 않는다	23(6.1)	10(6.8)	13(5.6)	
전혀 먹지 않는다	3(0.8)	0(0.0)	3(1.3)	
계	380(100.0)	148(100.0)	232(100.0)	
방학 중 점심식사 장소				
집	223(62.6)	88(63.3)	135(62.2)	1.5
음식점	14(3.9)	4(2.9)	10(4.6)	
학교	17(4.8)	7(5.0)	10(4.6)	
지역아동센터	88(24.7)	36(25.9)	52(24.0)	
기타(사회복지관 등)	14(3.9)	4(2.9)	10(4.6)	
계	356(100.0)	139(100.0)	217(100.0)	

1) n(%)

라) 저녁식사

저녁식사를 매일(79.2%), 1주일에 5~6회(13.1%) 먹는 학생이 대부분이었고 저녁식사 빈도에서 남녀간 유의적인 차이가 없었다〈표 3-9〉.

〈표 3-9〉 초등학생 대상자의 저녁식사 실태

변수	전체	성별		χ^2
		남자	여자	
저녁식사 횟수				
매일 먹는다	297(79.2)[2]	111(75.5)	186(81.6)	6.7
1주일에 5~6번	49(13.1)	25(17.0)	24(10.5)	
1주일에 3~4번	19(5.1)	5(3.4)	14(6.1)	
1주일에 1~2번	6(1.6)	4(2.7)	2(0.9)	
항상 먹지 않는다	4(1.1)	2(1.4)	2(0.9)	
계	375(100.0)	147(100.0)	228(100.0)	
저녁 결식 이유[1]				
군것질을 많이 해서 먹기가 싫어서	55(21.6)	20(18.5)	35(24.0)	5.2
놀다가 저녁시간을 놓쳐서	37(14.6)	20(18.5)	17(11.6)	
집에 먹을 것이 없어서	20(7.9)	8(7.4)	12(8.2)	
저녁을 챙겨주는 사람이 없어서	19(7.5)	11(10.3)	8(5.5)	
식사를 안 하는게 습관이 되어서	14(5.5)	5(4.6)	9(6.2)	
기타	109(42.9)	44(40.7)	65(44.5)	
계	254(100.0)	108(100.0)	146(100.0)	
저녁식사 준비자				
어머니	189(53.7)	71(52.2)	118(54.6)	4.5
아버지	21(6.0)	11(8.1)	10(4.6)	
할머니 또는 할아버지	48(13.6)	22(16.2)	26(12.0)	
형제	6(1.7)	2(1.5)	4(1.9)	
나	26(7.4)	7(5.1)	19(8.8)	
기타	62(17.6)	23(16.9)	39(18.1)	
계	352(100.0)	136(100.0)	216(100.0)	
저녁식사시 행동				
식사만 한다	89(24.1)	43(29.9)	46(20.4)	5.1
식구들과 이야기를 나눈다	111(30.1)	38(26.4)	73(32.4)	
게임하거나 텔레비전을 본다	139(37.7)	50(34.7)	89(39.6)	
기타	30(8.1)	13(9.0)	17(7.6)	
계	369(100.0)	144(100.0)	225(100.0)	
저녁식사를 스스로 챙기는 경우 방법				
냉장고에 있는 것을 꺼내 먹는다	140(41.7)	54(41.5)	86(41.7)	1.1
밖에서 사먹거나 배달시킨다	10(3.0)	5(3.8)	5(2.4)	
내가 직접 음식을 만든다	102(30.4)	37(28.5)	65(31.6)	
라면이나 인스턴트식품을 먹는다	60(17.9)	25(19.2)	35(17.0)	
기타	24(7.1)	9(6.9)	15(7.3)	
계	336(100.0)	130(100.0)	206(100.0)	

1) 복수 응답 문항, 2) n(%)

저녁 결식의 이유는 '군것질을 많이 해서 먹기 싫어서', '놀다가 저녁 시간을 놓쳐서' 등이었고, 약 21%는 '집에 먹을 것이 없거나 챙겨주는 사람이 없어서', '습관화 되어서' 등의 사유로 결식하여 이를 해결하기 위한 방안이 마련되어야 한다.

저녁식사는 어머니가 준비하는 경우가 가장 많았으며(53.7%), 할머니나 할아버지(13.6%), 아버지(6.0%) 순이었고 본인이 준비하는 학생이 7.4%이었다〈표 3-9〉. 저녁식사와 관련하여 주목할 내용은 식사할 때 하는 행동으로 식구들과 이야기를 나눈다고 답변한 경우는 30.1%에 불과하였다. 게임을 하거나 텔레비전을 보면서 식사하는 경우가 37.7%, 식사만 하는 경우가 24.1%로 높게 나타나서, 이러한 행동 개선 교육이 필요하다.

저녁을 스스로 챙겨먹는 경우 냉장고에 있는 음식을 꺼내 먹거나 직접 음식을 만들어 먹는다고 답한 비율이 70%를 넘는데 실제 아동들이 섭취하는 음식물에 대한 탐색이 필요하다. 특히 라면이나 인스턴트식품으로 저녁식사를 하는 학생이 17.9%에 이르러 이들에 대한 관심이 필요하다. 부모님이 계시지 않을 때 혼자서 식사를 해결할 수 있게 영양, 맛, 간편성, 가격 등을 고려한 요리활동 교육이 이뤄져야 한다. 남녀 학생간 저녁식사 빈도나 결식 이유, 식사 준비자, 저녁식사시 행동, 본인이 챙겨먹는 경우 그 방법 등에서 유의적인 차이는 없었다.

3) 저소득층 아동의 식습관과 식행동

가) 식습관

대상자 중 편식한다고 답한 학생이 49.7%이었고, 여학생 중 편식하는 학생이 53.7%로 남학생(43.4%)보다 높았으나 유의적인 차이에 이르지는 못하였다〈표 3-10〉. 편식하는 음식은 주로 채소(26.1%), 콩(24.9%), 생선(17.6%), 해조류(9.9%) 등이었다. 편식 이유로 입맛에 맞

〈표 3-10〉 초등학생 대상자의 편식 실태

변수	전체	성별		χ^2
		남자	여자	
편식 여부				
예	186(49.7)[2)]	63(43.4)	123(53.7)	3.7
아니오	188(50.3)	82(56.6)	106(46.3)	
계	374(100.0)	145(100.0)	229(100.0)	
편식하는 음식[1)]				
곡류(밥, 떡, 빵, 감자/고구마)	28(7.9)	15(14.0)	13(5.3)	14.6
고기	12(3.4)	5(4.7)	7(2.8)	
생선	62(17.6)	19(17.8)	43(17.5)	
계란	13(3.7)	5(4.7)	8(3.3)	
콩	88(24.9)	20(18.7)	68(27.6)	
채소	92(26.1)	26(24.3)	66(26.8)	
과일	5(1.4)	3(2.8)	2(0.8)	
우유, 유제품	18(5.1)	3(2.8)	15(6.1)	
해조류 (미역, 김, 파래 등)	35(9.9)	11(10.3)	24(9.8)	
계	353(100.0)	107(100.0)	246(100.0)	
편식 이유				
입맛에 맞지 않아서	177(58.2)	62(50.8)	115(63.2)	11.1*
냄새가 싫어서	12(3.9)	4(3.3)	8(4.4)	
먹어본 경험이 없어서	23(7.6)	15(12.3)	8(4.4)	
먹고 탈이 난 경험이 있어서	27(8.9)	15(12.3)	12(6.6)	
알레르기나 아토피 때문에	13(4.3)	6(4.9)	7(3.8)	
기타	52(17.1)	20(16.4)	32(17.6)	
계	304(100.0)	122(100.0)	182(100.0)	

*: $p<0.05$

1) 복수 응답 문항, 2) n(%)

〈표 3-11〉 초등학생 대상자의 간식과 외식 실태

변수	전체	성별		χ^2
		남자	여자	
간식 섭취 횟수 (회/일)	1.7±1.4[2]	1.8±1.8	1.7±1.1	0.2
주로 먹는 간식 종류[1]				
과자, 스낵류	208(21.8)[3]	73(21.5)	135(22.0)	18.8
라면	68(7.1)	32(9.4)	36(5.8)	
우유, 유제품	95(9.9)	28(8.2)	67(10.9)	
과일, 주스	164(17.1)	56(16.5)	108(17.5)	
아이스크림	88(9.2)	40(11.8)	48(7.8)	
사탕, 초콜릿	71(7.4)	19(5.6)	52(8.4)	
빵	125(13.1)	36(10.6)	89(14.4)	
튀긴 음식	19(2.0)	11(3.2)	8(1.3)	
떡, 떡볶이	85(8.9)	32(9.4)	53(8.6)	
기타	33(3.5)	13(3.8)	20(3.3)	
계	956(100.0)	340(100.0)	616(100.0)	
간식 섭취 장소				
집	192(57.8)	77(59.2)	115(56.9)	6.7
길가	33(9.9)	11(8.5)	22(10.9)	
학교	7(2.1)	2(1.5)	5(2.5)	
가게	11(3.3)	8(6.2)	3(1.5)	
지역아동센터	72(21.7)	25(19.2)	47(23.3)	
기타 (공부방 등)	17(5.1)	7(5.4)	10(5.0)	
계	332(100.0)	130(100.0)	202(100.0)	
외식 횟수				
거의 하지 않음	115(30.5)	43(28.7)	72(31.7)	9.9*
1년에 10회 이내	63(16.7)	30(20.0)	33(14.5)	
1달에 1~3번	126(33.4)	51(34.0)	75(33.0)	
1주일에 1~2회	60(15.9)	17(11.3)	43(18.9)	
1주일에 3회 이상	13(3.4)	9(6.0)	4(1.8)	
계	377(100.0)	150(100.0)	227(100.0)	

*: $p<0.05$

1) 복수 응답 문항, 2) Mean ± SD, 3) n(%)

지 않아서가 전체 응답의 58.2%로 가장 높았고 특히 여학생에게서 높았다($p<0.05$). 이외에 먹고 탈이 난 경험이 있어서, 먹어본 경험이 없어서 등의 이유로 편식하였다. 아동의 입맛을 고려한 식사 제공, 요리활동 등을 통해 편식을 줄일 수 있을 것으로 사료된다.

하루에 간식 섭취 횟수는 평균 1.7회로 남녀간 유의적인 차이가 없었다〈표 3-11〉. 간식 중 과자/스낵류, 사탕/초콜릿, 라면이 총 응답의 36.3%를 차지하였는데 이런 간식은 에너지, 지방, 나트륨, 단순당의 함량이 높으므로 이런 간식의 섭취를 줄이는 교육이 필요하다. 간식을 먹는 장소는 집 57.8%, 지역아동센터 21.7%로 나타나 가정과 지역아동센터에서 아동이 섭취하는 간식에 대한 교육이 요구된다. 외식(학교급식 제외)은 거의 하지 않거나 1년에 10회 이내로 적게 하는 학생이 47.2%로 나타나 외식 빈도는 낮은 편이었다〈표 3-11〉.

나) 식행동

대상자의 식행동 평균은 33.6점(가능 점수: 15~45점)으로 보통 정도이었고, 남녀 학생간 차이가 없었다〈표 3-12〉. 각 항목별로 보면 골고루 먹기, 일정한 시간에 식사하기를 거의 매일 하는 학생이 각각 39.7%, 43.2%로 낮았다. 각 식품군의 섭취에서 유제품이나 과일 섭취, 1일 2끼 정도 단백질 식품 먹기, 채소류 섭취를 1주일에 6~7일 정도로 양호하게 하는 학생의 비율이 50% 이하로 낮았다. 또한 단음식, 가공식품/인스턴트식품의 섭취를 1주일에 0~2일로 적게 섭취하는 학생의 비율이 각각 38.3%, 46.5%로 낮아서 이에 대해 보다 구체적이고 적극적인 영양교육이 필요하다.

식행동(15문항) 중 6개의 행동에서 남녀별로 유의적인 차이를 보였다〈표 3-12〉. 남학생의 경우 골고루 먹기($p<0.05$), 식물성 기름으로

〈표 3-12〉 초등학생 대상자의 식행동

변수	전체(384명)			성별						χ^2
				남자(150명)			여자(234명)			
일/주	0~2	3~5	6~7	0~2	3~5	6~7	0~2	3~5	6~7	
1. 규칙적으로 아침식사 하기	94 (24.5)[2]	74 (19.3)	215 (56.1)	35 (23.3)	34 (22.7)	81 (54.0)	59 (25.3)	40 (17.2)	134 (57.5)	1.8
2. 적당량 식사하기	49 (12.9)	137 (36.0)	195 (51.2)	18 (12.1)	58 (38.9)	73 (49.0)	31 (13.4)	79 (34.1)	122 (52.6)	0.9
3. 일정한 시간에 식사하기	86 (22.4)	132 (34.4)	166 (43.2)	34 (22.7)	53 (35.3)	63 (42.0)	52 (22.2)	79 (33.8)	103 (44.0)	0.2
4. 골고루 먹기	90 (23.5)	141 (36.8)	152 (39.7)	25 (16.8)	62 (41.6)	62 (41.6)	65 (27.8)	79 (33.8)	90 (38.5)	6.4*
5. 채소(김치, 나물, 당근, 시금치 등)를 1일 2끼 이상 먹기	74 (19.3)	130 (33.9)	180 (46.9)	29 (19.3)	54 (36.0)	67 (44.7)	45 (19.2)	76 (32.5)	113 (48.3)	0.6
6. 과일 매일 먹기	95 (24.9)	146 (38.3)	140 (36.7)	40 (26.7)	66 (44.0)	44 (29.3)	55 (23.8)	80 (34.6)	96 (41.6)	6.1*
7. 곡류 음식(밥, 빵, 국수, 감자, 고구마 등)을 1일 2끼 이상 먹기	72 (18.8)	116 (30.3)	195 (50.9)	29 (19.3)	47 (31.3)	74 (49.3)	43 (18.5)	69 (29.6)	121 (51.9)	0.9
8. 1일 2끼 정도 고기, 생선, 계란, 콩제품 중 하나 이상 먹기	66 (17.2)	147 (38.4)	170 (44.4)	22 (14.8)	64 (43.0)	63 (42.3)	44 (18.8)	83 (35.5)	107 (45.7)	2.4
9. 유제품 매일 먹기	113 (29.6)	121 (31.7)	148 (38.7)	49 (32.9)	50 (33.6)	50 (33.6)	64 (27.5)	71 (30.5)	98 (42.1)	2.9
10. 해조류(미역, 김, 파래 등) 섭취	126 (32.8)	170 (44.3)	88 (22.9)	50 (33.3)	58 (38.7)	42 (28.0)	76 (32.5)	112 (47.9)	46 (19.7)	4.5
11. 식물성기름으로 조리한 음식 (나물, 볶음) 섭취	103 (27.0)	203 (53.1)	76 (19.9)	40 (26.8)	68 (45.6)	41 (27.5)	63 (27.0)	135 (57.9)	35 (15.0)	9.7**
12. 가공식품/인스턴트식품의 섭취	177 (46.5)	155 (40.7)	49 (12.9)	57 (38.3)	67 (45.0)	25 (16.8)	120 (51.7)	88 (37.9)	24 (10.3)	7.6*
13. 기름진 음식의 섭취	238 (62.3)	106 (27.7)	38 (9.9)	84 (56.0)	43 (28.7)	23 (15.3)	154 (66.4)	63 (27.2)	15 (6.5)	8.9*
14. 단 음식 섭취	146 (38.3)	172 (45.1)	63 (16.5)	58 (38.9)	59 (39.6)	32 (21.5)	88 (37.9)	113 (48.7)	31 (13.4)	5.3
15. 짠 음식 섭취	233 (61.2)	112 (29.4)	36 (9.4)	86 (57.7)	41 (27.5)	22 (14.8)	147 (63.4)	71 (30.6)	14 (6.0)	8.1*
총점[1]	33.6 ± 5.4[3]			33.1 ± 5.1			33.9 ± 5.5			-1.3

*: $p<0.05$ **: $p<0.01$

1) 가능 점수: 15~45점. 1~11번 문항은 1점(0~2일/주)~3점(6~7일/주)을 부여하고 12~15번 문항은 역으로 점수를 부여한 후 모든 문항의 점수를 합하여 식행동의 총점을 산출함.

2) n(%)

3) Mean ± SD, by t-test

조리한 음식 섭취(p<0.01) 등의 빈도 분포에서 여학생보다 식행동이 양호하였다. 여학생의 경우 과일 매일 먹기의 섭취 빈도가 높았고, 가공식품/인스턴트식품, 기름진 음식의 섭취, 짠 음식의 섭취 빈도가 낮아서 이러한 식행동이 보다 양호하였다(p<0.05).

다) 요리활동 경험

집에서 본인이 직접 요리(라면 끓이기, 계란프라이 포함)를 하여 밥을 먹어본 경험이 있는 학생이 88.4%로 대부분이었고 여학생에게서 그 비율이 유의적으로 높았다(p<0.01, 〈표 3-13〉). 본인이 요리하는 것을 '매우 좋아한다'고 답한 학생이 41.3%, '좋아한다'는 29.2%로 요리에 대해 관심과 선호도가 높았으며 여학생에게서 선호도가 유의적으로 높았다(p<0.01).

요리하는 것이 좋은 이유는 '재미있어서(40.3%)', '맛있는 것을 직접 만들 수 있어서(25.9%)'가 주를 이루었다. 즉 요리하면서 느끼는 재미, 자신이 맛있는 음식을 만든다는 성취감 때문에 아동들이 요리를 좋아하므로 요리활동의 교육 프로그램에서 흥미와 성취감을 강조함이 요구된다. 반면에 요리를 싫어하는 이유로는 대다수가 귀찮다는 것과 위험하다는 것을 꼽았다. 이는 아동의 적절한 요리활동 경험 부족과 관련되어 있을 수 있다.

〈표 3-13〉 초등학생 대상자의 요리활동 실태

변수	전체	성별		χ^2
		남자	여자	
직접 요리해 본 경험				
예	334(88.4)[1)]	120(81.6)	214(92.6)	10.6**
아니오	44(11.6)	27(18.4)	17(7.4)	
계	378(100.0)	147(100.0)	231(100.0)	
본인이 요리하는 것을 좋아하는 정도				
매우 싫어한다	16(4.2)	6(4.0)	10(4.3)	16.2**
싫어한다	18(4.7)	11(7.4)	7(3.0)	
좋지도 싫지도 않다	78(20.5)	40(26.8)	38(16.5)	
좋아한다	111(29.2)	47(31.5)	64(27.7)	
매우 좋아한다	157(41.3)	45(30.2)	112(48.5)	
계	380(100.0)	149(100.0)	231(100.0)	
요리하는 것이 좋은 이유				
그냥 좋다	55(15.6)	28(20.6)	27(12.5)	10.8
성취감을 느껴서	25(7.1)	14(10.3)	11(5.1)	
재미있어서	142(40.3)	50(36.8)	92(42.6)	
맛있는 것을 직접 만들 수 있어서	91(25.9)	30(22.1)	61(28.2)	
친구, 가족이 내가 요리하는 것을 좋아해서	11(3.1)	2(1.5)	9(4.2)	
기타	28(8.0)	12(8.8)	16(7.4)	
계	352(100.0)	136(100.0)	216(100.0)	
요리를 싫어하는 이유				
그냥 싫다	28(11.1)	18(15.7)	10(7.3)	8.2
귀찮아서	78(31.0)	33(28.7)	45(32.8)	
재미가 없어서	14(5.6)	9(7.8)	5(3.6)	
위험해서	53(21.0)	25(21.7)	28(20.4)	
서툴러서	29(11.5)	11(9.6)	18(13.1)	
기타	50(19.8)	19(16.5)	31(22.6)	
계	252(100.0)	115(100.0)	137(100.0)	

**: $p<0.01$

1) n(%)

4) 식생활 관련 심리 · 사회적 요인

가) 대상자가 겪고 있는 어려움

대상 아동이 현재 겪고 있는 어려움을 보면 성적, 마음의 불안정, 건강, 집안사정, 친구문제 등이었다. 성적 수준에 대한 질문에서 대부분의 학생이 보통 수준이라고 답하였다〈그림 3-6〉.

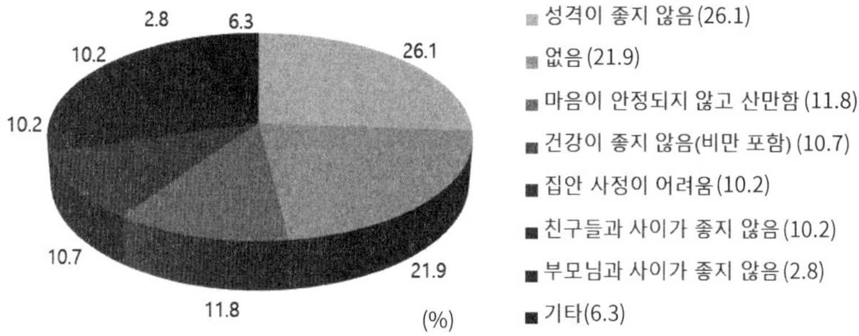

〈그림 3-6〉 초등학생 대상자가 겪고 있는 문제

나) 부모(보호자)의 자녀 방임 행동

부모(보호자)의 방임 행동의 총점은 7.9점(가능 점수: 6~24점)으로 자녀들에게 관심을 갖고 자녀와 비교적 안정적인 관계를 갖는 것으로 나타났다〈표 3-14〉. 남학생에 비해 여학생의 경우 부모님의 방임 행동 점수가 유의적으로 낮아서 여학생의 부모(보호자)가 좀 더 관심을 갖는 것으로 나타났다($p<0.05$). 부모(보호자)의 방임 행동 중 질병에 대한 방임은 낮은 반면, 아동의 일상 생활이나 옷 갈아입기(청결 문제), 학교 생활, 식사 챙겨주기에 대해 관심이 없는 경우가 20~30%로 다소 높아서 이러한 부분에서의 관심과 보호가 요구된다.

〈표 3-14〉 부모(보호자) 방임 행동

변수	전체 (384명)				성별								χ^2
					남자(150명)				여자(234명)				
	전혀 그렇지 않다	가끔 그렇다	자주 그렇다	항상 그렇다	전혀 그렇지 않다	가끔 그렇다	자주 그렇다	항상 그렇다	전혀 그렇지 않다	가끔 그렇다	자주 그렇다	항상 그렇다	
1. 부모님(보호자)은 내가 어디서 무엇을 하든 관심이 없다.	278 (72.4)[2]	71 (18.5)	22 (5.7)	13 (3.4)	102 (68.0)	30 (20.0)	11 (7.3)	7 (4.7)	176 (75.2)	41 (17.5)	11 (4.7)	6 (2.6)	3.3
2. 부모님(보호자)은 내가 속옷이나 겉옷을 갈아입는 데 대해 전혀 신경 써 주시지 않는다.	276 (71.9)	64 (16.7)	25 (6.5)	19 (4.9)	98 (65.3)	27 (18.0)	14 (9.3)	11 (7.3)	178 (76.1)	37 (15.8)	11 (4.7)	8 (3.4)	7.6
3. 부모님(보호자)은 나의 식사를 챙겨주시지 않는다.	309 (80.7)	50 (13.1)	16 (4.2)	8 (2.1)	118 (78.7)	19 (12.7)	9 (6.0)	4 (2.7)	191 (82.0)	31 (13.3)	7 (3.0)	4 (1.7)	2.5
4. 부모님(보호자)은 내가 세수하거나 이 닦는 일에 관심이 없다.	310 (81.4)	48 (12.0)	16 (4.2)	7 (1.8)	112 (75.2)	24 (16.1)	9 (6.0)	4 (2.7)	198 (85.3)	24 (10.3)	7 (3.0)	3 (1.3)	6.5
5. 부모님(보호자)이 내가 고열이 나거나 아파도 그냥 내버려 둔 적이 있다.	336 (88.0)	33 (8.6)	6 (1.6)	7 (1.8)	131 (87.3)	12 (8.0)	4 (2.7)	3 (2.0)	205 (88.4)	21 (9.1)	2 (0.9)	4 (1.7)	2.1
6. 부모님(보호자)은 나의 학교생활에 전혀 관심이 없다.	293 (76.3)	68 (17.7)	16 (4.2)	7 (1.8)	111 (74.0)	29 (19.3)	7 (4.7)	3 (2.0)	182 (77.8)	39 (16.7)	9 (3.8)	4 (1.7)	0.7
총점[1]	7.9 ± 2.9[3]				8.3 ± 3.3				7.6 ± 2.5				2.3*

*: $p<0.05$
1) 가능 점수: 6~24점. 각 문항은 1점(전혀 그렇지 않다)~4점(항상 그렇다)을 부여한 후 합하여 총점을 산출함.
2) n(%)
3) Mean ± SD, by t-test

다) 대상자의 자아존중감

대상자의 자아존중감 총점은 평균 105.4점(가능 점수: 32~160점)으로, 100점으로 환산하면 평균 65.6점으로 다소 낮은 것으로 사료된다. 남녀 학생간 자아존중감의 총점에 차이가 없었다〈표 3-15〉. 자아존중감의 하위영역별 점수를 100점으로 환산할 때 전반적 자아존중감은 평균 68.3점, 사회적 자아존중감은 평균 63.6점, 가정 자아존중감은 평균 70점, 학교 자아존중감은 평균 61.5점에 해당하여 학교 자아존중감이 상대적으로 더 낮았다. 남녀 학생간 학교 자아존중감에서 차이를 보였으며 여학생의 자아존중감이 남학생보다 높았다 ($p<0.001$).

〈표 3-15〉 초등학생 대상자의 자아존중감

변수	전체	성별		t
		남자	여자	
전반적 자아존중감[1]	20.5 ± 4.9[6]	21.1 ± 4.8	20.1 ± 5.0	1.9
사회적 자아존중감[2]	28.6 ± 7.0	29.2 ± 7.2	28.2 ± 6.8	1.3
가정 자아존중감[3]	31.5 ± 7.9	32.1 ± 7.2	31.1 ± 8.3	1.1
학교 자아존중감[4]	24.6 ± 5.4	23.3 ± 5.5	25.4 ± 5.1	-3.5***
총점[5]	105.4 ± 18.6	106.9 ± 17.1	104.5 ± 19.4	1.1

***: $p<0.001$, Mean ± SD

각 문항은 1점(전혀 그렇지 않다)~5점(매우 그렇다)으로 측정함. 통계분석용 자료 입력 시 학교에서의 자아존중감은 역으로 코딩함. 점수가 높을수록 하위 척도별 자아존중감이 높음.

1) 가능 점수: 6~30점. 자신에 대한 일반적, 전반적 평가로서 6문항 점수의 합.

2) 가능 점수: 9~45점. 다른 사람에 대한 친구로서, 자신에 대해 느끼는 감정을 포함하며 9문항 점수의 합.

3) 가능 점수: 9~45점. 가족 구성원으로서 자신에 대해 느끼는 감정, 존중감을 의미하며 9문항 점수의 합.

4) 가능 점수: 8~40점. 학생으로서 자신에 대한 평가(학업, 학교생활 등)이며 8문항 점수의 합.

5) 가능 점수: 32~160점. 32문항 점수의 합.

6) Mean ± SD

라) 대상자의 섭식태도 검사

섭식태도 검사 결과를 보면 한국 성인 기준으로 식습관에 문제가 있다고 보는 절단점을 20점(이민규 등 1998)으로 볼 때 본 연구 대상 아동 중 20점 이상에 해당되는 아동은 14.2%로 나타났다〈표 3-16〉. 성인을 대상으로 한 이민규 등(1998)의 연구에서 제시한 성인 평균

9.9점, 표준편차 9.2점과 비교해 볼 때, 평균은 11.1점이고 표준편차는 11.0점으로 나타났다. 이로 미루어 볼 때, 현 대상아동이 성인에 비해 섭식태도에서 약간 높으나 의미있는 수준의 차이는 아니었다.

〈표 3-16〉 초등학생 대상자의 섭식태도 검사 결과

		통계치			
		비만	음식집착	체중조절	전체
N	Valid	366	359	367	331
	Missing	18	25	17	53
Mean		3.91	3.66	3.76	11.14
Median		3.00	3.00	3.00	9.00
Std. Deviation		3.96	4.17	4.52	11.02

현재 섭식태도 검사의 하위 요인 구조는 성인 대상 연구에서 얻어진 것이므로 본 연구 대상인 384명을 대상으로 요인분석을 실시하였다. 총 26개 문항을 모두 포함시켰고 총 5개 요인이 추출되었다. 분석 결과 23번 문항은 해당되는 요인이 없었다. 요인1은 섭식장애 위험요인, 요인2는 체중에 대한 집착, 요인3은 효과적인 음식조절, 요인4는 이상섭식행동, 요인5는 높은 섭식 욕구로 명명하였다〈표 3-17〉. 2차년도 연구에서는 식생활 프로그램의 처치효과와 관련하여 섭식태도 외 정서표현, 아동 우울에 미치는 영향을 함께 파악하고자 하였다.

〈표 3-17〉 섭식태도 검사의 요인분석 결과

		Factor				
		1	2	3	4	5
F17	체중조절을 위해 다이어트용 음식을 먹는다.	.776	-.117	.183	-.032	-.128
F18	음식이 나의 인생을 지배한다는 생각이 든다.	.730	.009	-.048	.272	-.187
F20	식사 후 토하고 싶은 충동을 느낀다.	.714	.051	-.001	.050	-.051
F22	단 음식을 먹고 나면 마음이 편치 않다.	.703	.087	.065	-.037	-.127
F10	먹은 후에 심한 죄책감(잘못했다는 생각)을 느낀다.	.659	.165	.090	-.180	.118
F9	먹고 난 다음 토한다.	.647	.013	-.006	-.158	.283
F21	음식에 대해 많은 시간과 에너지를 투자한다.	.542	-.065	.041	.191	.126
F25	새로운 기름진 음식 먹는 것을 즐긴다.	.518	-.053	-.099	.061	.164
F24	위가 비어 있는 느낌이 있다.	.454	-.102	-.113	.397	.058
F20	다른 사람들이 나한테 음식을 먹으라고 강요하는 것 같다.	.451	-.034	-.175	.303	.229
F11	더 날씬해져야겠다는 생각을 떨쳐 버릴 수 없다.	-.004	.852	-.094	-.066	.010
F14	내가 살이 쪘다는 생각을 떨쳐버릴 수가 없다.	.078	.775	-.095	.056	-.050
F1	살찌는 것이 두렵다.	-.086	.618	.081	.189	-.112
F12	운동을 할 때 운동으로 인해 없어질 열량에 대해 계산하거나 생각한다.	.055	.404	.243	.038	.100
F6	자신이 먹고 있는 음식의 영양분과 열량을 알고 먹는다.	-.114	.046	.846	.006	.022
F5	음식을 작은 조각으로 나누어 먹는다.	-.060	-.052	.479	.465	.000
F7	빵이나 감자 같은 탄수화물이 많은 음식은 특히 피한다.	.335	-.041	.459	-.163	.095
F19	음식 조절을 나는 아주 잘한다.	.055	-.144	.453	.035	.158
F16	설탕이 든 음식은 피한다.	.357	-.011	.386	-.029	-.046
F3	나는 음식에 집착하고 있다.	-.022	.085	.056	.673	.055
F4	도무지 멈출 수 없이 음식을 심하게 먹은 적이 있다.	-.075	.079	-.089	.632	.273
F2	배가 고파도 식사를 하지 않는다.	.267	.126	.025	.320	-.126
F13	남들이 내가 너무 말랐다고 생각한다.	-.077	-.114	.096	.128	.517
F15	식사시간이 다른 사람보다 더 길다	.169	.017	.091	.113	.354
F8	내가 많은 음식을 먹으면 다른 사람들이 좋아하는 것 같다.	.112	.056	.130	.185	.309
F23	체중을 줄이기 위해 운동이나 다른 것을 하고 있다.	.075	.178	.171	.017	.196

Extraction Method: Principal Axis Factoring.
Rotation Method: Promax with Kaiser Normalization.
Rotation converged in 8 iterations.

마. 저소득층 초등학생 식생활교육의 요구도 분석 결과 요약

본 연구에서 설문조사(기관담당자, 초등학생 대상)와 포커스그룹 인터뷰로 알아본 식생활교육의 요구도 분석 결과를 요약하면 다음과 같다.

1) 저소득층 초등학생의 식습관과 식생활 실태

저소득층 초등학생 대상 설문조사와 전문가 대상 포커스그룹 인터뷰 결과, 식생활에 대한 관심이 낮은 편이었고, 경제적・환경적 여건 등으로 인해 저소득층 초등학생의 경우 편식(주로 채소, 콩 등), 결식, 결식 후 폭식, 가공식품 위주의 간식 선택, 빨리 식사하기 등 좋지 못한 식습관이 제시되었다.

저소득층 초등학생 대상 설문 결과, 아침식사를 1주일에 5회 이상 하는 아동은 약 2/3 수준으로 낮았고, 방학 중 점심식사를 제대로 하지 않는 학생이 약 1/3 정도이었다. 저녁식사 빈도는 이보다 높았으나, 저녁 결식의 이유로 약 21%는 집에 먹을 것이 없거나 챙겨주는 사람이 없어서, 습관화 되어서 등을 사유로 들어 이의 해결을 위한 방안이 요구된다. 또한 저녁식사시 하는 행동으로 게임을 하거나 TV 보면서 식사하는 경우, 식사만 하는 경우가 약 62%로 높아서 이러한 행동 개선 교육이 필요하다.

저녁을 스스로 챙겨먹는 경우 냉장고에 있는 음식을 꺼내 먹거나 직접 음식을 만들어 먹는다고 답한 비율이 70%를 넘었고, 라면이나 인스턴트식품으로 저녁식사를 하는 학생이 17.9%에 이르러 이들에 대한 관심이 필요하다. 부모님이 계시지 않을 때 혼자서 식사를 해결할 수 있게 영양, 맛, 간편성, 가격 등을 고려한 요리활동 교육이 이뤄져야 한다.

식행동 조사 결과, 골고루 먹기, 규칙적으로 식사하기, 각 식품군의 섭취에서 유제품이나 과일 섭취, 1일 2끼 정도 단백질 식품 먹기, 채소류 섭취를 양호하게 하는 학생의 비율이 50% 이하로 낮았다. 단 음식, 가공식품/인스턴트식품의 섭취를 자제하는 학생의 비율 또한 낮아서 식행동 개선을 위한 적극적인 영양교육이 요구된다.

2) 식생활교육과 요리활동의 요구도

기관담당자 대상 설문조사 결과, 초등학생을 위한 식생활교육의 요구도는 매우 높았다. 그러나 방과 후 학교나 지역아동센터 등 현장에서 프로그램을 운영하는 데는 자원(예산, 시설과 기구)과 기술(영양, 요리활동 프로그램 운영 등) 등의 문제로 한계를 느끼고 있었다. 따라서 실무자들이 현장에서 활용할 수 있는 실제적인 프로그램(비용, 편리성, 기술적 지원 등)이 개발된다면 활용도는 매우 높을 것으로 사료된다.

기관담당자 대상 설문 결과, 식생활교육이 실시된다면 원하는 횟수는 평균 5.3회(SD 3.9회), 기간은 평균 5주(SD: 3.6주), 한 번 교육할 때 약 1시간 정도를 원하였다. 원하는 식생활교육 프로그램의 주제나 내용은 올바른 식습관과 편식 수정, 식품과 간식 선택, 요리 실습, 비만 예방, 아침식사하기, 식사예절, 식품위생, 안전한 요리활동 등이었다. 특히 지역아동센터 담당자의 경우 음식과 간식 만들기, 올바른 간식 선택 등의 교육이 꼭 필요하다고 하였으며 요리활동 중심의 식생활교육에 대한 요구도가 높았다.

기관담당자들은 식생활교육의 방법으로 체험과 실습, 조리실습, 강의, 토의 등의 방법을 원하여, 대상자의 참여가 요구되는 방법을 선호하였다. 또한 조사한 기관의 약 3/4에서 집단교육 외에 간단한 조리실습, 게임 등 활동, 컴퓨터 활용 등의 방법이 가능한 것으로 조사되었다. 조리기구도 약 2/3 기관에서 어느 정도 보유하고 있어서 요리활동 중심의 식생활교육을 방과 후 학교나 지역아동센터 등에서 실제로 큰 무리 없이 수행할 수 있을 것으로 사료된다. 원하는 교육자료의 형식은 영양교사의 경우 소책자나 리플릿, 영상매체, 컴퓨터 매체, 식품모형 등이었고, 기관담당자는 활동지, 파워포인트 자료, 게임, 식품모형 등이어서 다소 차이가 있었다.

초등학생 대상 설문 결과, 대부분 요리를 해 본 적이 있었고 요리에 대한 선호도가 높았으며, 요리하면서 느끼는 재미와 자신이 맛있는 음식을 만든다는 성취감 때문에 아동들이 요리를 좋아하는 것으로 나타났다. 따라서 요리활동의 교육 프로그램에서 흥미와 성취감을 고려하여 구성해야 할 것으로 사료된다.

3) 심리 · 사회적 요인

초등학생 대상 조사에서, 부모(보호자)의 방임 행동 중 질병에 대한 방임은 낮은 반면, 아동의 일상 생활이나 옷 갈아입기(청결 문제), 학교 생활, 식사 챙겨주기에 대해 관심이 없는 경우가 20~30%에 이르러서 이러한 부분에서의 관심과 보호가 요구된다.

초등학생 대상자의 자아존중감은 다소 낮은 편이었고, 자아존중감의 하위영역 중 학교 자아존중감(학업, 학교 생활 등)이 낮았다. 초등학생의 섭식태도 검사 결과에서, 한국 성인 기준으로 식습관에 문제가 있다고 보는 절단점을 20점(이민규 등 1998)으로 볼 때 본 연구 대상 아동 중 85.8%가 20점 이상에 해당하였다.

따라서 하루 3끼의 규칙적인 식사, 가족과 함께 대화를 나누며 하는 식사 등 올바른 식습관 교육으로 아동의 섭식태도를 개선시키고 이를 통해 자아존중감을 높이며 학업 성적과 능력을 향상시켜야 하겠다. 또한 저소득층 아동들이 스스로 간단한 음식이나 간식을 만드는 요리활동을 통해 흥미를 느끼면서 참여하는 형식의 식생활교육은 아동의 영양과 신체적인 건강상태 증진뿐 아니라, 성취감과 자아존중감 증진 등 심리·사회적인 건강에도 효과적일 것으로 사료된다.

2. 저소득층 초등학생 대상 식생활교육 프로그램 개발

문헌 연구와 설문조사 결과 등을 토대로 저소득층 초등학생(고학년생)을 위한 식생활교육 프로그램을 구성한 내용은 다음과 같다.

가. 식생활교육 프로그램의 개요

1) 대상: 초등학교 4~6학년 학생

2) 구성: 총 8회 프로그램으로 구성(매회 60분 내외)

3) 프로그램 개요

문헌조사, 저소득층 초등학생 대상 요구도 설문조사와 전문가 대상 포커스그룹 인터뷰 결과를 보면, 식생활에 관한 관심이 낮았고, 편식(주로 채소, 콩 등), 결식, 가공식품 위주의 간식 선택 등 좋지 못한 식습관이 제시되었다. 또한 식행동 조사 결과, 골고루 먹기, 규칙적으로 식사하기, 각 식품군의 섭취에서 유제품이나 과일 섭취, 1일 2끼 정도 단백질 식품 먹기, 채소류 섭취를 양호하게 하는 학생의 비율이 낮았고, 단 음식이나 가공식품/인스턴트식품의 섭취를 자제하는 학생의 비율 또한 낮게 나타났다. 이러한 식생활교육 프로그램의 요구도 결과를 반영하여 8차시의 교육 주제를 선정하였고, 교육은 각 session의 주제에 맞는 영양교육과 요리활동교육으로 구성하였다〈표 3-18〉.

〈표 3-18〉 **프로그램 개요 및 주차별 교육 주제**

Session	주제	내용
1	오리엔테이션	· 어린이를 위한 식생활지침 · 요리활동: 프로그램의 규칙, 식재료 손질 방법
2	아침밥을 먹자	· 아침식사의 중요성, 쉽게 하는 방법 · 요리활동: 참치샌드위치
3	단백질 식품을 먹자	· 단백질 급원과 역할, 충분히 먹는 방법 · 요리활동: 두부미니버거
4	채소를 충분히 먹자	· 채소 섭취의 장점, 충분히 먹는 방법 · 요리활동: 월남쌈
5	과일을 먹자	· 과일 섭취의 장점, 충분히 먹는 방법 · 요리활동: 닭가슴살과일샐러드
6	우유 · 유제품을 먹자	· 유제품 섭취의 장점, 충분히 먹는 방법 · 요리활동: 치킨요거트피자
7	인스턴트식품을 건강하게 먹자	· 나트륨 · 지방 과다 섭취의 문제, 영양표시 읽기 · 요리활동: 쟁반라면
8	한 끼 식사를 만들어 보자	· 균형적인 한 끼 식사 만들기, 식사예절 · 요리활동: 케이크

나. 식생활교육 프로그램 구성

1) 매회 교육 구성

영양교육(15~20분 정도), 요리활동(40~45분 정도)으로 구성

2) 영양교육 구성

각 session별 교육 주제에 따라 3개 내외의 목표 설정 후 그에 부합하는 내용을 구성하였다. 도입부에는 지난 수업 내용 복습이나 그 날 수업 관련 내용의 퀴즈를 통해 관심을 유발하였다. 교육을 진행할 때 아이들의 이해를 높이고 흥미를 유발할 수 있도록 PPT 자료에는 그림을 사용하고 아이들과 상호작용할 수 있도록 질의응답 형태로 구성하였다. 영양교육 마무리 시간에는 그날의 학습내용을 정리할 수 있도록 게임이나 활동으로 구성하였다.

3) 요리활동의 레시피

참치샌드위치, 두부미니버거, 월남쌈 등 각 주차별 가능한 레시피를 〈표 3-19〉와 같이 도출하였다. 도출된 각각의 레시피는 가격, 기호 정도, 시간, 안전성, 요리 난이도를 기준으로 평가하여 가장 적합한 레시피를 실제 요리교육에 적용하였다. 레시피 선정에서 가장 고려한 부분은 난이도이다. 그리고 초등학생 대상 교육활동이므로 대상 아동들이 혼자서도 식사를 잘 준비하여 먹을 수 있으려면 요리에 흥미를 갖고 실천함이 중요하다. 따라서 기호 역시 레시피 선정과 평가에서 중요한 요소이었다. 또한 아동들이므로 집중력이 떨어지는 순간 레시피를 제대로 따라 하지 못하는 경우가 많다. 그러한 경우에도 일정 수준의 맛을 낼 수 있는 요리를 선정하여 요리활동을 구성하였다.

〈표 3-19〉 주차별 가능 레시피 스크리닝시 검토한 요리 리스트

주차별 주제	스크리닝 요리명	
2주 아침밥을 먹자 & 탄수화물 식품을 먹자	단호박아몬드스프 브로콜리감자크림스프 브로콜리 수프 닭고기양파죽 영양잣죽 닭고기누룽지탕 감자크림소스파스타 닭가슴살칼국수 궁중식골동면 흑임자우유국수 단호박된장수제비 궁중떡볶이 인절미치즈스틱 **참치샌드위치**	파래자반잔멸치후리가케비빔밥 김조림주먹밥 메추리알조림주먹밥 쇠고기연두부덮밥 잔채소스팸무스비 잔멸치김주먹밥 시금치참치주먹밥 케첩치즈채소볶음밥 데리야키소스닭볶음밥꼬치구이 닭고기카레볶음밥 치즈김치밥전 참치현미밥전 버섯오므라이스 시금치함박스테이크덮밥 사골버섯된장누룽지탕 버섯치즈리조토
3주 단백질 식품을 먹자	달걀말이 버섯카레덮밥 구멍어묵밥구이 닭가슴살떡갈비 케이준치킨샐러드 사과드레싱치킨샐러드	매콤달콤두부강정 해물마파두부 두부김치 연두부 샐러드 **미니두부버거**
4주 채소를 충분히 먹자	무치킨커틀렛 시금치두부돈가스 양파링 당근설기 콘미트감자채팬케이크 시금치두부돈가스 시금치&햄 계란말이 **월남쌈**	느타리버섯전 애호박전 브로콜리완자조림 어린이해물파전 파만두국 깻잎부각 깻잎고기전
5주 과일을 먹자	무쌈채소과일말이	**닭가슴살과일샐러드**
6주 우유 · 유제품을 먹자	바나나시리얼요거트포트 시리얼과일밀크	**치킨요거트피자**
7주 인스턴트식품을 건강하게 먹자	콩나물김치볶음라면 김치볶음라면 라면달걀탕 라면 오믈렛 라면계란찜	생야채 초고추장라면 오이냉라면 **쟁반라면** 견과찐고구마맛탕

* 굵은 글씨 표기 요리: 식생활교육시 요리활동에 활용

4) 영양교육과 요리활동을 통한 교육에 심리·사회 영역의 교육 포함

식생활교육 프로그램을 진행할 때 조를 구성하여 그룹 위주의 활동을 통하여 대상자들의 참여와 협동심을 높여 사회성을 증진시키도록 하였다. 식생활교육 프로그램 진행 전후로 간단한 평가지를 이용해 심리 상태나 기분을 그림이나 단어로 표시하도록 하였다. 이를 통하여 대상자들이 자신의 감정을 인식하고 표현할 수 있는 기회와 감정의 변화를 알아차릴 수 있는 기회를 제공하였다.

5) 교육 프로그램 계획시 고려 사항

오리엔테이션에서 요리활동 등 조리교육을 할 때 다치지 않도록 규칙을 정하고 활동지에 기록함으로써 교육기간 동안 지킬 수 있게 하였다. 교육 프로그램에서 활동지를 이용하여 3~4명 정도씩 조 이름을 정하고 조원 이름을 적도록 하는 등 팀별 활동을 적용하였고, 활동에 적극 참여하는 조에게 상(스티커 등)을 주어 참여율을 높이는 등 보상을 적용하였다.

요리활동 전의 영양교육에서도 질의응답, OX 퀴즈 등 교육 대상자와 상호작용할 수 있는 방법을 고려하여 구성하였다. 또한 교육 장소와 시간을 고려하여 요리활동에서 사용할 식재료를 준비하였다. 프로그램의 최종본은 식생활교육을 실시한 후에 수정 및 보완하여 최종본을 제시하였다.

3. 저소득층 초등학생 대상 식생활교육 프로그램 실시 및 평가

가. 식생활교육 프로그램 실시

1) 교육 기간 및 시간

2012년 10월~12월에 각 기관별로 8주간, 주 1회의 교육을 실시하였다.

2) 교육군 인원 및 대조군 인원

- 교육군: 서울 지역의 종합사회복지관의 방과 후 공부방 1곳, 지역아동센터 2곳 등 총 3기관, 참여 인원 36명
- 대조군: 서울·경기지역의 종합사회복지관의 방과 후 공부방 1곳, 지역아동센터 2곳 등 3기관, 참여 인원 30명

3) 교육 장소

각 기관에서 제공해주는 장소, 즉 공부방이나 교육실 등에서 식생활교육을 실시하였다.

4) 식생활교육 프로그램 실시

식생활교육은 4~6학년 대상 학생의 수준에서 이해할 수 있는 내용으로 구성하였고 주로 파워포인트 자료(PPT)와 활동지를 이용하여

진행하였다. 장소가 비교적 협소하고 PPT를 시연할 수 없는 기관에서는 PPT를 A3 사이즈로 출력 후 코팅하여 대상자들이 모두 볼 수 있도록 들고 교육을 진행하였다.

활동지는 교육을 할 때 대상자들이 같이 참고하고 교육이 끝난 후 복습할 수 있게 영양교육 내용을 요약해서 담아 놓았고, 수업을 마무리할 때 배운 내용을 정리하면서 교육대상자들의 흥미를 이끌 수 있도록 퀴즈나 미로 등의 활동과 요리활동 레시피로 구성하였다〈그림 3-7〉.

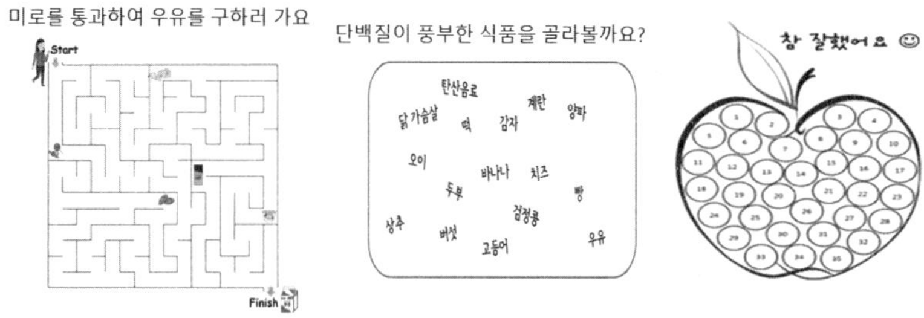

〈그림 3-7〉 식생활교육 교육자료 예(미로, 퀴즈, 스티커북)

교육 대상자 모두에게 비닐 파일을 제공하여 제공된 활동지를 보관하게 하였으며 교육이 끝난 후에도 기관에서 보관할 수 있도록 하였다. 또 스티커북을 만들어 대답을 잘하거나 참여율이 높은 학생에게 스티커를 제공하여 교육 참여도를 높였다.

요리활동 교육은 3~4명씩 4~5팀을 짜서 진행하였고 요리활동 교육 담당자가 먼저 요리에 대한 설명을 하고 시연을 하였다. 학생들이 조리를 할 때에는 교육자 1인이 한 팀씩 담당해서 학생들을 지도하였다.

짝수차 교육(2, 4, 6, 8회차)에서는 프로그램이 끝난 후 교육에 참여한 어린이들의 감정 상태에 대한 설문조사를 진행하였다. 교육 참여자들이 감정을 나타내는 다양한 어휘들 중 현재 자신이 느끼는 감정을 표시하고, 그에 어울리는 표정을 그려 넣게 하였다. 이와 더불어 그러한 감정이 느껴지는 원인이나 이유를 탐색하여 짧게 쓰도록 하였고, 식생활교육 프로그램이 어린이들의 감정 상태의 어떤 영향을 미쳤는지 알아보았다〈그림 3-8〉.

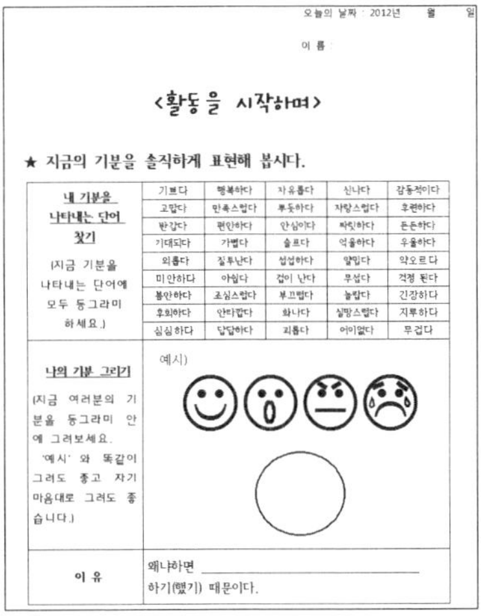

오늘의 날짜 : 2012년 월 일

이 름 :

<활동을 시작하며>

★ 지금의 기분을 솔직하게 표현해 봅시다.

내 기분을 나타내는 단어 찾기 (지금 기분을 나타내는 단어에 모두 동그라미 하세요.)	기쁘다	행복하다	자유롭다	신나다	감동적이다
	고맙다	만족스럽다	뿌듯하다	자랑스럽다	후련하다
	반갑다	편안하다	안심이다	짜릿하다	든든하다
	기대되다	가볍다	슬프다	억울하다	우울하다
	외롭다	질투난다	섭섭하다	얄밉다	약오르다
	미안하다	아쉽다	겁이 난다	무섭다	걱정 된다
	불안하다	조심스럽다	부끄럽다	놀랍다	긴장하다
	후회하다	안타깝다	화나다	실망스럽다	지루하다
	심심하다	답답하다	괴롭다	어이없다	무겁다
나의 기분 그리기 (지금 여러분의 기분을 동그라미 안에 그려보세요. '예시' 와 똑같이 그려도 좋고 자기 마음대로 그려도 좋습니다.)	예시)				
이 유	왜냐하면 ______ 하기(했기) 때문이다.				

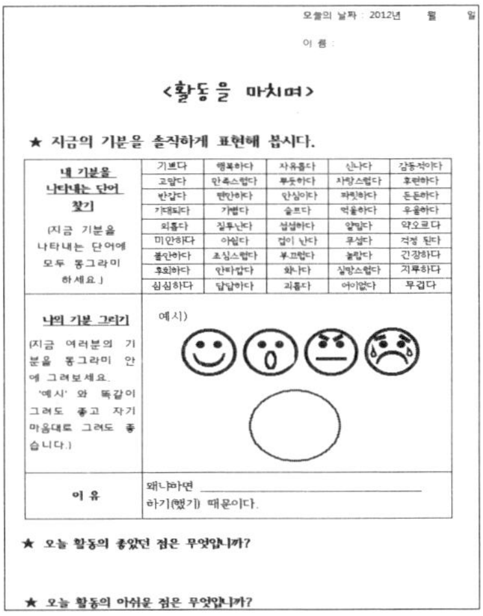

오늘의 날짜 : 2012년 월 일

이 름 :

<활동을 마치며>

★ 지금의 기분을 솔직하게 표현해 봅시다.

내 기분을 나타내는 단어 찾기 (지금 기분을 나타내는 단어에 모두 동그라미 하세요.)	기쁘다	행복하다	자유롭다	신나다	감동적이다
	고맙다	만족스럽다	뿌듯하다	자랑스럽다	후련하다
	반갑다	편안하다	안심이다	짜릿하다	든든하다
	기대되다	가볍다	슬프다	억울하다	우울하다
	외롭다	질투난다	섭섭하다	얄밉다	약오르다
	미안하다	아쉽다	겁이 난다	무섭다	걱정 된다
	불안하다	조심스럽다	부끄럽다	놀랍다	긴장하다
	후회하다	안타깝다	화나다	실망스럽다	지루하다
	심심하다	답답하다	괴롭다	어이없다	무겁다
나의 기분 그리기 (지금 여러분의 기분을 동그라미 안에 그려보세요. '예시' 와 똑같이 그려도 좋고 자기 마음대로 그려도 좋습니다.)	예시)				
이 유	왜냐하면 ______ 하기(했기) 때문이다.				

★ 오늘 활동의 좋았던 점은 무엇입니까?

★ 오늘 활동의 아쉬운 점은 무엇입니까?

〈그림 3-8〉 감정표현지

나. 식생활교육의 평가

저소득층 초등학생을 대상으로 교육군, 대조군을 선정하여 식생활교육 전후에 교육 효과를 평가하기 위한 설문조사를 실시하였고, 그 결과는 다음과 같다.

1) 대상자의 일반적 특성

수집한 자료(교육군 41명, 대조군 48명) 중 응답이 불충분한 자료(23명)를 제외하고 식생활교육의 효과평가를 위한 통계 분석에 총 66명의 자료를 이용하였다. 이 중 교육군은 36명, 대조군은 30명이었다.

교육 전 조사로 알아본 대상자의 특성은 〈표 3-20〉에 제시하였다. 대상자의 평균 연령은 교육군 11.1세, 대조군 11.2세로 두 군간 유의적인 차이가 없었으며 두 군 모두 6학년생의 비율이 높았다. 대상자 중 여학생은 교육군의 55.6%, 대조군의 53.3%로 남학생보다 다소 높았으며 두 군간 유의적인 차이가 없었다. 교육군의 경우 평균 체중은 44.1kg, 평균 신장 149.1cm, 대조군의 경우 평균 체중 41.4kg, 평균 신장 146.3cm로 교육군의 체중과 신장이 다소 높았으나 유의적인 차이는 없었다. 따라서 교육 전 조사에서 두 군간 일반적 특성에 유의적인 차이가 없고 학년, 성별 등 일반적 특성이 유사하다고 볼 수 있다〈표 3-20〉.

〈표 3-20〉 초등학생 대상자의 일반적 특성

변수	교육군 (36명)	대조군 (30명)	t or χ^2
학년			4.2
3~4학년	10(27.8)[1)]	11(36.7)	
5학년	11(30.6)	5(16.7)	
6학년	15(41.7)	14(46.7)	
성별			0.0
남자	16(44.4)	14(46.7)	
여자	20(55.6)	16(53.3)	
연령	11.1± 0.9[2)]	11.2±1.0	0.4
체중	44.1±11.6	41.4±8.0	1.1
신장	149.1± 9.1	146.3±8.5	1.3

1) n(%), 2) Mean ± SD

2) 교육군과 대조군간 교육 전후 식생활 행태 비교

가) 건강상태에 대한 인식, 식생활 평가 및 관심도, 식사시 행동

건강상태에 대한 인식(1점(매우 나쁘다) ~ 5점(매우 좋다))은 교육군의 경우 교육 전 조사에서 평균 4.0점, 교육 후 조사에서 평균 3.4점이었다. 대조군의 경우 교육 전후에 각각 평균 3.7점, 평균 3.8점으로 나타났으며, 교육 전후 조사와 집단 간 상호작용은 건강상태 인식에 유의미한 관련성을 나타내었다($p<0.05$). 교육 전에 비해 교육 후 조사에서 교육군의 건강상태에 대한 인식 점수가 낮아지는 경향을 보였는데, 이는 교육군의 경우 교육 후에 건강에 대해 보다 정확하게 인식을 하게 되면서 자신의 건강상태를 엄격하게 점수를 측정한 것으로 사료된다〈표 3-21〉.

식생활에 대한 관심도(1점(전혀 관심없다)~5점(매우 관심있다))는 교육군의 경우 교육 전후에 각각 평균 2.9점, 3.1점이었고, 대조군의 경우 교육 전후에 각각 평균 2.9점, 2.6점으로 나타났다〈표 3-21〉. 교육 전후 조사와 집단간 상호작용은 식생활 관심도에 유의미한 관련성을 보였으며($p<0.05$), 대조군의 경우 식생활 관심도가 교육 후 조사에서 다소 낮아진 반면 교육군의 경우 식생활에 대한 관심도가 교육 후에 유의적으로 증가하여 식생활교육의 긍정적 효과를 제시하였다.

1주일 동안의 아침식사 횟수는 교육 전후 조사에서 교육군의 경우 각각 평균 5.0회, 4.9회이었고, 대조군의 경우 각각 평균 4.6회, 5.4회로 나타났다. 1주일간 저녁식사 횟수는 두 군 모두 교육 전 조사에서 평균 6.9회이었으나 교육 후 조사에서 교육군은 평균 6.6회, 대조군 6.2회로 낮아졌다. 아침식사나 저녁식사 횟수에서 두 군간 교육 전후에 유의적인 차이는 없었고, 오히려 대조군에게서 아침식사 횟수가

〈표 3-21〉 두 군간 교육 전후 건강상태 인식도와 식생활 행태 비교

변수	교육 전			교육 후		F[6]
	교육군 (36명)	대조군 (30명)		교육군 (36명)	대조군 (30명)	
건강상태에 대한 인식[1]	4.0±0.9[3]	3.7±1.1		3.4±1.1	3.8±1.0	6.7*
식생활 평가[1]	3.4±0.9	3.3±0.9		3.3±0.8	3.2±0.9	0.0
식생활 관심도[2]	2.9±0.9	2.9±1.0		3.1±0.9	2.6±1.2	4.5*
아침식사 횟수(회/주)	5.0±2.2	4.6±2.5		4.9±2.2	5.4±3.8	2.2
저녁식사 횟수(회/주)	6.9±0.5	6.9±0.4		6.6±0.7	6.2±1.7	2.6
변수	교육 전		χ^2[5]	교육 후		χ^2
	교육군 (36명)	대조군 (30명)		교육군 (36명)	대조군 (30명)	
식사할 때 행동						
식사만	17(47.2)[4]	13(43.3)	1.4	17(48.6)	11(36.7)	1.2
식구들과 이야기함	9(25.0)	10(33.3)		7(20.0)	9(30.0)	
게임, TV 시청, 독서 등	10(27.8)	7(23.3)		11(31.4)	10(33.3)	
식사 전 손 씻기						
씻지 않는다	1(2.8)	0(0.0)	2.0	3(8.3)	0(0.0)	5.8
가끔 씻는다	15(41.7)	9(30.0)		16(44.4)	8(26.7)	
씻고 먹는다	20(55.6)	21(70.0)		17(47.2)	22(73.3)	

*: $p<0.05$
1) 가능 점수: 1~5점(1점: 매우 나쁘다~5점: 매우 좋다)
2) 가능 점수: 1~5점(1점: 전혀 관심없다~5점: 매우 관심있다)
3) Mean ± SD
4) n(%)
5) χ^2 value by χ^2-test
6) F value of interaction(group by time) by MANOVA

교육 후에 증가하는 양상을 보였다. 이는 대조군에서는 재평가에 따른 긍정적 보고 패턴이 나타났고 교육군에서는 오히려 정확한 보고가 되어서 이런 결과를 초래한 것으로 사료된다.

식사할 때 행동을 보면 교육 전 조사에서 '식구들과 이야기하면서 식사'하는 경우가 교육군의 25%, 대조군의 33.3%로 두 군간 유의

적인 차이가 없었다. 교육 후 조사에서도 '식구들과 이야기하면서 식사'하는 경우는 교육군의 20%, 대조군의 30%로 대조군이 다소 높았으나 유의차는 없었다. 이에 비해 식사할 때 식사만 하거나 게임, TV 시청 등 행동을 하는 경우가 대부분이었다.

위생에 관해서는 교육 전 조사에서 교육군의 55.6%, 대조군의 70%가 식사 전에 손을 씻고 먹는다고 하여 대조군에서 식사 전 손을 씻는 비율이 높았으나 유의적인 차이는 없었다. 교육 후 조사에서 식사 전에 손을 씻고 먹는 학생은 교육군의 47.2%, 대조군의 73.3%로 교육군이 오히려 더 낮아지는 양상을 보였으나 두 군간 유의적인 차이는 없었다. 식생활교육에서 식사시 올바른 행동 교육이나, 식사 전 손 씻기 등 위생교육을 좀 더 강조해야 할 것으로 사료된다.

나) 편식과 간식 실태 및 영양표시 확인 여부

교육군 중 편식한다고 응답한 학생은 교육 전 조사에서 교육군 66.7%, 대조군 73.3%로 두 군간 차이는 없었으며 교육 후 조사에서 교육군의 55.6%, 대조군의 60.0%가 편식을 한다고 응답하였다. 교육 전에 비해 교육 후에 편식하는 학생의 비율이 두 군 모두 낮아졌으나 두 군간 유의적인 차이는 없었다〈표 3-22〉.

주로 편식을 하는 음식으로 교육군은 교육 전 조사에서 채소나 과일, 콩이 각각 26.8%로 가장 많았고 대조군 역시 채소나 과일(32.7%), 콩(22.4%)이 많았다. 교육 후 조사에서 두 군 모두 이들 음식들이 차지하는 비율이 낮아졌으나 두 군간 편식하는 음식에 유의차는 없었다. 본 연구 결과는 초등학교 6학년생 대상의 연구(구복자 · 이경애 2000)에서 아동들이 채소류를 가장 많이 편식한다는 결과와 유사하다. 박수진(2000)의 연구에서도 초등학생들의 기호도 조사 결과

〈표 3-22〉 두 군간 교육 전후 편식, 간식 실태 및 영양표시 확인 행동 비교

변수	교육 전			교육 후		
	교육군 (36명)	대조군 (30명)	χ^2 3)	교육군 (36명)	대조군 (30명)	χ^2
편식 여부						
예	24(66.7)2)	22(73.3)	0.3	20(55.6)	18(60.0)	0.1
아니오	12(33.3)	8(26.7)		16(44.4)	12(40.0)	
편식하는 음식1)						
곡류, 감자 · 고구마	7(17.1)	2(4.1)	5.6	1(2.9)	0(0.0)	7.4
고기, 생선, 계란	4(9.8)	9(18.4)		5(14.3)	11(26.8)	
콩	11(26.8)	11(22.4)		7(20.0)	8(19.5)	
채소, 과일	11(26.8)	16(32.7)		8(22.9)	9(22.0)	
해조류	3(7.3)	5(10.2)		4(11.4)	9(22.0)	
우유 · 유제품, 기타	5(12.2)	6(12.2)		10(28.6)	4(9.8)	
주로 먹는 간식 종류1)						
과자, 스낵류	17(17.7)	24(27.0)	22.0**	14(14.9)	20(23.8)	18.5*
라면	7(7.3)	4(4.5)		13(13.8)	3(3.6)	
우유, 유제품	10(10.4)	7(7.9)		9(9.6)	8(9.5)	
과일, 주스	16(16.7)	18(20.2)		12(12.8)	10(11.9)	
아이스크림	18(18.8)	2(2.2)		7(7.4)	6(7.1)	
사탕, 초콜릿	7(7.3)	13(14.6)		4(4.3)	13(15.5)	
빵	9(9.4)	14(15.7)		15(16.0)	17(20.2)	
떡, 떡볶이	5(5.2)	4(4.5)		12(12.8)	5(6.0)	
기타(튀긴 음식 등)	7(7.3)	3(3.3)		8(8.5)	2(2.4)	
영양표시 확인 여부						
전혀 확인하지 않는다	14(38.9)	8(26.7)	2.7	12(33.3)	9(30.0)	3.9
가끔 확인한다	16(44.4)	12(40.0)		20(55.6)	12(40.0)	
자주 확인한다	3(8.3)	5(16.7)		3(8.3)	6(20.0)	
살 때마다 확인한다	3(8.3)	5(16.7)		1(2.8)	3(10.0)	

*: $p<0.05$, **: $p<0.01$

1) 복수응답 문항, 2) n(%), 3) χ^2 value by χ^2-test

채소, 콩, 생선, 김치류 등의 기호도가 낮게 나타났다. 교육 후 조사에서도 두 군간 편식하는 식품에 유의적인 차이를 보이지 않았다.

교육 전 조사에서 자주 섭취하는 간식은 교육군의 경우 아이스크림(18.8%), 과자나 스낵류(17.7%)이었고, 대조군의 경우 과자나 스낵류(27.0%), 과일이나 주스(20.2%) 순으로 나타나 두 군간 유의적인 차이가 있었다($p<0.01$). 교육 후 조사에서 교육군은 빵(16.0%), 과자나 스낵류(14.9%), 라면(13.8%), 과일이나 주스(12.8%) 등을 간식으로 자주 섭취한다고 하였고, 대조군은 과자나 스낵류(23.8%), 빵(20.2%), 사탕이나 초콜릿(15.5%)의 순으로 나타나 주로 먹는 간식 종류에서 두 군간 유의적인 차이를 보였다($p<0.05$). 이러한 결과에 따라 식생활교육이 선택하는 간식 종류에 영향을 미친 것으로 보이며 기관에서 어떤 간식을 제공하는가도 관련되었을 것으로 사료된다. 기존 연구(구복자 · 이경애 2000; 조은아 등 2010)에서 초등학생들이 가장 많이 먹는 간식으로 과일이나 주스, 과자나 빵류, 유제품, 떡류 등으로 보고하여 본 연구 결과와 유사하였다.

식품구매시 영양표시 확인 여부는 교육 전 조사에서 교육군, 대조군 모두 '가끔 확인한다'가 각각 44.4%, 40.0%로 가장 높았으며 '전혀 확인하지 않는다'는 교육군 38.9%, 대조군 26.7%에 이르러 가공식품을 선택할 때 영양표시 읽기를 실천하도록 교육할 필요성이 제시되었다. 교육 후 조사에서 '영양표시를 전혀 확인하지 않는다'는 학생은 교육군의 경우 33.3%로 교육 전에 비해 약간 줄었으며 대조군은 30.0%로 다소 증가하였다. 그러나 교육 후 조사에서 영양표시 확인 여부에 따른 두 군간 유의적인 차이는 없었다〈표 3-22〉.

국민건강영양조사(2011) 결과, 6~11세 아동들의 영양표시 이용률은 11.8%로 나타나 본 연구에서보다 낮은 실정이었다. 초등학교 5~

6학년생을 대상으로 영양표시에 대한 인식을 조사한 연구(황경아 · 최미자 2013)에서 과반수 이상이 영양표시를 '본 적이 있다'고 응답하였다. 다른 연구(현선미 · 김정원 2007)에서는 영양표시에 관한 영양교육을 8주간 실시한 결과 영양표시 이용률이 유의적으로 증가하였다고 보고하였다. 초등학생 등 어린 시절부터 가공식품을 선택할 때 영양표시 읽기를 습관화한다면 식품 선택에 도움이 될 것으로 사료된다. 비교적 짧은 교육으로 영양표시 이용률을 높이기에는 다소 무리가 있겠으나 지속적 교육을 제공한다면 긍정적 효과를 얻을 것으로 사료된다.

3) 교육군과 대조군간 교육 전후 영양지식, 자아효능감, 식행동 비교

가) 영양지식

영양지식의 총점(가능 점수: 0~10점)은 교육군에서 교육 전에 평균 6.8점, 교육 후에 평균 6.9점이었고, 대조군은 각각 평균 7.0점, 6.8점으로 나타났으며 집단과 영양교육 총점간 상호작용 효과는 나타나지 않았다〈표 3-23〉.

영양지식 중 일반 식생활과 관련된 문항(4문항, 가능 점수: 0~4점)은 교육군의 경우 교육 전후 조사에서 모두 평균 2.1점이었고 대조군의 경우 각각 평균 2.5점, 2.2점이었다. 영양소와 식품군에 관한 문항(6문항, 가능 점수: 0~6점)은 교육군의 경우 교육 전후 조사에서 각각 평균 4.7점, 4.8점, 대조군의 경우 교육 전후 조사에서 모두 평균 4.5점이었다. 두 군간 영양지식의 하위영역 점수, 즉 일반 식생활 관련 문항, 영양소와 식품군 관련 문항에서 두 군간 교육 전후에 유의적인 차이를 보이지 않았다〈표 3-23〉.

〈표 3-23〉 두 군간 교육 전후 영양지식 비교

변수	교육 전		교육 후		F[5)]
	교육군(36명)	대조군(30명)	교육군(36명)	대조군(30명)	
일반 식생활[1)]	2.1±0.6[4)]	2.5±0.7	2.1±0.8	2.2±0.8	1.2
영양소/식품군[2)]	4.7±1.0	4.5±0.9	4.8±0.9	4.5±0.8	0.1
총점[3)]	6.8±1.1	7.0±1.0	6.9±1.3	6.8±1.4	1.0

1) 가능 점수: 0~4점, 4문항으로 구성
2) 가능 점수: 0~6점, 6문항으로 구성
3) 가능 점수: 0~10점, 10문항으로 구성
4) Mean ± SD
5) F value of interaction(group by time) by MANOVA

식생활교육 전에 비해 교육 후에 교육군의 영양지식은 거의 비슷한 수준이었다. 이는 초등학생 대상의 연구(박수진 2000; 안윤 등 2009)에서 영양교육을 실시한 후 영양지식이 유의적으로 증가했다는 연구 결과와는 다소 상반되는 결과이었다. 본 연구에서 식생활교육은 매회 60분 정도 진행되었으나 영양교육은 20분 내외이었고, 영양에 대한 지식보다는 요리활동 중심, 식행동 변화 위주의 방법 제시 등을 위주로 진행하여 영양지식의 직접적 상승에는 크게 기여하지 못한 것으로 사료된다. 또한 대상자들의 교육 전 조사에서 영양지식 점수가 기존 연구에서보다 높았던 점도 식생활교육 후에 영양지식의 상승을 제한시켰을 것으로 사료된다.

나) 자아효능감

자아효능감 총점(가능 점수: 15~60점)은 교육군의 경우 교육 전후 조사에서 평균 45.5점, 49.2점이었고 대조군의 경우 교육 전후에 각각 평균 38.7점, 41.1점으로 나타났다. 대조군에 비해 교육군에서 자아효능감의 증가 정도가 높았으나 집단과 자아효능감 총점간 상호작용 효과는 나타나지 않았다〈표 3-24〉.

자아효능감 중 요리활동에 대한 자아효능감(10문항, 가능 점수: 10~40점)은 교육군의 경우 교육 전후 조사에서 평균 29.9점, 32.3점이었고 대조군의 경우 각각 평균 24.6점, 26.6점으로 나타났다〈표 3-24〉. 두 군 모두 교육 후 조사에서 자아효능감이 높았으며 두 군간 요리활동의 자아효능감 변화 정도에 유의적인 차이는 없었다.

자아효능감 중 식생활에 대한 자아효능감(5문항, 가능 점수: 5~20점)은 교육 전후 조사에서 교육군은 각각 평균 15.6점, 16.9점, 대조군은 평균 14.1점, 14.5점이었다. 교육군에서 식생활에 관한 자아효능감의 증가 정도가 높았으나 두 군간 교육 전후 자아효능감의 변화에 유의적인 차이는 없었다〈표 3-24〉.

기존 연구 결과(이옥희 등 2008; 한미선 2007)에서는 초등학생을 대상으로 영양교육을 실시한 후에 균형적 식사, 간식 선택, 채소 섭취 등에 관한 자아효능감이 유의적으로 증가하였다. 초등학교 5학년생 대상의 연구(서윤석 · 정영진 2010)에서도 6주간 영양교육을 실시한 후 채소와 과일 섭취에 관한 자아효능감이 유의적으로 증가하였다고 보고

〈표 3-24〉 두 군간 교육 전후 자아효능감 비교

변수	교육 전		교육 후		F[5]
	교육군(36명)	대조군(30명)	교육군(36명)	대조군(30명)	
요리활동 자아효능감[1]	29.9±7.0[4]	24.6±7.7	32.3±7.2	26.6±6.7	0.1
식생활 자아효능감[2]	15.6±3.1	14.1±3.6	16.9±3.3	14.5±3.0	1.1
총점[3]	45.5±9.6	38.7±9.8	49.2±9.9	41.1±8.7	0.4

1) 가능 점수: 10~40점, 10문항으로 구성
2) 가능 점수: 5~20점, 5문항으로 구성
3) 가능 점수: 15~60점, 15문항으로 구성
4) Mean ± SD
5) F value of interaction(group by time) by MANOVA

되어 영양교육이 자아효능감 상승에 긍정적인 영향을 미침이 제시되었다.

다) 식행동

식행동의 총점(가능 점수: 15~45점)은 교육군의 경우 교육 전후 조사에서 평균 31.8점, 32.6점, 대조군은 각각 평균 31.0점, 31.2점으로 나타났다. 교육 전 조사에 비해 교육 후 조사에서 교육군의 식행동 점수의 증가 정도가 높았으나 집단과 식행동 총점간 상호작용 효과는 없었다〈표 3-25〉.

식행동 중 일반 식행동(4문항, 가능 점수: 4~12점) 점수는 교육군의 교육 전후 조사에서 평균 8.3점, 8.4점, 대조군에서 각각 평균 8.4점, 8.1점으로 나타났다. 두 군간 교육 전후에 일반 식행동의 변화 정도에서 유의적인 차이는 없었다. 식행동 중 식품군 섭취(7문항, 가능 점수: 7~21점)는 교육군의 경우 교육 전후 조사에서 평균 14.1점, 15.3점

〈표 3-25〉 두 군간 교육 전후 식행동 비교

변수	교육 전		교육 후		F[5]
	교육군(36명)	대조군(30명)	교육군(36명)	대조군(30명)	
일반 식행동[1]	8.3±2.1[4]	8.4±2.0	8.4±2.2	8.1±2.3	0.9
식품군 섭취[2]	14.1±2.6	13.9±3.1	15.3±3.0	13.3±3.5	5.1*
줄일 식행동[1]	6.5±1.6	6.3±1.9	7.1±2.3	6.3±2.1	1.1
총점[3]	31.8±4.5	31.0±6.6	32.6±5.1	31.2±5.0	0.2

*: $p<0.05$

1) 가능 점수: 4~12점, 4문항으로 구성

2) 가능 점수: 7~21점, 7문항으로 구성

3) 가능 점수: 15~45점, 15문항으로 구성. 긍정적 식행동(11문항)은 1점(가끔)~3점(거의 매일)을 부여하고 부정적 식행동(4문항)은 역으로 점수를 부여한 후 모든 문항의 점수를 합하여 식행동의 총점을 산출함.

4) Mean ± SD

5) F value of interaction(group by time) by MANOVA

으로 높아진 반면, 대조군의 경우 각각 평균 13.9점, 13.3점으로 나타나 다소 감소하는 경향이었다. 따라서 집단과 식품군 섭취 행동간 상호작용 효과가 나타났으며($p<0.05$), 식생활교육으로 인해 교육군의 식품군 섭취 행동이 양호하게 변화됨이 제시되었다〈표 3-25〉.

가공식품의 섭취나 기름진 음식, 단 음식 섭취 등 줄일 식행동(4문항, 가능 점수: 4~12점)은 교육군의 경우 교육 전후 조사에서 각각 평균 6.5점, 7.1점으로 다소 상승하여 양호하게 변화하였으나, 대조군의 경우 모두 평균 6.3점으로 나타났다〈표 3-25〉. 그러나 두 군간 교육 전후에 줄일 식행동의 개선 정도에서 유의적인 차이는 없었다.

라) 요리활동

지난 한 달간 대상자가 직접 요리한 횟수는 교육 전후 조사에서 교육군이 평균 10.0회, 11.0회, 대조군이 평균 6.1회, 5.9회로 나타났다. 교육군이 대조군에 비해 한 달에 요리하는 횟수가 더 높았으며 교육 후 직접 요리하는 횟수가 약 1회 정도 증가하였으나, 참여자의 편차가 너무 심하여 유의적 차이는 없었다. 본인이 생각하는 요리 실력(가능 점수: 1~5점)은 교육 전후 조사에서 교육군이 평균 3.1점, 3.2점, 대조군이 평균 2.7점, 3.1점으로 나타났으며 두 군간 유의적 차이는 없었다〈표 3-26〉.

요리를 좋아하는 정도는 교육 전후 조사에서 교육군이 각각 평균 4.0점, 4.4점으로 나타났으며 대조군은 각각 평균 3.6점, 3.5점으로 나타났다. 유의적인 차이는 약하였으나 대조군에 비해 식생활교육을 받은 군이 교육 전보다 교육 후에 직접 요리하는 것에 대한 선호도가 더 증가한 것으로 분석되었다.

요리가 좋은 이유에 대해 대조군과 교육군간 응답비율이 약간 상

〈표 3-26〉 두 군간 교육 전후 요리활동 비교

변수	교육 전 교육군 (36명)	교육 전 대조군 (30명)		교육 후 교육군 (36명)	교육 후 대조군 (30명)	F[5)]
직접 요리한 횟수(회/월)	10.0±9.2[2)]	6.1±6.2		11.0±10.1	5.9±6.4	0.6
본인이 생각하는 요리 실력	3.1±1.0	2.7±1.0		3.2±1.2	3.1±1.0	1.6
본인이 요리를 좋아하는 정도[1)]	4.0±1.2	3.6±1.3		4.4±1.1	3.5±1.3	2.5
변수	**교육 전 교육군 (36명)**	**교육 전 대조군 (30명)**	**$\chi^{2,4)}$**	**교육 후 교육군 (36명)**	**교육 후 대조군 (30명)**	**χ^2**
요리를 좋아하는 이유						
그냥 또는 가족, 친구가 좋아해서	12(34.3)[3)]	5(19.2)	1.8	14(43.8)	7(25.0)	3.1
요리 과정이 재미있어서	11(31.4)	11(42.3)		12(37.5)	11(39.3)	
먹고 싶은 음식을 먹음, 기타	12(34.3)	10(38.5)		6(18.8)	10(35.7)	
요리를 싫어하는 이유						
그냥 싫다	2(16.7)	8(47.1)	3.3	4(28.6)	5(38.5)	0.5
요리과정이 어렵거나 위험해서	3(25.0)	4(23.5)		4(28.6)	4(30.8)	
요리과정이 귀찮아서, 기타	7(58.3)	5(29.4)		6(42.9)	4(30.8)	

1) 가능 점수: 1~5점, 2) Mean ± SD, 3) n(%), 4) χ^2 value by χ^2-test,
5) F value of interaction(group by time) by MANOVA

이하였는데 교육 전 조사에서 교육군은 '그냥 또는 가족, 친구가 좋아해서(34.3%)', '먹고 싶은 음식 섭취 가능 또는 기타(34.3%)', '요리 과정이 재미있어서(31.4%)' 순으로 응답하였고 대조군은 '요리 과정이 재미있어서(42.3%)', '먹고 싶은 음식 섭취 가능 또는 기타(38.5%)' 순으로 응답하였다. 교육 후 조사에서 교육군은 요리가 좋은 이유로 '그냥 또는 가족, 친구가 좋아해서(43.8%)'가 가장 높은 응답률을 보였다. 대조군은 교육 전 조사에서와 비슷하게 응답하였으며 두 군간 유의적인 차이는 없었다.

요리를 싫어하는 이유에 대해 교육 전 조사에서 교육군은 '요리과정이 귀찮아서 또는 기타(58.3%)', '요리과정이 어렵거나 위험해서(25.0%)' 순으로 응답하였으며 대조군은 '그냥 싫다(47.1%)', '요리 과정이 귀찮아서 또는 기타(29.4%)' 순으로 응답하였다. 교육 후 조사에서도 두 군간 요리가 싫은 이유에서 유의적인 차이는 없었다〈표 3-26〉.

요리활동에 대한 자아효능감, 만족도 등은 통계적으로 유의적 차이는 없었지만, 자아효능감, 요리 실력, 요리에 대한 호감도 등이 증가하여 긍정적 결과를 보였다. 이는 기존 연구(김민선 · 주지형 2009)에서 초등학교 고학년을 대상으로 요리 교육을 실시한 후 조리에 대한 수행도, 흥미도, 참여도, 이해도 등의 점수가 유의적으로 증가했다는 연구 결과와 유사하다. 김수영 · 김희섭(2008)의 연구에서도 초등학교 3, 5학년생을 대상으로 요리활동 중심의 교육을 실시한 결과 아동들의 식행동, 식태도, 편식 수정 등에 긍정적인 영향을 미쳤다고 보고하여 요리활동이 아동들에게 다방면으로 영향을 미침을 제시하였다.

4) 두 군간 교육 전후 심리 · 사회적 요인의 비교

가) 사회적 요인

대상자들의 자아존중감의 총점(가능 점수: 24~120점)은 교육군이 교육 전후 조사에서 평균 78.2점, 80.5점, 대조군이 각각 평균 75.7점, 78.3점으로 나타났다. 두 군간 교육 전후에 자아존중감의 총점 변화에서 유의적인 차이가 없었다〈표 3-27〉.

자아존중감 중 전반적 자아존중감은 교육 전후 조사에서 교육군이 평균 20.3점, 21.5점, 대조군이 평균 19.6점, 19.9점이었고, 사회적 자아존중감은 교육군이 각각 평균 28.1점, 29.5점, 대조군이 평균

〈표 3-27〉 두 군간 교육 전후 자아존중감 비교

변수	교육 전		교육 후		F[5]
	교육군(36명)	대조군(30명)	교육군(36명)	대조군(30명)	
전반적 자아존중감[1]	20.3± 5.3[4]	19.6± 5.6	21.5± 6.3	19.9± 5.3	0.4
사회적 자아존중감[2]	28.1± 8.0	27.1± 9.5	29.5± 9.4	28.3± 8.9	0.0
가정 자아존중감[2]	28.7± 9.5	28.9± 9.7	29.5±10.1	30.1± 8.8	0.0
총점[3]	78.2±20.9	75.7±22.6	80.5±25.0	78.3±22.1	0.0

1) 가능 점수 : 6~30점, 6문항으로 구성
2) 가능 점수 : 9~45점, 9문항으로 구성
3) 가능 점수 : 24~120점, 24문항으로 구성
4) Mean ± SD
5) F value of interaction(group by time) by MANOVA

27.1점, 28.3점이었다〈표 3-27〉. 가정에서의 자아존중감은 교육군이 교육 전후 조사에서 각각 평균 28.7점, 29.5점, 대조군이 평균 28.9점, 30.1점으로 나타났다. 자아존중감의 하위영역으로 분석했을 때 교육 전후에 두 군간 자아존중감의 변화 정도에 유의적인 차이를 보이지 않았다.

나) 심리적 요인

프로그램 시행 결과, 감정표현의 어려움에 대한 자각이 유의미하게 증가되었다〈표 3-28〉. 이는 아동들이 프로그램 시행 전에는 자신의 감정표현 수준에 대한 자각이 낮은 수준이었다가 프로그램에 참여하면서 증가된 것으로 판단된다. 매 시간 프로그램에서 경험한 자신의 감정을 표현하는 활동을 하면서 아동들은 자신이 느낀 감정을 표현하는 것이 어렵다는 것을 자각하게 된 것으로 해석된다. 자기 정서표현의 어려움에 대한 자각은 긍정적 정서표현을 위한 첫 단계로서 의미 있는 변화라고 하겠다. 본 프로그램은 8회라는 단기 프로그램이므로 아동들에게 긍정적 정서표현 증가를 가져올 만한 기간은 아니었다.

〈표 3-28〉 두 군간 교육 전후 심리적 요인 비교

변수	교육 전		교육 후		F[5)]
	교육군(36명)	대조군(30명)	교육군(36명)	대조군(30명)	
감정표현 총점[1)]	43.1±11.0[4)]	44.3±11.9	47.2±14.3	41.3±14.6	4.4*
폭식장애 총점[2)]	5.3± 6.5	4.6± 6.4	7.5± 9.2	8.2±10.2	0.4
우울감 총점[3)]	12.0± 7.2	11.8± 8.2	12.3± 8.2	13.4±11.6	0.6

*: $p<0.05$
1) 가능 점수: 16~80점, 16문항으로 구성
2) 가능 점수: 0~40점, 8문항으로 구성
3) 가능 점수: 0~54점, 27문항으로 구성
4) Mean ± SD
5) F value of interaction(group by time) by MANOVA

그러나 참여 아동들에게 자신의 감정표현이 필요하다는 자각을 주었다는 자체만으로도 의미가 있으며 현재 이 아동들이 심리교육 프로그램을 포함한 다양한 방과 후 활동에 참여하고 있음을 감안할 때, 이후 아동들의 정서표현 및 긍정적 정서향상이 도움이 될 수 있을 것으로 판단된다. 또한 가능하다면 추후 저소득층 아동들에 대한 정서표현 향상을 위한 구체적인 프로그램이 시행된다면 보다 큰 효과를 기대할 수 있을 것으로 판단된다.

섭식장애 중 폭식행동에 대한 평가에서는 프로그램에 따른 효과가 유의하지 않았다〈표 3-28〉. 이는 프로그램에 참여한 아동들의 폭식행동이 정상범위에 해당되기 때문에 프로그램에 따른 효과가 나타나지 않은 것으로 판단된다. 아동우울검사에 대한 결과도 같은 맥락에서 해석될 수 있다. 프로그램에 참여한 아동군의 사전 우울점수가 아동용 우울검사의 기준점인 22점에 못 미치는 12점으로 정상범위에 해당되므로 프로그램에 따른 변화의 필요성이 없었던 것으로 판단된다〈표 3-28〉.

5) 프로그램의 만족도 평가

식생활교육 프로그램의 시범 실시 직후에 교육군(총 36명)을 대상으로 프로그램의 만족도를 설문조사하였다. 식생활교육 참여자들의 프로그램에 관한 전반적인 평가는 양호하였다. 교육 난이도에 대해 '쉽다 또는 매우 쉽다'고 응답한 학생이 55.6%, '보통'이라고 한 학생이 33.3%로 대부분이었다. 이는 식생활교육의 내용이 전문적 내용보다

〈표 3-29〉 식생활교육 참여자의 프로그램 평가

변수	빈도(%)
교육 난이도	
매우 어려움/어려움	4(11.1)
보통	12(33.3)
쉬움/매우 쉬움	20(55.6)
교육 흥미도	
매우 지루함/지루함	7(19.4)
보통	11(30.6)
흥미로움/매우 흥미로움	18(50.0)
교육 시간	
매우 짧음/짧음	7(19.5)
적당함	28(77.8)
김/매우 김	1(2.8)
교육 진행	
전혀 좋지 않음/좋지 않음	3(8.3)
보통	14(38.9)
좋음/매우 좋음	19(52.8)
교육 만족도	
전혀 만족하지 않음/만족하지 않음	2(5.6)
보통	10(27.8)
만족함/매우 만족함	24(66.7)

는 식행동이나 식습관을 어떻게 수정할 것인지 실생활에서 실천 가능한 방법 위주로 구성되어 대상자들이 교육 내용을 쉽게 느꼈기 때문으로 사료된다〈표 3-29〉.

식생활교육에 대해 '흥미로움 또는 매우 흥미로움'이라고 응답한 학생이 50.0%로 가장 높았고, 교육 시간은 '적당하다'고 응답한 학생이 77.8%, 교육 진행은 '좋음 또는 매우 좋음'이 52.8%, '보통'이 38.9%로 대다수의 교육 참여자들이 식생활교육에 대해 긍정적으로 평가하였다. 교육 만족도는 '만족함 또는 매우 만족함'이 66.7%로 학생들의 만족도 또한 높았다〈표 3-29〉.

식생활교육 프로그램 중 가장 기억에 남는 영양교육 주제는 '아침밥을 먹자(25.7%)', '한 끼 식사를 만들어 보자(20.0%)'이었다. 아침 결식은 국내 초등학생이나 청소년들의 주요한 식행동 문제로 개선이 요구되는데, 본 교육은 어린이들에게 아침식사의 중요성을 인식시키게 된 것으로 사료된다. 또한 요리활동 교육 중 가장 기억에 남았던 메뉴는 '모두 좋았다'로 응답한 학생이 37.1%로 가장 높았다. 그 다음은 월남쌈(20.0%)이었는데, 월남쌈은 어린이들이 채소에 좀 더 친숙해질 수 있는 요리활동으로 사료된다〈표 3-30〉.

요리활동을 하면서 가장 좋았던 점은 '요리를 배워볼 수 있었음(32.4%)'이었고 가장 아쉬웠던 점은 '다양한 음식을 만들어 보지 못했음(27.3%)' 등이었다. 요리활동 교육에서 대상자들은 '요리' 자체를 즐거워했지만 교육 장소와 기구의 제한이 있었기 때문에 다양한 요리활동을 하지 못한 것을 다소 아쉬워하였다〈표 3-30〉. 앞으로도 이런 프로그램이 있다면 참여할 의사가 있느냐는 질문에는, 교육군의 83.3%가 그렇다고 답해 식생활교육 프로그램 자체는 대상자들에게 긍정적인 효과를 보인 것으로 사료된다. 또한 앞으로 초등학생을 대상으로

〈표 3-30〉 식생활교육 참여자의 영양교육과 요리활동 평가

변수	빈도(%)
기억에 남는 영양교육 주제	
식생활지침	2(5.7)
아침밥을 먹자	9(25.7)
단백질 식품을 먹자	4(11.4)
채소를 충분히 먹자	2(5.7)
과일을 먹자	3(8.6)
우유 · 유제품을 먹자	3(8.6)
인스턴트식품을 건강하게 먹자	4(11.4)
한 끼 식사를 만들어 보자	7(20.0)
없다	1(2.9)
기억에 남는 요리 메뉴	
참치샌드위치	1(2.9)
두부미니버거	1(2.9)
월남쌈	7(20.0)
과일샐러드	3(8.6)
치킨요거트피자	6(17.1)
쟁반라면	4(11.4)
모두 좋았음	13(37.1)
요리활동의 좋았던 점	
요리를 배워 볼 수 있었음	11(32.4)
몰랐던 재료와 요리를 맛 볼 수 있음	10(29.4)
맛이 있었음	10(29.4)
친구들과 친해질 수 있었음/기타	3(8.8)
요리활동의 아쉬웠던 점	
전체적으로 만들기 어려움/맛없음	5(15.1)
전체적으로 만들기 쉬움	8(24.2)
다양한 음식을 만들어 보지 못했음	9(27.3)
음식 만드는 시간이 부족	5(15.2)
요리 기술 · 기구들 부족/기타	6(18.1)
프로그램 참여 의사	
예	30(83.3)
아니오	6(16.7)

영양교육뿐 아니라 조리활동을 포함한 식생활교육 관련 연구가 많이 수행되어 어린이들이 흥미를 갖고 식생활교육에 참여할 수 있도록 해야 한다.

프로그램 진행 중 2, 4, 6, 8회차 교육에서 감정 표시 설문지를 이용하였으며, 교육 참여자들이 감정을 나타내는 다양한 어휘들 중 현재 자신이 느끼는 감정을 표시하고, 그에 어울리는 표정을 그려 넣는 설문을 진행하였다. 이와 더불어 그러한 감정이 느껴지는 원인이나 이유를 탐색하여 짧게 쓰도록 하였는데, 이를 통해 대상자들은 평소보다 자주 그리고 의식적으로 감정과 관련된 다양한 어휘들을 접하며 감정을 인식하고 표현할 수 있었다.

응답 내용을 보면 대상자들은 프로그램과 관련된 감정뿐 아니라 그날 있었던 생활 사건이나 경험도 기록하였다. 그 중 프로그램과 관련된 내용에서는 '만족스럽다', '행복하다', '기쁘다', '뿌듯하다'는 감정 어휘를 많이 선택하였다. 그리고 그 이유로 '선생님들이 왔기 때문에', '잘 만들었기 때문에', '정말 재미있어서', '요리를 했기 때문에', '맛있는 것을 먹어서' 등으로 응답하였다. 대상자들이 식생활교육 프로그램을 통해 긍정적인 정서를 느낀 것으로 보인다. 물론 프로그램 활동과 관련하여 아쉬운 점이나 불만스러웠던 감정 또한 인식하고 표현된 경우도 있었다.

다. 식생활교육 프로그램 효과 검증 결과 요약

위의 프로그램 효과 검증 결과를 항목별로 의미있는 결과만을 재분류하였다.

1) 통계적으로 유의미한 긍정적 변화를 나타낸 대표적 영역

가) 건강상태 인식

건강상태에 대한 인식(1점(매우 나쁘다)~5점(매우 좋다))은 교육군의 경우 교육 전 조사에서 평균 4.0점, 교육 후 조사에서 평균 3.4점이었다. 대조군의 경우 교육 전후에 각각 평균 3.7점, 평균 3.8점으로 나타났으며, 교육 전후 조사와 집단간 상호작용은 건강상태 인식에 유의미한 관련성을 나타내었다($p<0.05$). 교육 전에 비해 교육 후 조사에서 교육군의 건강상태에 대한 인식 점수가 낮아지는 경향을 보였는데, 이는 교육군의 경우 교육 후에 건강에 대해 보다 정확하게 인식을 하게 되면서 자신의 건강상태를 엄격하게 점수를 측정한 것으로 사료된다.

나) 식생활에 대한 관심도

식생활에 대한 관심도(1점(전혀 관심없다)~5점(매우 관심있다))는 교육군의 경우 교육 전후에 각각 평균 2.9점, 3.1점이었고, 대조군의 경우 각각 평균 2.9점, 2.6점으로 나타났다. 교육 전후 조사와 집단간 상호작용은 식생활 관심도에 유의미한 관련성을 보였으며($p<0.05$), 대조군의 경우 식생활 관심도가 교육 후 조사에서 다소 낮아진 반면 교육군은 식생활에 대한 관심도가 교육 후에 유의적으로 증가하여 식생활교육의 긍정적 효과를 보여주었다. 본 교육 프로그램은 요리활동을 위주로 식생활교육을 구성하여 대상자들이 교육에 흥미롭게 참여할 수 있었고 일상생활에서 필요한 주제, 실천 가능한 방법 위주로 구성하여 식생활에 대한 관심도가 높아졌을 것으로 사료된다.

다) 식행동

식행동 중 식품군 섭취(7문항, 가능 점수: 7~21점)는 교육군의 경우 교육 전후 조사 결과 평균 14.1점에서 15.3점으로 높아진 반면, 대조군의 경우 교육 전후 조사에서 각각 평균 13.9점, 13.3점으로 나타나 다소 감소하는 경향이었다. 따라서 집단과 식품군 섭취 행동간 유의미한 상호작용 효과가 나타났으며($p<0.05$), 식생활교육으로 인해 교육군의 식품군 섭취 행동이 양호하게 변화됨이 제시되었다. 본 연구에서 식생활교육의 주제를 보면, 단백질 식품 섭취, 채소의 충분한 섭취, 과일 섭취, 우유·유제품 섭취 등 각 식품군의 섭취에 관한 것이 1/2 정도로 많았으며 이에 식행동 중 식품군 섭취가 양호하게 변화된 것으로 사료된다.

라) 감정표현의 어려움

프로그램 시행 결과, 감정표현의 어려움에 대한 자각이 유의미하게 증가되었다(교육군: 43.1→47.2, 대조군: 44.3→41.3, $p<0.05$). 이는 아동들이 프로그램 시행 전에는 자신의 감정표현 수준에 대한 자각이 낮은 수준이었다가 프로그램에 참여하면서 증가된 것으로 판단된다. 매 시간 프로그램에서 경험한 자신의 감정을 표현하는 활동을 하면서 아동들은 자신이 느낀 감정을 표현하는 것이 어렵다는 것을 자각하게 된 것으로 해석된다. 자기 정서표현의 어려움에 대한 자각은 긍정적 정서표현을 위한 첫 단계로서 의미 있는 변화라고 하겠다. 본 프로그램은 8회라는 단기 프로그램이므로 아동들에게 긍정적 정서표현 증가를 가져올 만한 기간은 아니었다. 그러나 참여 아동들에게 자신의 감정표현이 필요하다는 자각을 주었다는 자체만으로도 의미가 있으며 현재 이 아동들이 심리교육 프로그램을 포함한 다양한 방과 후 활

동에 참여하고 있음을 감안할 때, 이후 아동들의 정서표현 및 긍정적 정서향상에 도움이 될 수 있을 것으로 판단된다.

2) 통계적으로 유의미한 수준에는 이르지 못하였으나 살펴볼 만한 긍정적 변화가 나타난 영역

가) 자아효능감

자아효능감 총점(가능 점수: 15~60점)은 교육군의 경우 교육 전후 조사에서 평균 45.5점, 49.2점이었고 대조군은 각각 평균 38.7점, 41.1점으로 나타났다. 대조군에 비해 교육군에서 자아효능감의 증가 정도가 높았으며, 특히 자아효능감 중 식생활에 대한 자아효능감은 교육 전후 조사에서 교육군은 각각 평균 15.6점, 16.9점, 대조군은 평균 14.1점, 14.5점이었다. 교육군의 경우 식생활교육에서 요리활동, 활동지를 통한 참여 학습 등의 방법으로 교육에 적극 참여시킨 활동을 통해 자아효능감이 높아졌을 것으로 사료된다.

나) 식행동 중 가공식품 섭취

가공식품이나 기름진 음식, 단 음식의 섭취 등 줄일 식행동(가능 점수: 4~12점)은 교육군의 경우 교육 전후 조사에서 각각 평균 6.5점, 7.1점으로 다소 상승하여 양호하게 변화하였으나, 대조군은 모두 평균 6.3점으로 동일하게 나타났다.

다) 요리활동

요리를 좋아하는 정도는 교육 전후 조사에서 교육군이 각각 평균 4.0점, 4.4점으로 나타났으며 대조군은 각각 평균 3.6점, 3.5점으로 나타났다. 유의적인 차이는 약하였으나 대조군에 비해 식생활교육을 받은 군이 교육 전보다 교육 후에 직접 요리하는 것에 대한 선호도가 더 증가한 것으로 분석되었다.

3) 기대한 결과가 나타나지 않았으나 추후 연구에 중요한 시사점을 주는 결과들

가) 영양지식

식생활교육 전에 비해 교육 후에 교육군의 영양지식은 거의 비슷한 수준이었다. 이는 초등학생 대상의 연구(박수진 2000; 안윤 등 2009)에서 영양교육을 실시한 후 영양지식이 유의적으로 증가했다는 연구 결과와는 다소 상반되는 결과이었다. 본 연구에서 식생활교육은 매회 60분 정도 진행되었으나 영양교육은 20분 내외이었고, 영양에 대한 지식보다는 요리활동 중심, 식행동 변화 위주의 방법 제시 등을 위주로 식생활교육을 진행하여 영양지식의 직접적 상승에는 크게 기여하지 못한 것으로 사료된다. 또한 대상자들의 교육 전 조사에서 영양지식 점수가 기존 연구보다 높았던 점도 식생활교육 후에 영양지식의 상승을 제한시켰을 것으로 사료된다.

라. 연구의 제한점

본 연구에서 식생활교육은 8회에 걸친 프로그램으로 계획 · 실시되었다. 식생활교육을 실시한 후 대조군에 비해 교육군에서 식생활에 대한 관심도, 각 식품군의 섭취 등 식행동에서 유의미하고 양호한 변화가 나타났고 감정표현의 어려움에 대한 자각이 증가하는 등 긍정적인 변화가 나타났다. 그러나 8회에 걸친 식생활교육 프로그램이 저소득층 아동의 식행동이나 식생활의 변화, 심리·사회적 요인의 변화를 유도하기에는 다소 짧은 것으로 사료된다. 향후 식생활교육에서는 반복 교육이나 분기별 주기적인 교육을 통해 영양지식, 식생활과 요리활동에 대한 자아효능감, 자아존중감을 높이며 보다 구체적인 여러 식행동의 변화를 유도함이 요구된다.

마. 식생활교육 프로그램과 교육자료의 평가 결과

식생활교육 프로그램과 교육자료에 관한 연구진의 전반적인 평가 결과, 총점은 86.7점(가능 점수: 20~100점)으로 높은 편이었다. 각 문항별 평가 결과를 보면 문항별 평균 점수가 4.0점 이상으로 대부분 높았다. 특히 식생활교육 프로그램의 목적과 목표 설정의 적절성, 식생활교육 목표에 따른 교육 내용 구성, 교육 내용에 부합한 교육 방법 등의 문항에서 긍정적으로 응답하였다. 또한 영양교육과 요리활동 자료의 정확성과 신뢰성, 교육자의 교육자료 외에 대상자가 직접 이용하는 자료 준비, 요리활동에 대한 대상자의 참여 등 문항에서 점수가 높은 편이었다〈표 3-31〉.

식생활교육 프로그램에 관한 연구진의 session별 평가 결과, 주어진 교육시간(50~60분)에 session별 학습목표가 2~3개로 적당하였고, 매 차수마다 학습목표가 명확하였으며, 목표와 교육 내용 및 요리활동이 잘 연결되었다고 평가하였다. 영양교육과 요리활동 그리고 식사예절까지 함께 이루어져 지루하지 않으면서 식생활과 관련하여 어린이들이 습득할 지식과 기술을 잘 전달할 수 있었고, 어린이들이 좋아하는 다양한 요리들이 영양을 고려하여 고루 포함되었다고 응답하였

〈표 3-31〉 식생활교육 프로그램과 교육자료에 관한 전반적 평가

변수	전체(11명)
1. 식생활교육 프로그램은 대상자의 영양지식을 반영하여 계획되었습니까?[1]	4.0±0.8[3]
2. 식생활교육 프로그램은 대상자의 영양문제를 반영하여 계획되었습니까?	4.4±0.7
3. 식생활교육 프로그램은 대상자의 요리활동 난이도를 반영하여 계획되었습니까?	4.3±0.6
4. 식생활교육 프로그램은 대상자의 심리·사회적 요인을 반영하여 계획되었습니까?	4.1±0.5
5. 식생활교육 프로그램의 목적(goal)과 목표(objectives)가 적절하게 설정되어 있습니까?	4.6±0.5
6. 식생활교육 내용이 매회의 식생활교육 목표에 맞게 구성되었습니까?	4.6±0.5
7. 식생활교육 중 영양교육 방법이 대상자 수준에 맞습니까?	4.3±0.6
8. 식생활교육 중 요리활동 방법이 대상자 수준에 맞습니까?	4.2±0.6
9. 식생활교육 중 영양교육 방법이 교육 내용에 맞습니까?	4.6±0.5
10. 식생활교육 중 요리활동 방법이 교육 내용에 맞습니까?	4.5±0.5
11. 식생활교육 중 영양교육 자료의 내용이 정확하고 신뢰할 만 합니까?	4.6±0.5
12. 식생활교육 중 요리활동 자료의 내용이 정확하고 신뢰할 만 합니까?	4.6±0.5
13. 교육자가 이용하는 슬라이드 자료 외에 대상자가 직접 이용·작성할 수 있는 유인물·도구가 갖춰져 있습니까?	4.6±1.0
14. 식생활교육 프로그램의 효과평가(방법, 자료 수집, 분석 등)가 적절하게 잘 계획되어 있습니까?	4.3±0.6
15. 프로그램 효과평가 도구(설문지 등)가 타당하고 신뢰성 있게 구성되어 있습니까?	4.2±0.6
16. 식생활교육 중 영양교육에 대상자들이 흥미롭게 참여하였습니까?	4.1±0.7
17. 식생활교육 중 요리활동에 대상자들이 흥미롭게 참여하였습니까?	4.6±0.7
18. 식생활교육 중 영양교육은 대상자들의 식생활정보 학습에 도움이 되었다고 생각하십니까?	4.4±0.7
19. 식생활교육 중 요리활동 프로그램은 대상자들이 요리활동을 즐겁게 느끼고 가정에서 건강에 좋은 요리를 스스로 만들어 먹고자 하는 동기 향상 혹은 실제 행동 증가에 긍정적 영향을 미쳤다고 생각하십니까?	4.4±0.5
20. 매회의 식생활교육 시간은 적절하였습니까?	4.1±0.9
총점[2]	86.7±8.5

1) 가능 점수: 1~5점(1점: 전혀 그렇지 않다~5점: 매우 그렇다)
2) 가능 점수: 20~100점. 모든 문항의 점수를 합하여 총점을 산출함
3) Mean ± SD

〈표 3-32〉 식생활교육 프로그램과 교육자료의 session별 평가 결과 요약

Session	교육 프로그램 평가 의견	교육자료 평가 의견
Session 1. 오리엔테이션	• 프로그램 시작에 앞서 프로그램의 목적과 순서 및 핵심 내용을 잘 설명하고, 규칙과 식생활 지침 안내 등 체계적으로 구성되어 아동들에게 향후 교육에 대한 기대감을 갖게 함. • 교육계획안: 요리활동의 학습목표를 내용에 맞게 용어를 수정하였으면 함. 요리활동의 내용, 방법에 대한 설명을 좀 더 구체적으로 제시하였으면 함.	• 교육자료에 대한 아동의 호응도가 좋았고, 교육 후 식생활지침 퀴즈로 평가하여 건강한 식사를 위한 핵심 키워드를 기억하도록 돕는 교육자료로 사료됨. • '우리가 함께 지켜야 할 규칙'을 몇 개 정도 아동과 함께 세워 보며 집단 활동에서 피해야 할 행동을 생각해 보고 의견 교환하는 시간을 갖는 것도 좋겠음.
Session 2. 아침밥을 먹자	• 식생활지침을 퀴즈로 반복 학습하여 학습 효과를 강화시킬 수 있었음. • 아침을 거르기 쉬운 저소득층 아동에게 아침식사의 필요성, 실천가능한 아침식사 대안을 제시하여 실제로 도움이 됨. • 영양학 전공자가 아닌 교사가 사용하도록 교육계획안 서술 보완이 필요함.	• 아침식사 확인표를 통해 아이들이 식사습관을 돌아보고 규칙적 식습관을 유지하도록 하는 기회를 제공함 • '아침식사하기'과제를 제시할 때 아동이 실제 아침 시간에 시도해 볼 수 있는 방안을 제시하고 아동이 자신이 해 볼 수 있는 것들을 체크하게 한 뒤, 수행해 오게 하면 좀 더 실천률을 높일 수 있겠음.
Session 3. 단백질 식품을 먹자	• 적절한 그림으로 아동의 이해도를 높이고 퀴즈로 흥미 유도, 참여도를 높임. • 단백질 섭취의 구체적 방법, 간식에 대해 설명해 실생활 적용가능성을 높임. • 요리활동에 많은 흥미를 보였고 자신들이 직접 해 보는 것을 매우 즐거워 함. • 현재 단백질 섭취를 무엇을 통해 어느 정도 하는지 점검하면 도움이 되겠음.	• 수업 정리시, 단백질이 풍부한 식품을 고르는 재미있는 활동지를 통해 아이들의 흥미유발 및 지식을 쌓는 데 도움을 주었음.
Session 4. 채소를 충분히 먹자	• 각자 채소 먹는 방식과 먹는 채소 등을 이야기하여 채소에 대한 거부감을 없애는 데 도움을 주었음. 특히 각자의 채소 섭취 방법을 발표하게 하여 아동이 자부심을 갖게 되었고 좋은 노하우를 공유함. • 요리활동인 '월남쌈'의 색감과 식감은 아동들의 채소 섭취에 대한 흥미를 높이고, 다양한 채소를 거부감 없이 먹을 수 있게 하여 충분히 좋은 활동이었음. 실제로 직접 채소를 자르고 접하며, 라이스페이퍼에 채소를 싸서 먹는 것을 흥미로워 하였음. 단 월남쌈이라는 요리 특성상 본인이 원하는 채소만 골라 넣을 수 있어 편식의 우려가 있다는 부분만 주의해서 교육하면 좋겠음.	• 빔 프로젝트를 이용하여 PPT 자료를 보여줬다면 애니메이션 기능으로 퀴즈의 정답을 띄울 수 있었을 것임. • 일부 기관의 경우 PPT 사용이 어려워 B4 용지를 코팅하여 사용함. 퀴즈 정답은 따로 만들어 벨크로 스티커를 이용해 질문에 대해(빈 칸) 정답을 맞추면 정답 자료를 붙이는 형식으로 진행하여 대상자들이 흥미를 보였고 참여도가 높았음.

Session	교육 프로그램 평가 의견	교육자료 평가 의견
Session 5. 과일을 먹자	• 퀴즈를 통해 제철 과일의 종류를 알려주어 아동들이 평소에 저렴한 과일에 관심을 갖고 더 먹을 수 있도록 유도함. • 과일 먹는 습관을 길러주기 위해 과일 섭취 방법들을 다양하게 알려주어 실천력을 높일 수 있었음.	• 활동지에 과일을 충분히 먹을 수 있는 방법에 대해 자세하게 설명되어 있음. • 요리활동시 다양한 과일들을 준비하여 대상자들의 과일에 대한 접근성을 증가시켰고, 아이들도 흥미를 많이 가졌음.
Session 6. 우유·유제품을 먹자	• 키에 대한 아동의 관심이 높은 점을 고려하여 키 크기에 도움이 됨을 강조함. 유제품 섭취 증가에 관한 동기 부여의 시간이 되었음. • 유제품을 맛있게 먹는 다양한 방법을 제시하고 일상생활에서 실천가능한 부분임을 확인시켜 이해도와 실용도를 높임. • 요리활동으로 치즈, 요거트 등 주재료 외에 피자토핑에 들어가는 과일, 채소를 통해 학습한 식품군을 종합적으로 접하기에 충분했음. 단 좀 더 유제품을 접할 수 있는 보완된 레시피가 제공되면 좋겠음.	• 미로를 푸는 흥미로운 게임을 접목해 아이들이 즐겁게 수업에 참여할 수 있도록 동기 부여함. • 활동지의 미로 게임에서, 그냥 우유를 구하러 가는 미로보다는 미로 중간에 유제품, 건강에 좋지 않은 간식의 그림을 넣어 보완되면 좋겠음.
Session 7. 인스턴트식품을 건강하게 먹자	• 평소에 아동들이 즐기는 인스턴트음식을 더욱 건강하게 접할 방안을 제시하여 아동들의 식생활 적용률을 높인 점이 매우 긍정적임. 인스턴트식품의 영양표시 보는 방법 교육은 매우 유익한 교육내용으로 건강한 먹거리를 선택하는 주체적인 소비자로서의 연습의 기회가 됨. • 요리활동으로 라면을 채소와 함께 어떻게 요리하느냐에 따라 영양이 달라짐을 교육하여 아동 수준에 활용 가능하고 재미도 함께 느끼는 실천교육이었음. • 아동들이 나트륨을 목표섭취량에 비해 어느 정도 먹는지 추가되었으면 함.	• 영양표시 설명시 직접 식품에 있는 영양표시 부분(라벨)을 준비하여 구체적인 예시를 통해 아이들이 가공식품의 영양표시 확인방법에 대해 습득하고 적용하는 계기가 되었고, 퀴즈를 통해 점검하여 다시 인스턴트식품의 영양표시 읽는 법을 각인시키는 방법이 좋았음. • 주제가 '인스턴트식품을 건강하게 먹자'인데 나트륨과 지방에 대한 설명부터 나와 다소 아이들의 이해가 부족할 수 있음. 초반에 인스턴트식품에 관하여 간단히 언급 후 인스턴트식품에 많이 있는 나트륨과 지방에 대한 이야기로 전개됨이 좋겠음.
Session 8. 한 끼 식사를 만들어 보자	• 8주간 활동을 정리하며 전반적 식생활교육에 대해 복습함으로써 교육 효과를 극대화시켰으며, 식생활 실천사항까지 마무리하여 마지막 세션으로 적합함. • 실제로 혼자서 식사를 차려 먹어야 하는 일부 저소득층가정 아동들이 염두에 두고 적용할 수 있는 정보를 제공함. • 식사예절에 대해 배울 기회가 많지 않은 아동들에게 자신과 타인을 위해 배려할 점을 상기시키는 기회가 됨. 단 식사예절은 초반에 배워서 요리활동때마다 실천하도록 하였으면 더욱 좋았을 것임.	• 식생활 점검표(식생활 실천사항, 식사예절)로 아이들의 식생활에 도움이 되는 교육자료를 제시하여 교육효과를 높임. • 프로그램을 마친 뒤 아동들이 프로그램을 통해 느낀 점, 도움을 받은 점 등을 이야기하는 시간을 가져 다른 사람과 소통하고 공감하는 기회를 가지는 것도 좋았을 것으로 보임.

다. 특히 식생활 실천사항에 대한 반복적 교육은 아이들에게 올바른 식습관을 길러주는 데 효과적이라고 하였다. 이러한 긍정적인 평가 외에 수정·보완사항이 지적되었다. 각 교육안을 영양사 외에 기관 담당자, 교사가 사용할 수 있게 좀 더 구체적으로 서술함이 필요하다고 하였고, 요리활동을 할 때 주의점이 각 차시별로 제시되었으면 좋겠다는 의견이 있었다〈표 3-32〉.

식생활교육의 교육자료에 대한 평가를 보면, 전반적으로 간결명료하게 제시되었고, PPT 자료는 그림들이 적절히 삽입되어 지루함을 줄일 수 있었다고 응답하였다. 활동지에는 학생들이 알아야 할 영양지식과 요리방법뿐만 아니라 자기식생활 점검표, 자기성찰기록 등이 포함되어 있어 자신의 식생활을 돌아보고 변화되도록 도왔으며, 실용적이며 흥미를 유발할 수 있는 방법이라고 평가하였다〈표 3-32〉.

4. 저소득층 초등학생 대상 식생활교육 프로그램 최종본 제시

식생활교육 프로그램을 실시한 후 교육계획안과 교육자료에 대한 연구진의 평가를 실시한 후 식생활교육 프로그램을 수정, 보완하였고 최종본을 제시하였다. 식생활교육 프로그램의 최종본은 8차시의 식생활교육계획안(Lesson Plan), 교육을 위한 PPT 자료, 활동지(레시피 포함)로 구성되어 있다. 레시피는 월남쌈, 닭가슴살샐러드, 치킨요거트피자 등 총 6가지 요리로 구성되어 있다. 식생활교육 프로그램의 최종본은 방과 후 학교, 지역아동센터, 사회복지기관 등 지역사회에서 영양교사, 영양사, 담당 교사들이 어린이들의 식생활지도에 쉽게 활용할 수 있도록 구성하였다.

교육계획안은 각 session별 학습목표와 내용, 방법, 교육자료나 준비물, 각 내용별 교육시간 등에 대해 작성한 학습과정 전개 계획안이다. PPT 자료는 각 session의 교육 내용을 가시화하여 학생들이 흥미를 갖고 교육에 참여하도록 그림과 함께 교육 내용을 제시한 교육자료이다. 활동지는 PPT의 내용을 구체화하여 출력물로 제시한 것으로 식생활교육에 참여한 어린이들에게 배부하여 교육 도중에 활용할 수 있고, 교육 후에 복습하여 습득한 영양지식이나 조리활동에 대한 지도를 강화하기 위한 교육자료이다. PPT자료와 활동지는 부록에 제시하였다.

가. 교육계획안(Lesson Plan)의 최종본 제시

Session 1. 오리엔테이션

학습목표:

1. 교육 후 참가자는 어린이를 위한 식생활지침을 말할 수 있다.
2. 교육 후 참가자는 요리활동 프로그램의 규칙과 요리활동을 위한 기본 기술을 설명할 수 있다.

단계	내용	방법	교육자료/준비물	시간(분)
도입	* 조 구성 * 프로그램 안내 1. 오리엔테이션: 어린이를 위한 식생활지침 2. 아침밥을 먹자 3. 단백질 식품을 먹자 4. 채소를 충분히 먹자 5. 과일을 먹자 6. 우유·유제품을 먹자	* 1조 당 4~5명으로 구성한다. * 프로그램(8회)에 대해 간단히 설명한다. 8회의 주제를 소개하고, 각 차시마다 영양교육과 요리활동을 함께 함을 소개한다.	PPT: 프로그램 안내	4

	7. 인스턴트식품을 건강하게 먹자 8. 한 끼 식사를 만들어 보자 * 교육 중 규칙 1. 선생님이 설명할 때 열심히 듣기 2. 다른 친구들의 말을 끝까지 듣기 3. 친구 의견이 나와 다르더라도 존중하기 4. 옆에 있는 친구와 떠들지 않기 5. 적극적으로 참여하기	* 서약서의 내용을 함께 읽어본 후 약속(서명)한다. TIP) 규칙을 몇 개 정도는 추가로 함께 세워보며 집단 활동에서 피해야 하는 행동들을 스스로 생각해보게 하고 이야기를 나누는 시간을 가지면 아동 스스로가 자신의 모습을 돌아보고 사회 기술을 향상시킬 수 있는 기회가 될 수 있음	활동지: 집단 규칙 서약서	
전개	* 건강한 식생활에 대한 자신의 생각 발표 1. 어린이를 위한 식생활지침(보건복지가족부 2009) 1) 음식은 다양하게 골고루 - 골고루 먹지 않으면 기운이 없고 성장 발달이 잘 되지 않음. 따라서 편식하지 않고 골고루 먹는 습관이 중요 2) 많이 움직이고, 먹는 양은 알맞게 - 먹기만 하고 신체활동을 소홀히 하면 살이 찌고 비만을 유발함 3) 식사는 제때에, 싱겁게 - 식사를 불규칙적이고 짜게 먹으면 여러 건강문제(비만, 고혈압 등)가 생길 수 있음. 규칙적이고 짜게 먹지 않는 습관이 중요 4) 간식은 안전하고, 슬기롭게 - 불량식품, 길거리 음식 대신 과일, 유제품 등의 건강 간식을 먹도록 권장 - 과자 등의 가공식품을 살 때는 영양성분표를 보는 습관 갖기 5) 식사는 가족과 함께 예의바르게 - 식사하기 전 손 씻기 - 식사할 때는 자리를 이동하지 않고 바른 자세로 먹음 - 가족이나 친구와 함께 대화하면서 즐거운 마음으로 식사함	* 바람직하지 않은 식생활의 어린이 예를 보여준 후 어떤 문제점이 있는지 얘기해 보게 한다.(자신이 생각하는 건강한 식생활이 무엇인지 왜 그렇게 해야 하는지, 나의 식생활은 어떤 편인지 발표하도록 유도한다.) * 어린이를 위한 식생활지침 5가지를 보여주고 함께 따라하게 한다(제목). * 각 항목에 대하여 부연 설명을 한다. 예) '음식은 다양하게 골고루': 여러 가지 식품을 골고루 먹지 않으면 기운이 없고 키도 쑥쑥 자라기 힘들어요. 그러니까 앞으로 식사할 때는 좋아하는 것만 먹지 않고 채소도 먹고 과일도 먹고 다양하게 먹도록 노력해야 합니다. * 각 항목 설명 시 아이들의 현 식생활에 대해 질문하면서 상호작용한다. 예) 지금 현재 편식하는 친구가 있나요? 친구들은 아침식사를 매일 하나요?	PPT: 바람직하지 않은 식생활 PPT: 어린이를 위한 식생활지침	13
정리/	식생활지침 퀴즈	* 식생활지침 빈칸 채우기 퀴즈를 통해	PPT/	3

요약		식생활지침을 기억할 수 있도록 한다. * PPT에 식생활지침 퀴즈 화면을 제시하고, 학생들은 활동지에 각자 풀어 보도록 하게 한 뒤, 한 문제씩 질문하고 정답을 발표하는 시간을 가진다.	활동지: 식생활지침 빈칸 채우기	
요리 활동	1. 손 씻기: 요리의 기본은 청결 2. 안전한 불 사용, 칼 사용 - 불 근처에서는 조심하여 움직이기 - 종이, 휴지 등 타는 물질 가까이 두지 않기 - 칼은 칼등과 손잡이를 함께 잡기, 칼질하는 사람 주변으로 다니지 않기 3. 좋은 식재료 고르는 tip - 양파: 싹이 나지 않으며 단단하고, 껍질 색이 진하고 윤기 있는 것 - 당근: 색깔이 짙으면서 표면이 매끈하고, 꼬리가 가늘어지거나 구부러진 것을 피함 - 감자: 단단하면서 표면이 부드러운 것. 껍질이 주름지거나 외관이 녹색을 띄는 것은 피함 - 오이: 굵기가 일정하고, 굽어있지 않은 것. 돌기는 상처받지 않고, 꽃이 붙어있는 것이 좋음 4. 조리 후 정리 - 식탁을 깨끗하게 정리하고 나서 요리한 음식을 먹도록 하기	* 항상 요리하기 전에 손을 씻고 요리할 수 있도록 교육한다. * 불과 칼을 안전하게 사용하는 법을 교육한다. * 안전하게 칼 잡는 법을 시범으로 보여준다. * 재료를 손질하는 방법과 어떤 재료가 좋은 것인지 교육한다. * 조리 후 정리 및 위생 안내에 대해 교육한다.	PPT: 요리활동을 위한 기본 기술 어린이용 모형 칼	40

Session 2. 아침밥을 먹자

학습목표:

1. 교육 후 참가자는 아침식사를 1주일에 3회 이상 실천한다.
2. 교육 후 참가자는 탄수화물 급원 식품을 말할 수 있다.
3. 교육 후 참가자는 직접 조리하여 아침식사를 할 수 있다.

단계	내용	방법	교육자료/ 준비물	시간 (분)
도입	* 지난 수업 내용 점검(어린이 식생활지침) * 교육 주제 : 아침밥을 먹자	* 질문으로 1회 교육 내용을 복습한다. * 오늘의 교육 주제를 소개한다.	PPT: 어린이 식생활지침	3
전개	* 아침결식의 이유: 늦잠, 시간 부족, 식사를 챙겨주는 가족이 없어서, 입맛 부족, 습관 등 1. 아침결식의 문제 OX 퀴즈 1) 뇌에 에너지(힘)가 부족해서 공부가 잘 안 되어요.(O) : 아침을 거르면 뇌의 에너지원인 포도당이 부족하여 두뇌회전이 잘 되지 않음 2) 점심식사 때 많이 먹으면 되니까 괜찮아요.(X) : 아침을 먹지 않고 배가 고픈 상태에서 점심을 한꺼번에 많이 먹게 되면 소화가 되지 않거나 위에 건강문제가 생길 수 있음. 3) 간식을 자주 먹게 되어요.(O) : 아침을 먹지 않으면 배가 고파서 점심식사 전 간식을 찾게 됨. 간식은 성장을 위해 적당히 먹는 것은 좋지만 자주 많이 먹게 되면 비만이 생길 수 있음. 4) 잘못된 식습관으로 영양상태가 좋지 않아요.(O) : 점심식사 전 간식을 찾게 됨으로써 점심식사에 영향을 미치게 됨. 식사는 아침, 점심, 저녁 제때에 먹어야 좋은 영양상태를 유지할 수 있음. 2. 아침식사의 중요성 - 건강: 성장 발달, 집중력 향상, 몸의 기능을	* 아침식사 여부를 질문하고, 아침을 거르는 이유를 질문, 응답하게 한다. * 응답으로 나온 아침결식의 이유를 한 번 더 정리해 준다. * 아침을 거를 때 어떤 문제가 있는지 생각해보게 하고, OX 퀴즈를 풀면서 아침결식의 문제에 대하여 설명한다. * 아침식사를 하면 왜 좋은지 설명하면서, 제때에 규칙적으로 식사함의 중요성을	PPT: 아침 결식 이유 PPT: 아침결식의 문제 OX 퀴즈 PPT: 아침식사의	15

	원활하게 하기 위해서, 활력 제공 - 심리: 공복감 해소, 심리적 안정 3. 곡류와 탄수화물 - 곡류에 많이 들어있는 탄수화물은 우리 몸에서 힘을 낼 수 있게 하는 영양소 - 곡류(탄수화물) 급원식품: 밥, 국수, 식빵, 떡, 감자, 고구마, 시리얼 - 곡류는 하루에 3회 섭취할 것을 권장 4. 아침식사를 쉽게 하는 방법 - 죽, 감자 또는 고구마 + 우유, 시리얼 + 우유, 팬케이크 + 우유, 토스트 + 주스 또는 과일, 과일 + 요구르트	강조한다. * 곡류에 들어 있는 탄수화물의 역할과 급원식품, 권장 섭취 횟수를 설명한다. * 실천 가능한 방법이나 식사메뉴를 발표해 보게 하고, 그 방법을 정리해 준다.	중요성 PPT: 곡류와 탄수화물 PPT: 아침 식사 방법, 그림	
정리/요약	아침식사 확인표	* 아침식사 확인표(1주일)를 배부하고 다음 시간까지 작성해 오도록 한다. * TIP) 아침시간에 시도해 볼 수 있는 몇 가지 방안들을 제시하고 아이들이 스스로 해볼 수 있는 것들을 체크하게 한 뒤, 수행해 올 수 있도록 하면 좀 더 실천율을 높일 수 있을 것으로 보임.	활동지: 아침식사 확인표	2
요리 활동	참치 샌드위치 (전체 평가★★★★, 가격★★★, 기호★★★★★, 시간 25분, 안전성★★★★★, 난이도★, 불사용 여부X, 전처리(시간을 줄이기 위해 전처리 과정 실시: 참치기름 빼기, 오이 절이기) 재료(2인 분량): 참치 1/2통, 청오이 1/2개, 식빵 4장, 소금 1큰술, 후추 약간, 마요네즈 1큰술 요리하기 1. 얇게 썬 오이에 소금을 뿌려서 절인다. 2. 참치는 기름을 빼준다. 3. 절여둔 오이의 물기를 짜서 참치, 마요네즈, 후추를 넣어 섞는다. 4. 준비한 식빵에 속을 꽉꽉 채워 넣는다. 주의사항 1. 오이를 썰 때 다치지 않도록 주의한다(올바른 칼 사용법을 지도한다). 2. 참치캔을 개봉할 때, 날카로운 부분에 손을 다칠 수 있으므로 주의한다.			40

Session 3. 단백질 식품을 먹자

학습목표:

1. 교육 후 참가자는 단백질 급원 식품과 역할을 말할 수 있다.
2. 교육 후 참가자는 단백질 식품을 충분히 먹는 방법을 실천한다.
3. 교육 후 참가자는 단백질 식품을 이용한 음식을 조리할 수 있다.

단계	내용	방법	교육자료 /준비물	시간 (분)
도입	* 지난 수업 내용 점검(아침밥을 먹자) - 아침식사 실천 여부 * 교육 주제: 단백질 식품 충분히 먹기	* 아침식사 실천 여부를 확인한다. * 오늘의 교육 주제를 소개한다.		2
전개	1. 단백질의 역할 - 몸 구성(근육, 머리카락, 손톱, 발톱), 성장, 면역, 에너지원 2. 단백질 부족 시 문제 - 허약, 영양불량, 성장지연, 감염(단백질이 면역세포를 구성하므로) 등 3. 단백질 급원 식품 - 동물성: 소/돼지/닭고기, 생선, 계란, 우유, 치즈 - 식물성: 콩류, 두부 등 4. 단백질 급원 식품을 충분히 먹는 방법: 하루에 3회 권장(1끼 식사에 단백질 반찬 1~2가지 포함, 양은 많지 않게) 1) 식사 - 쌀밥 대신 콩밥 먹기 - 고기: 불고기, 닭가슴살 샐러드, 제육볶음 - 생선: 고등어/꽁치/삼치구이, 갈치조림 등 - 두부: 두부조림, 두부강정, 마파두부밥 등 2) 간식 - 삶은 계란, 우유 먹기	* 단백질의 역할에 대해 어린이 수준에서 설명한다. * 단백질을 충분히 섭취하지 못할 때의 문제점을 제시하면서 성장기에 충분한 단백질 섭취가 중요함을 강조한다. * 단백질 급원 식품을 소개한다. 특히 아이들이 좋아하지 않는 콩류와 두부의 섭취도 중요함을 강조하며 골고루 먹는 것이 중요함을 설명한다. * 현재 단백질 섭취는 무엇을 통해 어느 정도 하고 있는지 질문한다. * 단백질이 풍부한 식품을 충분히 먹는 방법을 제시하고 실천을 강조한다.	PPT: 단백질의 역할, 단백질 급원 식품, 단백질 부족 시 문제 PPT: 단백질 식품을 충분히 먹는 방법	13

<table>
<tr><td></td><td>- 계란샐러드, 샌드위치(햄/치즈, 계란 등), 두부버거 등
- 두유, 떠먹는 요구르트, 비스킷(짜지 않은 것)+치즈</td><td></td><td></td><td></td></tr>
<tr><td>정리/
요약</td><td>단백질이 풍부한 식품 고르기
(닭가슴살, 두부, 검정콩, 치즈, 계란, 고등어, 우유)</td><td>* 조별로 단백질이 풍부한 식품 고르기 게임을 한다.
* 활동지를 배부하여 단백질이 풍부한 식품에 동그라미 해보고 이외의 단백질 식품은 어떤 것이 있을지 발표하게 한다.</td><td>활동지:
단백질이
풍부한
식품 고르기</td><td>5</td></tr>
<tr><td>요리
활동</td><td colspan="3">미니두부버거
(전체 평가★★★★, 가격★★, 기호★★★★, 시간 30분, 안전성★★★★, 난이도 ★★★, 불사용 여부O, 전처리: 채소 다듬기)

재료(3인 분량): 모닝빵 3개, 오이 1/2개, 양상추 2장, 토마토 1/2개, 마요네즈 약간, 케첩(또는 돈가스소스), 포도씨유 적당량, 두부 패티(두부 1/2모, 양파 20g, 당근 20g, 소금 1/8큰술, 후춧가루 약간, 밀가루 2큰술)

요리하기
1. 채소를 흐르는 물에 깨끗이 씻는다.
2. 두부는 칼등으로 으깬 뒤 물기를 뺀다.
3. 당근과 양파는 다진다.
4. 으깬 두부와 다진 당근, 다진 양파, 밀가루, 소금, 후춧가루를 골고루 섞어 반죽한다.
5. 반죽으로 패티를 만든다.
6. 마른 팬에 빵을 올려 안쪽만 굽는다.
7. 달군 팬에 포도씨유를 두르고 두부 패티를 올려 약한 불에서 굽는다.
8. 구운 빵 안쪽에 마요네즈를 바르고 양상추, 토마토, 오이, 두부 패티 순으로 올린 다음 케첩을 뿌리고 빵을 덮는다.

주의사항
1. 두부를 으깨고 당근과 양파를 다질 때, 칼을 사용하므로 주의한다.
2. 불을 사용할 때에는 주위가 산만해지지 않도록 지도하고, 기름이 튀지 않도록 주의한다.</td><td>40</td></tr>
</table>

Session 4. 채소를 충분히 먹자

학습목표:

1. 교육 후 참가자는 채소 섭취의 장점을 말할 수 있다.
2. 교육 후 참가자는 일상생활에서 채소를 충분히 먹는 방법을 실천한다.
3. 교육 후 참가자는 채소를 이용한 음식을 조리할 수 있다.

단계	내용	방법	교육자료/준비물	시간(분)
도입	* 지난 수업 내용 점검(단백질 식품을 먹자) * 교육 주제: 채소 섭취	* 질의, 응답으로 복습한다. * 오늘의 교육 주제를 소개한다.		2
전개	1. 채소 섭취의 좋은 점 - 에너지 적게 냄, 비만 예방, 변비 예방, 피부가 예뻐짐, 질병 예방(나중에 성인병) 등 - 채소에 들어 있는 영양소: 비타민, 무기질, 식이섬유	* 하루에 채소를 얼마나 먹는지(몇 번 정도) 질문, 응답하게 한다. * 채소를 잘 먹지 않으면 그 이유를 물어본다.	PPT: 채소 섭취 시 장점, 채소의 영양소	15
	2. 초등학생 채소 섭취 - 1인 1회 분량: 생채소, 나물 1접시(70g), 김치 1접시(40g) 등 - 하루 5회 권장	* 채소를 먹으면 좋은 점을 질문, 응답하게 한다(어린이 기준에서). * 채소에 들어 있는 각 영양소의 기능을 간단히 설명한다(비타민, 무기질: 피부가 예뻐지고 질병 예방, 섬유소: 변비 예방).	PPT: 채소 1인 1회 분량	
	3. 채소를 충분히 먹는 방법 - 한 끼에 2~3개 채소 맛보기/먹기 - 식사할 때 채소 반찬 2~3가지(김치 포함) 먹기: 나물, 야채볶음 등 다양한 채소 반찬 맛보기/먹기 - 고기 먹을 때 쌈 싸먹기, 양파, 호박, 버섯 등 곁들이기 - 과일과 함께 갈아서 주스로 먹기 - 샐러드, 샌드위치: 양상추, 오이, 토마토 등	* 채소의 1인 1회 분량을 간략하게 제시한다. * 하루 식사에서 채소 반찬 먹기를 약속한다. * 채소를 충분히 먹는 방법을 제시한다. * 오늘 요리활동을 통해 채소를 맛있게 먹을 수 있음을 강조한다.	PPT: 채소 충분히 먹는 방법	
정리/요약	채소 섭취의 장점 되새기기	* 활동지를 배부하여 채소를 충분히 먹는 나만의 방법을 적어본다. 채소를 많이 먹으면 어떤 변화가 있을지 작성한 후 발표해보게 한다.	활동지: 채소 섭취의 장점 적어 보기	3

요리 활동	월남쌈 (전체 평가★★★★, 가격★★ , 기호★★★★, 시간 30분, 안전성★★★★, 난이도★, 불사용 여부X, 전처리: 채소 다듬기) 재료(5인 분량): 라이스페이퍼, 칠리소스, 부추, 양파, 양상추, 프랑크소시지, 치즈 1장, 당근, 오이, 파프리카, 게맛살, 땅콩소스(땅콩버터 1큰술, 사이다 2큰술, 올리고당 1작은술) 요리하기 1. 부추는 5cm 길이로 썬다. 2. 양파는 채 썰어 찬물에 담갔다가 물기를 뺀다(매운 맛 제거). 양상추도 같이 채 썬다. 3. 오이, 당근, 파프리카, 소시지, 치즈를 채 썬다. 게맛살은 얇게 찢어준다. 4. 땅콩소스와 칠리소스를 준비한다. 5. 뜨거운 물을 준비하고 개인접시 위에 올려 각자 취향대로 싸서 먹는다(아이들이 원하는 채소만 싸먹지 않고 골고루 넣어 먹을 수 있도록 지도한다). TIP: 요리 완성 후 월남쌈을 먹으면서 마음에 들지 않았던 채소가 있었는지 이야기하고 어떤 채소가 들어가면 더 맛있을지 자유롭게 의견 나누기 주의사항 1. 모든 채소를 채썰어야하므로 칼 사용에 주의한다. 2. 라이스페이퍼를 뜨거운 물에 담그는 과정에서 손을 데일 수 있으므로 주의한다.	40

Session 5. 과일을 먹자

학습목표:

1. 교육 후 참가자는 과일 섭취의 장점을 말할 수 있다.
2. 교육 후 참가자는 일상생활에서 과일을 충분히 섭취하는 방법을 실천한다.
3. 교육 후 참가자는 과일을 이용한 음식을 조리할 수 있다.

단계	내용	방법	교육자료/준비물	시간(분)
도입	* 지난 수업 점검(채소의 충분한 섭취) * 교육 주제: 과일 섭취	* 질의, 응답으로 복습한다. * 오늘의 교육 주제를 소개한다.		5
전개	1. 과일 종류 - 제철과일: 딸기(봄), 수박, 참외, (여름), 사과, 감(가을) 등	* 하루에 과일을 얼마나 먹는지(몇 번 정도), 과일을 잘 먹지 않은 이유는 무엇인지 묻는다. * 과일 종류를 구분한다.	PPT: 과일사진	15
	2. 과일 섭취의 좋은 점 - 간편(간식, 아침식사 등), 맛이 좋음, 피부가 예뻐짐, 장 운동 활발, 균형식, 영양소(특히 비타민 C), 수분 보충 등	* 과일을 먹으면 좋은 점을 질문, 응답하게 한다(어린이 기준에서).	PPT: 과일 섭취 시 장점	
	3. 과일을 충분히 먹는 방법 1) 간식 - 생과일 즐기기, 과일주스 - 과일꼬치, 샐러드, 과일+요거트 - 통에 보관하여 먹기 2) 식사 - 샐러드에 여러 과일 넣기: 사과, 배, 귤 - 빵, 시리얼과 함께 과일, 과일주스 먹기	* 간식, 식사로 과일을 충분히 먹는 방법을 제시하고, 생각하는 방법을 발표하게 한다. * 과일 씻어두기, 썰어두기 등의 방법으로 원할 때 먹을 수 있게 한다.	PPT: 과일 충분히 먹는 방법	
	4. 초등학생 과일 섭취 - 1인 1회 분량: 사과 1/2개, 귤 1개(100g), 수박/딸기/참외(200g) - 간식으로 1일 1회 섭취 권장	* 과일의 1인 1회 분량을 간략하게 제시한다. * 하루에 과일 1회 먹기를 약속한다.	PPT: 1인 1회 분량 사진	

<table>
<tr><td>정리/
요약</td><td>하루에 섭취해야 하는 과일 횟수 상기시키기</td><td>* 활동지를 배부하여 과일 섭취의 장점을 다시 한 번 복습하고, 과일을 하루에 1회 이상 먹을 수 있도록 약속한다.</td><td>활동지</td><td>5</td></tr>
<tr><td>요리
활동</td><td colspan="3">닭가슴살과일샐러드
(전체 평가★★★★, 가격★★, 기호★★★★, 시간 30분, 안전성★★★★, 난이도★★★, 불사용 여부O, 전처리: 채소 다듬기)

재료(4인 분량): 닭가슴살 2쪽, 우유 1컵, 제철과일들, 양상추 적당량, 오이1/2개, 후추 약간, 포도씨유 약간

요리하기
1. 닭가슴살은 흐르는 물에 살짝 헹군 뒤, 우유를 부어 놓고 30분 정도 재워 둔다.
2. 과일들을 한 입 크기로 자른다.
3. 양상추는 적당한 크기로 찢고, 오이는 동그란 면이 나오게 얇게 썬다.
4. 팬에 기름을 두르고 닭가슴살을 굽는다.
5. 큰 그릇에 과일과 양상추, 오이를 살짝 섞고 그 위에 구운 닭가슴살을 찢어 올린다.

* 드레싱을 다양하게 해서 먹어도 좋아요!
예) 파인애플 드레싱, 키위 드레싱, 간장들깨 드레싱 등

주의사항
1. 닭가슴살을 굽는 과정에서 불을 사용하므로 주의한다.</td><td>35</td></tr>
</table>

Session 6. 우유·유제품을 먹자

학습목표:

1. 교육 후 참가자는 우유·유제품 섭취의 장점을 말할 수 있다.
2. 교육 후 참가자는 우유·유제품을 충분히 섭취하는 방법을 실천한다.
3. 교육 후 참가자는 우유·유제품을 이용한 음식을 조리할 수 있다.

단계	내용	방법	교육자료 /준비물	시간 (분)
도입	* 지난 수업 내용 점검(과일 섭취) * 교육 주제: 우유·유제품 섭취	* 질의, 응답으로 복습한다. * 오늘의 교육 주제를 소개한다.		5
전개	1. 유제품의 종류 - 우유, 요구르트(호상, 액상), 치즈, 아이스크림 등 - 9~11세의 칼슘 권장섭취량: 800mg/일	* 하루에 우유·유제품을 얼마나 먹는지(몇 번 정도), 즐겨 먹는 유제품을 질문, 응답하게 한다. * 어린이의 우유, 유제품류 섭취 현황(그래프 등)을 보여주고 우유 유제품의 섭취를 권장한다.	PPT: 우유· 유제품류 섭취 현황 그래프	15
	2. 우유·유제품 섭취의 장점 - 아침식사와 간식으로 간편하게 먹기 적합, 뼈와 치아 건강, 성장, 칼슘, 단백질 섭취의 주요 급원	* 성장기 어린이에게 우유·유제품 섭취의 장점(건강, 실제)에 대해 질의, 응답한다.	PPT: 우유· 유제품류 섭취 시 장점	
	3. 유제품 충분히 섭취하는 방법 - 우유 빙수 만들어 먹기 - 샌드위치에 치즈 넣어 먹기 - 시리얼과 우유를 같이 먹기 - 과일과 우유를 같이 넣고 갈아서 먹기 - 스파게티 소스 만들 때 우유 넣기 * 우유, 유제품 섭취 시 소화가 잘 되지 않는 경우 - 조금씩 나눠 먹기 - 쿠키나 과자, 빵과 함께 먹기 - 과일, 채소와 같이 먹기	* 간식, 식사로 유제품을 충분히 먹는 방법을 제시하고, 자신이 생각하는 방법을 발표하게 한다. * 우유가 소화되지 않는 경우 실제적 방법을 제시한다.	PPT: 우유· 유제품 충분히 섭취하는 방법	
	4. 초등학생 칼슘 및 우유·유제품 섭취 - 칼슘 권장섭취량(9~11세 기준 800mg)을 만족시키는 식품과 그 양(우유 2컵+치즈	* 칼슘 권장섭취량을 섭취하기 위한 식품과 그 양에 대해 설명한다.		

	2장+멸치 30g, 두부 1/4모+고등어 1/4토막+아이스크림 1/2컵) - 칼슘이 풍부한 음식(달걀, 우유, 두부, 콩, 생선 등) - 1인 1회 분량: 우유 1컵, 치즈 1장(0.5회), 요구르트(호상)/아이스크림 100g, 요구르트(액상) 150g - 1일 2회 섭취 권장	* 칼슘이 풍부한 음식이 무엇인지 퀴즈를 내고 설명한다. * 우유 · 유제품류의 1인 1회 분량을 제시한다. * 하루에 우유 · 유제품류 2회 먹기를 약속한다.	PPT: 칼슘이 풍부한 음식 그림 PPT: 1인 1회 분량 그림	
정리/요약	간단한 게임을 통해 우유 · 유제품 섭취 강조	* 활동지를 배부하여 우유를 구하러 가는 미로 게임을 한다. 제일 먼저 미로를 푼 학생에게 상을 준다.	활동지	5
요리 활동	치킨요거트피자 (전체 평가★★★★, 가격★★, 기호★★★★, 시간 30분, 안전성★★★★, 난이도★★★, 불사용 여부O, 전처리: 채소 다듬기) 재료(4인 분량): 닭가슴살 1캔, 통조림 파인애플(소) 1캔, 키위 1개, 빨간 파프리카 1/2개, 플레인요구르트 1통, 또띠아 1장, 피자치즈 적당히 요리하기 1. 닭가슴살과 파인애플은 캔에서 꺼내 손으로 살짝 눌러 수분을 제거한다. 2. 파프리카와 키위는 먹기 좋은 크기로 자른다. 3. 또띠아에 플레인 요구르트를 골고루 바른다. 4. 그 위에 닭가슴살, 키위, 파인애플, 파프리카를 올리고 피자치즈를 올린다. 5. 오븐이 없는 경우, 프라이팬에 넣고 뚜껑을 덮어 중간이나 약한 불에서 치즈가 녹을 정도로 익힌다. 주의사항 1. 닭가슴살과 파인애플 캔을 열 때, 날카로운 부분에 손이 베지 않도록 주의한다. 2. 치즈를 녹일 때, 불을 사용하므로 주의한다.			35

Session 7. 인스턴트식품을 건강하게 먹자

학습목표:

1. 교육 후 참가자는 나트륨과 지방의 섭취 기준을 말할 수 있다.
2. 교육 후 참가자는 영양표시를 읽고 가공식품을 선택할 수 있다.
3. 교육 후 참가자는 가공식품을 이용하여 건강에 좋은 음식을 조리할 수 있다.

단계	내용	방법	교육자료/준비물	시간(분)
도입	* 지난 수업 내용 점검(유제품 섭취) * 교육 주제: 인스턴트식품 건강하게 먹기	* 질의, 응답으로 복습한다. * 오늘의 교육 주제를 소개한다.		2
전개	1. 인스턴트식품에 대한 정의 및 종류 1) 정의: 간편하게 그대로 또는 데워서 먹을 수 있는 식품 2) 종류: 컵라면, 라면, 삼각김밥, 핫바, 햄버거 등	* 인스턴트식품에 대해 간단히 설명한다.	PPT: 인스턴트식품의 종류	15
	2. 나트륨, 지방 과다섭취의 문제 1) 나트륨, 지방이란? - 나트륨: 소금, 간장에 들어있는 영양소로 우리 몸에서 수분, 근육, 신경조절과 영양소 흡수 역할을 함 - 지방: 에너지를 내는 3대 영양소 중 하나로 성장과 두뇌활동 및 체온 유지에 도움을 줌 2) 나트륨, 지방이 많이 들어간 인스턴트식품 (예: 소시지, 햄버거, 피자, 팝콘 등) 3) 나트륨, 지방 과다섭취의 문제: 성인병(비만, 당뇨병, 고혈압, 심장병, 암) 발생 가능성 높음	* 나트륨과 지방에 대해 간단히 설명한 후 나트륨과 지방이 많은 인스턴트식품 사진을 보여준다. * 나트륨, 지방 과다 섭취 시 발생하는 문제는 무엇인지 간단하게 설명한다(어린이 관점에서 주요 문제를 중심으로).	PPT: 나트륨, 지방 과다 섭취의 문제, 권장 섭취 수준, 섭취 실태	
	3. 9~11세 어린이: - 나트륨 목표섭취량 2g(소금 5g, 1작은술) - 지질: 1일 에너지 섭취의 15~30%	* 어린이의 나트륨, 지질 섭취 기준을 제시하고, 어린이들이 현재 나트륨과 지질을 과다 섭취하고 있음을 설명한다.		
	4. 영양표시 * 영양표시: 과자, 빵, 음료수, 면류 등 가공식품의 영양소 종류와 양을 알려줌. 식품 포장지에 있음(영양성분표)	* 영양표시에 대해 아는지 질문, 응답하게 한다. * 영양표시를 설명하고 영양표시를 이용해야 하는 이유를 설명한다(간식, 가공	PPT: 영양표시, 영양표시 확인 단계,	

<table>
<tr><td></td><td>1) 영양표시 확인하기
① 1회 제공량 확인
② 총 내용량이 몇 회 제공량인지 확인
③ 내가 얼마나 먹었는지 확인
④ 영양성분표 읽기

2) 영양성분표
- 열량, 탄수화물, 당류, 단백질, 지방, 포화지방 등 9개 표시
- 1회 제공량당 영양소의 함량, %영양소 기준치 표시
- 유의할 영양소: 열량, 지방(비만), 당류(충치), 나트륨(짜게 먹게 됨), 포화지방, 트랜스지방, 콜레스테롤도 높지 않게</td><td>식품을 현명하게 선택하도록, 나트륨과 지방을 과다 섭취하지 않도록 등).
* 어린이들이 즐겨먹는 과자나 라면, 우유 등을 준비하여 영양표시를 어떻게 확인하는지 알려준다.

* 과자, 라면 등 식품의 영양성분표를 이용하여 영양표시 읽기를 연습한다.</td><td>영양성분표

영양성분표: 과자, 라면, 우유 등 영양성분표를 샘플로 준비</td><td></td></tr>
<tr><td>정리/
요약</td><td>영양표시 읽기와 관련된 퀴즈</td><td>* 활동지에 영양성분표와 비슷한 형식으로 준비하여 중간중간에 빈 칸을 만들고 직접 계산해 보는 식으로 퀴즈를 진행한다.</td><td>활동지</td><td>3</td></tr>
<tr><td>요리
활동</td><td colspan="3">쟁반라면
(전체 평가★★★★, 가격★★★, 기호★★★★★, 시간 20분, 안전성★★★★★, 난이도★, 불사용 여부O, 전처리: 채썰기)

재료(2인 분량): 라면사리 1개, 당근 1/3개, 오이 1/2개, 붉은 양배추(1줌), 양상추, 깻잎
양념장: 고추장 3큰술, 식초 2큰술, 설탕 1큰술, 다진 마늘, 참기름, 통깨(약간씩)

요리하기
1. 깻잎은 돌돌 말아 송송 썰고, 당근과 붉은 양배추, 오이는 가늘게 채 썬다.
2. 볼에 양념장 재료를 넣고 잘 섞는다.
3. 면을 끓는 물에 삶아 찬물에 헹구고 물기를 뺀다.
4. 접시에 면과 당근, 붉은 양배추, 양상추, 오이, 깻잎을 담고 양념장을 뿌린다.

주의사항
1. 면을 끓는 물에 삶을 때, 불을 사용하므로 주의한다.</td><td>40</td></tr>
</table>

Session 8. 한 끼 식사를 만들어 보자

학습목표:

1. 교육 후 참가자는 균형 잡힌 한 끼 식사를 계획하고 조리할 수 있다.
2. 교육 후 참가자는 식사예절을 갖추어 식사할 수 있다.

단계	내용	방법	교육자료/준비물	시간(분)
도입	* 지난 수업 내용 점검(인스턴트식품 건강하게 먹기) * 교육 주제: 한 끼 식사 만들기	* 자유로운 발표를 통해 복습한다. * 오늘의 교육 주제를 소개한다.		2
전개	1. 식생활: 실천 사항 1) 음식은 다양하게, 알맞게, 싱겁게 2) 아침밥을 먹자 3) 단백질 식품을 먹자 4) 채소를 먹자 5) 과일을 먹자 6) 우유 · 유제품을 먹자 7) 인스턴트식품을 건강하게 먹자 2. 식단 구성 - 국, 밥, 반찬 3~4가지 정도로 구성 - 일품요리, 면류(카레, 볶음밥, 스파게티 등) 3. 요리활동 전에 식사 구성하기 - 영양(식품군별 식품 종류, 수), 맛, 가격, 간편성 (식재료, 조리 시간, 도구) 등 고려 4. 식사예절 • 식사 전 위생(손 씻기), 음식 먹을 때, 음식 먹은 후 - 식사 전: 손 씻기, 식사 준비 전에 조용히 기다리기, '잘 먹겠습니다'라고 인사하기 - 식사 중: 바른 자세로 앉아서 먹기, 조용히 식사하기 - 식사 후: 식탁 의자 넣기, 자리 정돈하기	* 점검표(식생활의 실천사항, 식사예절)를 나누어주고 올바른 식생활 실천을 약속한다. * 그동안의 교육 주제를 언급, 따라서 말하게 한다. * 한 끼 식사를 만들 때 기본적인 내용을 설명하고, 고려할 점을 언급한다. * 식사예절에 대해 식사 전, 중, 후로 구분하여 설명한다.	점검표: 식생활 실천사항, 식사예절 PPT: 식사 구성의 기본, 고려할 점 PPT/활동지: 식사구성, 식품구성 자전거 PPT: 식사예절	10
정리/요약	* 코팅 책받침(식생활 실천사항, 식사예절)	* 같이 식생활 실천사항을 반복하여 읽는다. * 지속적인 실천을 약속한다.	코팅 책받침	3
요리활동	케이크 만들기(팬케이크와 생크림, 꾸미기 재료들을 준비하여 아이들이 자유롭게 케이크를 꾸미는 시간을 가진다.)			45

5. 연구 성과 및 활용 방안

가. 연구 성과

일반 아동에 비해 저소득층 아동 대상의 영양 연구가 부족한 실정에서 다양한 방법으로 저소득층 아동의 식습관과 식행동 실태를 파악하였다. 이는 저소득층 아동의 식습관 개선을 위한 교육 프로그램 개발에 주요한 기초자료로서 가치가 높다. 학교와 지역아동센터 등 기관담당자 대상 설문조사는 저소득층 아동을 위한 요리활동 중심의 식생활교육에 대해 구체적인 요구도를 제시하여 저소득층 아동을 위한 식생활교육 프로그램 개발의 기초자료로서 의미가 높다.

또한 심리·사회적 요인을 분석한 연구 결과는 아동의 자아존중감, 섭식태도 등에 관한 기초 자료를 제공하였고, 식생활교육이 영양문제뿐 아니라 심리적·사회적 요인을 고려하여 체계적이고 종합적으로 개발되어야 함을 제시하였다. 본 연구를 통해 제시된 식생활교육 프로그램은 아동의 심리·사회적 측면을 고려하여 개발된 것으로 기존의 어린이 대상 영양교육, 보건교육 프로그램과 차별화될 것이다.

본 연구에서 개발된 식생활교육 프로그램을 통해 저소득층 아동은 직접 요리하여 식사를 하면서 영양관리와 함께 자신감과 성취감을 높일 수 있을 것으로 기대된다. 또한 아동들이 팀원으로 함께 요리하면서 의사소통과 유대감, 연대의식이 높아질 것으로 기대되며, 가정에서 가족과 함께 요리하고 식사함으로써 아동의 인지발달과 집중력, 심리적 안정도를 높이는 데에도 기여할 것이다.

저소득층 초등학생을 위한 식생활교육 프로그램은 방과 후 학교나 방학 중 프로그램, 사회복지기관, 지역아동센터 등 지역사회에서 아동 대상 프로그램의 일환으로, 요리활동 중심의 식생활교육에 매우 유용하게 활용될 수 있을 것이다. 이에 본 연구에서 개발된 식생활교육 프로그램을 활용하면 학교나 지역아동센터 등 현장 실무자들이 프로그램 기획에 대한 부담을 덜면서 양질의 프로그램을 진행할 수 있다는 면에서 매우 큰 도움이 될 것이다. 또한 영양사가 배치되어 있지 않은 기관에 결식 아동을 위한 레시피와 프로그램을 보급하여 활용할 수 있을 것이며, 아동에게 필요한 영양소를 제공하여 아동들이 건강하게 자랄 수 있을 것으로 사료된다〈그림 3-9〉.

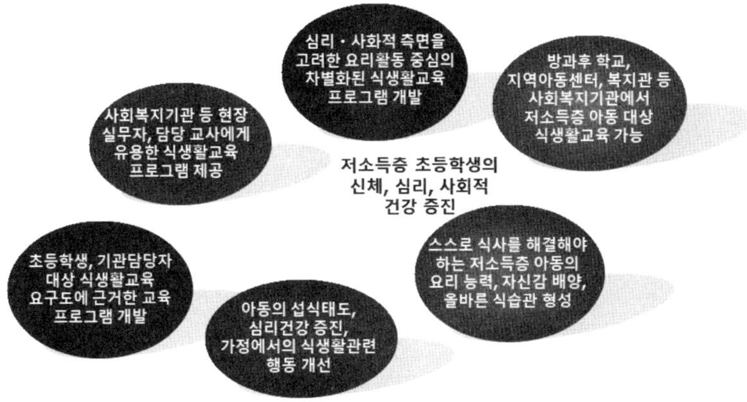

〈그림 3-9〉 본 연구의 기대 성과

나. 활용 방안

본 연구에서 개발된 식생활교육 프로그램은 지역아동센터와 사회복지기관뿐만 아니라 방과 후 학교나 학교 방학교실, 가정에서도 활용할 수 있을 것으로 사료된다. 식생활교육 프로그램의 현장 적용성 증진을 위한 방안은 다음과 같다〈그림 3-10〉.

1) 본 연구의 목적과 내용, 절차, 연구결과물 등을 탑재한 홈페이지(새롭게 홈페이지를 만들거나 혹은 대학 연구소 홈페이지를 활용)를 운영해 본 연구에 관심을 가진 연구자와 현장전문가들의 이해 및 활용도를 높이도록 한다. 관심이 있는 연구자와 현장전문가 등은 누구나 언제든지 들어와서 참고하고 활용할 수 있는 웹사이트를 상시 운영하고 본 사이트에 실제 매뉴얼, 요리 레시피 등을 탑재해 현장의 활용 가능성을 높인다.

2) 현장에서는 저소득층 아이들에게 유용한 프로그램이 매우 절실히 요구되고 있다. 본 연구의 경우 전문가들에 의해 개발되고 그 효과성이 검증된 것으로 충분히 현장에서 적절하게 활용될 수 있도록 사이트를 연계할 필요가 있다. 대한영양사협회, 대한지역사회영양학회, 어린이급식관리지원센터, 한국사회복지사협회, 한국학교사회복지사협회, 전국지역아동센터협의회, 지역아동센터 중앙지원단 등 영양 및 사회복지 분야의 학회와 관련 사이트에 교육계획안(PDF자료)을 탑재하고 보급하여 활용하도록 한다. 이외에 눈에 잘 띄는 배너를 제작해 각 협회 사이트에 본 웹사이트를 링크하도록 한다. 이를 위해 각 학회나 협회장과의 사전 소통과 조율을 통해 본 연구 결과물에 대해 홍보하고 현장에서 적극 활용해 줄 것을 당부한다.

3) 현재 저소득 지역 학교에 교육복지우선지원사업이 전국적으로 실시되고 있는바, 이를 주관하는 교육부와 시도교육청, 지역교육지원청 등에 본 사업에 대한 안내 공문을 발송해 각급 학교와 지역사회 기관들이 사업 계획 및 운영 시 활용할 수 있도록 유도한다. 또한 전국지역아동센터장 회의나 지역아동센터 직원, 복지관 직원들을 대상

으로 보수교육을 할 때 본 연구 결과에 대해 안내한다면 전국의 지역아동센터에서 식사나 간식을 해결하면서 아동들에게 흥미로운 프로그램을 운영할 수 있는 기회로 활용할 수 있을 것이다.

4) 본 매뉴얼을 책으로 발간해 전국의 학교와 지역아동센터, 복지관에 배부하도록 하고, 각 학교에서 근무하는 지역사회교육전문가나 방과 후 돌봄강사 등을 대상으로 하는 모임이 있을시 본 연구진이 가서 연구결과물에 대해 안내하는 시간을 가진다. 프로그램 적용시 노하우를 공유할 수 있도록 프로그램을 실시해 본 지도자들의 모임을 갖고, 이러한 서브 모임들을 통해 연구진들이 계속 프로그램을 개발하고 모듈화하여 현장의 활용도를 높이도록 지속적인 지원이 필요하다. 지속적인 모임을 공식화하기 위해서는 워크숍, 세미나 등으로 진행하여 현장 실무자들의 역량이 개발될 수 있는 장을 마련하여 실무자들의 소진을 막고 자신들의 성장을 통해 아이들에게 더욱 좋은 환경을 제공할 수 있기를 바란다.

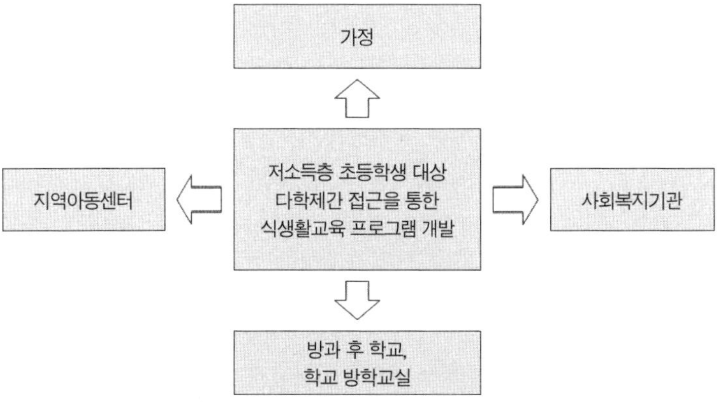

〈그림 3-10〉 식생활교육 프로그램의 활용 방안

부록 1 설문지

설문지 1. 기관 담당자 대상 요구도 조사

초등학생(5~6학년생) 대상 식생활교육 프로그램 개발을 위한 설문조사
- 학교 복지담당 전문가(지역사회교육전문가 또는 학교사회복지사) 및
지역아동센터 교사 -

동 의 서

1. 연구 목적 및 내용

본 연구의 목적은 '저소득층 초등학생(5~6학년생) 대상 식생활교육 프로그램 개발'이며 아산사회복지재단의 연구비 지원으로 수행됩니다. 이 설문조사는 본 연구의 일환으로 프로그램 개발을 위한 요구도 조사에 관한 것입니다. 저소득층 초등학생의 식생활교육 프로그램에 관해 원하는 내용과 방법, 요리활동 등에 관해 구체적으로 파악하고자 합니다.

조사 방법은 자기기입식 설문조사입니다. 옳고 틀린 답은 없으니 솔직하게 응답해 주시기 바랍니다. 소요 시간은 15분 내외입니다.

2. 자료 보호

설문 조사에 응답한 내용은 부호로 컴퓨터에 입력되며, 결과는 개인이 아닌 집단의 형태로 보고됩니다. 조사와 관련된 모든 내용은 연구자들 외에는 볼 수 없으며, 연구 목적을 위해서만 이용됨을 약속드립니다.

3. 자발적 참여

귀하는 본인의 자유로운 의사로 본 연구에 참여를 결정합니다. 참여에 대해서는 언제라도 거절할 수 있으며 그에 따른 불이익은 없습니다. 감사합니다.

2011. 11.
서울여자대학교 초등학생 대상 식생활교육 프로그램 연구팀

본 연구의 목적과 내용에 대해 읽은 후 이해하였으며, 연구에 참여를 동의한 후에도 철회가 가능함을 확인하였습니다. 이에 본인은 자유의사로 연구에 참여하며, 조사 자료를 연구에 이용하는데 동의합니다.

이름 : ________ 서명: ________ 날짜: 2011년 ___월 ___일

1. 귀하가 일하는 학교 또는 기관명은?(예: OO초등학교, OO지역아동센터 등)

____

2. 담당자명(설문 응답자): __________________

3. 주소: ____________________________________

우편번호: __________________

4. 연락처:

Tel: ____________________

Fax: ____________________

Email: ____________________

※ 각 질문에 대해 해당되는 번호 앞의 박스에 ✓표시하거나 ____에 내용을 쓰세요.

A. 다음은 일반 사항에 관한 질문입니다.

1. 귀하가 일하는 기관은?

□① 학교 □② 지역아동센터

2. 귀 기관이 위치한 지역은 어디입니까?

□① 서울 □② 인천 □ ③ 경기도 □ ④ 기타 ___________

3. 귀하의 학부 전공은? (   )

□① 사회복지 □② 아동학/보육학 □③ 교육학/교육심리

□④ 기타 ______________

4. 귀하의 직책은? (   )

□① 지역사회교육 전문가 □② 학교사회복지사

□③ 지역아동센터 실무자 □④ 기타 _______________

5. 학교나 지역아동센터에서 근무한 기간은? 총 ____________ 년

6. **학교에서 근무하시는 분만 답해 주세요.**

1) 귀교의 복지 프로그램 대상 아동은 몇 명입니까? _______ 명

2) 귀교의 복지 프로그램 대상 아동 중 5~6학년생은 몇 명입니까? _______ 명

7. **지역아동센터에서 근무하시는 분만 답해 주세요.**

1) 귀 기관을 이용하는 학생은 몇 명입니까? 총 _______ 명

2) 귀 기관을 이용하는 학생 중 초등학교 5~6학년생은 몇 명입니까? ______ 명

B. 저소득층 초등학생 대상 식생활교육 프로그램에 관한 요구도

1. 학교 또는 지역아동센터에서 저소득층 초등학생(5~6학년)을 대상으로 하는 식생활교육 프로그램을 개발할 때 어떤 주제가 적당하다고 생각하십니까?

1)

2)

3)

2. 저소득층 초등학생(5~6학년) 대상 식생활교육 프로그램에서 어떤 내용이 필요하다고 생각하십니까? 각 문항에 대해 해당 칸에 ✓표시해 주세요.

문 항	필요하다	보통이다	별로 필요없다
1. 건강과 영양			
2. 식품군과 영양소			
3. 음식, 간식 만들기(레시피)			
4. 아침식사하기			
5. 골고루 먹기, 편식 수정			
6. 비만 예방과 관리			
7. 올바른 간식 선택(좋은 간식, 나쁜 간식)			
8. 영양표시 읽기			
9. 식사예절			
10. 식품위생, 식중독 예방			

3. 학교나 지역아동센터에서 저소득층 초등학생(5~6학년생)을 대상으로 식생활교육을 할 때 어떤 교육 방법이 적당한지 **3가지를 선택해 주세요.**

□① 요리실습 □② 토의 □③ 강의 □④ 체험학습

□⑤ 역할극 □⑥ 모둠활동 □⑦ 기타 ____________

4. 귀하의 기관에서 식생활교육을 할 때 사용 가능한 교육 방법은 무엇입니까? **해당되는 것에 모두 표시해 주세요.**

□① 집단교육 □② 컴퓨터(PPT) □③ 조리실습(간단한 요리)

□④ 비디오시청 □⑤ 활동(게임 등) □⑥ 기타 ____________

5. 학교나 지역아동센터에서 저소득층 초등학생(5~6학년)을 대상으로 식생활교육을 할 때 교육자료로 어떤 형식이 적합합니까? **3가지를 선택해 주세요.**

□① 리플릿/팜플릿 □② 소책자 □③ 보드/게시판

□④ 활동지 □⑤ 파워포인트 자료 □⑥ 식품모형

□⑦ 게임 □⑧ 기타 ____________

6. 지난 일 년간 귀 기관(학교의 복지담당자, 또는 지역아동센터에서 수행)에서 초등학생을 대상으로 영양교육 또는 식생활교육을 한 적이 있습니까?

□① 예 □② 아니오

7. 1) 귀 기관에서 저소득층 초등학생(5~6학년생 대상) 식생활교육(요리활동 및 식생활 기본교육(영양, 심리, 사회 영역))을 실시한다면 총 횟수와 기간(주)은 어느 정도가 적당하다고 생각하십니까? 총 ____ 회, ____ 주

2) 식생활교육의 <u>1회 소요 시간</u>은 어느 정도가 적당합니까? ________분

3) 저소득층 초등학생 대상 요리활동 중심의 식생활교육(교과 수업 제외)은 언제 하는 것이 적당합니까?

□① 학기 중 □② 방학 중 □③ 학기 중, 방학 중 다 좋음

8. 귀 기관에서는 영양교육의 일환으로 요리활동을 지도해본 경험이 있습니까?

□① 예 □② 아니오

8-1. 귀하께서는 요리활동교육을 지도한 경우 어떤 메뉴를 이용하여 지도하셨습니까?

____

9. 귀하께서 요리활동을 진행하는 경우 어려운 점은 무엇입니까?

해당되는 것에 모두 표시해 주세요.

□①흥미유발 □②요리난이도 □③영양균형 □④맛내기

□⑤안전성 □⑥특이함 □⑦실용성 □⑧위생

□⑨예산 부족 □⑩시설기구 부족

□⑪기타 ______________________

10. 다음 중 귀 기관에서 요리활동교육에 사용할 수 있는 조리 기구를 **모두 고르세요.**

□① 조리실 등 조리활동 공간 □② 가스레인지

□③ 전자레인지 □④ 보온 밥솥 □⑤ 싱크대 등 수도시설

□⑥ 오븐 □⑦ 믹서, 블렌더 등

□⑧ 일반 조리기구(냄비, 팬, 칼, 도마 등)

□⑨ 기타__________________

11. 식생활교육 프로그램(총 4회 정도, 요리활동 및 식생활 기본 교육)이 개발되면 귀 기관에서 실시할 수 있습니까?

□① 예 □② 아니오

* 설문조사에 응해 주셔서 감사합니다 *

설문지 2. 초등학생 대상 요구도 조사

초등학생을 위한 식생활교육 프로그램 개발을 위한 설문조사 (초등학교 5~6학년생 대상)

동 의 서

1. 연구 목적 및 내용

본 연구의 목적은 '초등학생(5~6학년생) 대상 식생활교육 프로그램 개발'을 위한 것 입니다. 이 설문조사에서는 프로그램 개발을 위한 요구도(식생활 실태 등)를 알아보고자 합니다. 조사 방법은 스스로 문항을 읽고 응답하는 자기기입식입니다. **옳고 틀린 답은 없습니다. 각 문항을 읽고 성실하고 솔직하게 응답해 주세요.** 소요 시간은 20분 내외입니다.

2. 자료 보호

설문 조사에 응답한 내용은 부호로 컴퓨터에 입력되며, 결과는 개인이 아닌 집단의 형태로 보고됩니다. 조사와 관련된 모든 내용은 연구자들 외에는 볼 수 없으며, 연구 목적을 위해서만 이용됨을 약속드립니다.

3. 자발적 참여

귀하는 본인의 자유로운 의사로 본 연구에 참여를 결정합니다. 참여에 대해서는 언제라도 거절할 수 있으며 이에 따른 불이익은 없습니다. 감사합니다.

2011. 11.

서울여자대학교 초등학생 대상 식생활교육 프로그램 연구팀

본 연구의 목적과 내용 등 위 내용을 읽고 이해하였으며, 연구에 참여를 동의한 후에도 철회가 가능함을 확인하였습니다. 이에 본인은 자유의사로 연구에 참여하며, 조사 자료를 연구에 이용하는데 동의합니다.

이름 : __________ 서명: __________ 날짜: 2011년 ___월 ___일

A. 해당되는 곳에 ○표 하거나 직접 적어 주세요.

1	현재 다니고 있는 학교는?	초등학교	
2	현재 몇 학년인가요?	학년	
3	성별은? **(해당되는 곳에 ○표해 주세요)**	남	여
4	현재 나이는?	세	
5	태어난 연도와 월은 언제인가요?	년 월	
6	현재 체중은?	kg	
7	현재 키는?	cm	

B. 각 질문에 대해 해당되는 번호 앞의 박스(□)에 ✓표시 하거나 _____에 내용을 쓰세요.

1. 하루에 식사는 몇 번 하나요?

□① 1번 □② 2번 □③ 3번 □④ 4번 이상

2. 한 끼 식사를 하는데 걸리는 시간은?

□① 10분 이내 □② 11~20분 □③ 21~30분 □④ 30분 이상

3. 일주일에 아침식사를 몇 번 정도 하나요?

□① 매일 먹는다 □② 1주일에 5~6번 □③ 1주일에 3~4번
□④ 1주일에 1~2번 □⑤ 항상 먹지 않는다

4. 아침을 잘 먹지 못하는 경우 그 이유는 무엇인가요? **해당되는 곳에 모두 표시해 주세요.**

□① 아무도 식사를 챙겨주지 않기 때문에 □② 먹지 않는 것이 습관이 되어서
□③ 늦게 일어나 먹을 시간이 없어서 □④ 귀찮아서
□⑤ 입맛이 없어서
□⑥ 기타 ________________________

5. 아침식사는 주로 무엇을 먹나요?

□① 밥과 반찬 □② 빵과 우유 □③ 시리얼 □④ 기타 ____________

6. 아침식사는 주로 누가 준비합니까?

□① 어머니 □② 아버지 □③ 할머니 또는 할아버지

□④ 형제 □⑤ 나 □⑥ 기타 ________________________

7. 일주일에 저녁식사를 몇 번 정도 하나요?

□① 매일 먹는다 □② 1주일에 5~6번 □③ 1주일에 3~4번

□④ 1주일에 1~2번 □⑤ 항상 먹지 않는다

8. 저녁을 먹지 못하는 경우 그 이유는 무엇인가요? **해당되는 곳에 모두 표시해 주세요.**

□① 군것질을 많이 해서 먹기가 싫어서

□② 놀다가 저녁시간을 놓쳐서

□③ 집에 먹을 것이 없어서

□④저녁을 챙겨주는 사람이 없어서

□⑤ 식사를 안 하는 게 습관이 되어서

□⑥ 기타 ____________________________

9. 저녁식사는 주로 누가 준비합니까?

□① 어머니 □② 아버지 □③ 할머니 또는 할아버지

□④ 형제 □⑤ 나 □⑥ 기타 ________________________

10. 저녁식사를 하면서 주로 무엇을 하나요?

□① 식사만 한다 □② 식구들과 이야기를 나눈다

□③ 게임하거나 텔레비전을 본다 □④ 책을 본다

□⑤ 기타 _______________________

11. 저녁식사는 주로 누구와 함께 하나요? **자주 함께 식사하는 사람들에 모두 ✓ 표시해 주세요.**

□① 아버지 □② 어머니 □③ 할아버지

□④ 할머니 □⑤ 형제자매 ___명 □⑥ 고모 또는 이모

□⑦ 삼촌 □⑧ 그 외 ______________________

12. 저녁을 스스로 챙겨먹는 경우 아래 중 주로 어떤 방법을 사용하나요?

□① 냉장고에 있는 것을 꺼내 먹는다 □② 밖에서 사 먹거나 배달시킨다

□③ 내가 직접 음식을 만든다 □④ 라면이나 인스턴트식품을 먹는다

□⑤ 기타 ____________________________________

13. 방학 중에 점심식사를 하나요?

□① 항상 먹는다 □② 거의 먹는다

□③ 먹을 때도 있고 먹지 않을 때도 있다

□④ 거의 먹지 않는다 □⑤ 전혀 먹지 않는다

14. 방학 중에 점심은 주로 어디서 먹나요?

□① 집 □② 음식점 □③ 학교 □④ 지역아동센터

□⑤ 기타 ______________

15. 식사 관련해서 다음 중 부모님(보호자)이 여러분에게 꼭 해주셨으면 하는 것은 무엇인가요? **가장 원하는 것 한 개만 고르세요.**

□① 밥을 제때 챙겨준다

□② 가족들이 함께 식사한다

□③ 밥 먹을 때 잔소리하지 않는다

□④ 맛있는 음식을 만들어 준다

□⑤ 식사할 때 게임이나 책을 보도록 내버려 둔다

□⑥ 식사 때 내가 먹고 싶은 것만 먹게 내버려 둔다

□⑦ 기타 __________________________________

16. 나의 식생활(식습관, 식사예절 등)은 어떻다고 생각합니까?

□① 매우 나쁘다 □② 나쁘다 □③ 보통이다 □④ 좋다 □⑤ 매우 좋다

17. 식생활(식습관, 식사예절 등)에 대해 어느 정도 관심이 있나요?

□① 전혀 관심없다 □② 별로 관심없다 □③ 보통이다

□④ 약간 관심있다 □⑤ 매우 관심있다

18. 편식(좋아하는 음식만 주로 먹고 싫어하는 음식은 잘 먹지 않는 것)을 합니까?

□① 예('예'로 답한 경우 19번으로 가세요)

□② 아니오('아니오'로 답한 경우 21번으로 가세요)

19. 편식을 한다면 어떤 음식을 잘 먹지 않나요? **해당 음식에 모두 ✓ 표시 하세요.**

□① 곡류(밥, 떡, 빵 등) □② 감자, 고구마 □③ 고기

□④ 생선 □⑤ 계란 □⑥ 콩 □⑦ 채소

□⑧ 과일 □⑨ 우유, 유제품 □⑩ 해조류 (미역, 김, 파래 등)

20. 편식을 한다면 이유는 무엇인가요? **중요한 이유를 한 가지만 고르세요.**

□① 입맛에 맞지 않아서 □② 냄새가 싫어서

□③ 먹어 본 경험이 없어서 □④ 먹고 탈이 난 경험이 있어서

□⑤ 알레르기나 아토피 때문에

□⑥ 기타 ________________________________

21. 외식(학교급식 제외)을 얼마나 자주 하나요?

□① 거의 하지 않음 □② 1년에 10회 이내 □③ 1달에 1~3번

□④ 1주일에 1~2회 □⑤ 1주일에 3회 이상

22. 하루에 간식을 몇 번 먹나요? 하루에 ____________ 번

23. 주로 먹는 간식이 무엇인지 **3가지를 고르세요.**

□① 과자, 스낵류 □② 라면 □③우유, 유제품 □④ 과일, 주스

□⑤ 아이스크림 □⑥ 사탕, 초콜릿 □⑦ 빵 □⑧ 튀김 음식

□⑨ 떡, 떡볶이 □⑩ 기타 ______________________

24. 간식은 어디에서 먹나요?

□① 집 □② 길가 □③ 학교 □④ 가게

□⑤ 지역아동센터 □⑥ 기타 __________________________

25. 집에서 본인이 직접 요리(라면 끓이기, 계란프라이 포함)를 하여 밥을 먹어본 경험이 있나요?

□① 예 □② 아니오

25-1. "예"라고 대답한 경우 어떤 음식을 만들어 보았나요? 생각나는 대로 모두 적으세요.

____

26. 본인이 직접 요리를 하는 것을 얼마나 좋아합니까?

□① 매우 싫어한다 □② 싫어한다 □③ 좋지도 싫지도 않다

□④ 좋아한다 □⑤ 매우 좋아한다

27. 만약 요리하는 것을 좋아한다면 왜 좋은가요?

□① 그냥 좋다 □② 성취감을 느껴서 □③ 재미있어서

□④ 맛있는 것을 직접 만들 수 있어서

□⑤ 친구나 가족이 내가 요리하는 것을 좋아해서

□⑥기타 ____________________________________

28. 만약 요리하는 것이 싫다면 왜 싫은가요?

□① 그냥 싫다 □② 귀찮아서 □③ 재미가 없어서 □④ 위험해서

□⑤ 서툴러서 □⑥ 기타 ______________________________

29. 현재 함께 살고 있는 가족은 몇 명입니까?(나를 포함하여) ________ 명

30. 여러분이 현재 함께 살고 있는 가족에 모두 ✓**표시**하세요.

□① 아버지 □② 어머니 □③ 할아버지 □④ 할머니

□⑤ 형제자매 ___명 □⑥ 고모 또는 이모 □⑦ 삼촌

□⑧ 그 외 ________________

31. 누가 주로 여러분을 돌봐주시는지 **한 사람만** 고르세요.

□① 아버지 □② 어머니 □③ 할아버지 □④ 할머니

□⑤ 형제자매 □⑥ 그 외 친척 □⑦ 없음

□⑧ 기타 ________________

32. 여러분이 현재 겪고 있는 문제 중 **가장 어려운 문제를 순서대로 3개 고르세요. 가장 어려운 문제를 옆의 괄호 안에 순서대로 그 번호를 적으세요.**

(, ,)

① 없음 ② 성적이 좋지 않다 ③ 친구들과 사이가 좋지 않다

④ 건강이 좋지 않다(비만도 포함) ⑤ 마음이 안정되지 않고 산만하다

⑥ 부모님과 사이가 좋지 않다 ⑦ 집안 사정이 어렵다

⑧ 기타 ______________________

33. 전체적으로 볼 때 여러분의 학업성적은 어떻습니까?

□① 아주 못 함 □② 보통 이하 □③ 보통

□④ 보통 이상 □⑤ 아주 잘 함

34. 현재 질병을 앓고 있습니까? 앓고 있다면 괄호 안에 질병 이름을 쓰세요.

□① 있다( ) □② 없다

35. 현재 자신의 건강상태는 어떻다고 생각하나요?

□① 매우 나쁘다 □② 나쁘다 □③ 보통이다
□④ 좋다 □⑤ 매우 좋다

36. 또래 친구에 비해 여러분은 더 자주 감기에 걸리나요?

□① 전혀 그렇지 않다 □② 그렇지 않다 □③ 보통이다
□④ 그렇다 □⑤ 매우 그렇다

C. 부모님이 여러분을 대하시는 태도에 대한 질문입니다. 아래 일들이 금년 한 해 동안(지금 학년에 올라온 이후로) 얼마나 자주 일어났는지 **해당 칸에 ✓표시하세요.** 현재 부모님과 함께 살지 않으면 여러분을 주로 돌봐주시는 어른(할머니, 할아버지 등)에 대해 답해 주세요.

문 항	전혀 그렇지 않다	가끔 그렇다	자주 그렇다	항상 그렇다
1. 부모님(보호자)은 내가 어디서 무엇을 하든 관심이 없다.				
2. 부모님(보호자)은 내가 속옷이나 겉옷을 갈아입는데 대해 전혀 신경써 주시지 않는다.				
3. 부모님(보호자)은 나의 식사를 챙겨주시지 않는다.				
4. 부모님(보호자)은 내가 세수하거나 이 닦는 일에 관심이 없다.				
5. 부모님(보호자)이 내가 고열이 나거나 아파도 그냥 내버려 둔 적이 있다.				
6. 부모님(보호자)은 나의 학교생활에 전혀 관심이 없다.				

D. 다음은 여러분 자신이 스스로에 대해 대하여 어떻게 생각하는지에 관한 질문입니다. 각 문항을 읽어보고 자신의 경우와 비슷하다고 생각되는 부분에 ✓**표시**해 주세요.

내 용	전혀 그렇지 않다	약간 그런것 같다	보통 그렇다	대부분 그렇다	매우 그렇다
1. 나는 결심을 하고 그 결심대로 밀고 나갈 수 있다.					
2. 나는 내 또래의 친구들 사이에 인기가 있다.					
3. 부모님은 내 기분을 잘 맞춰주신다.					
4. 나는 학교에서 실망하는 일이 가끔 있다.					
5. 나는 나에게 주어진 일에 최선을 다하려 한다.					
6. 나에겐 친구가 많다.					
7. 부모님은 나를 잘 이해해 주신다.					
8. 내가 원하는 만큼 학교생활이 원만치 않다.					
9. 나는 주저하지 않고 결심할 수 있다.					
10. 누구든지 나를 좋아한다.					
11. 나는 집에서 상당히 행복하다.					
12. 나는 학교에서 가끔 화날 때가 있다.					
13. 내 문제는 주로 내가 해결할 수 있다.					
14. 나와 함께 있는 것을 다른 사람들은 좋아한다.					
15. 나는 부모님과 함께 즐거운 시간을 많이 가진다.					
16. 선생님은 나를 착하지 않다고 생각하시는 것 같다.					
17. 나는 나 자신을 잘 알고 있다.					
18. 나는 남을 재미있게 해주는 사람이다.					
19. 나는 가족들과 함께 있을 때 기분이 좋다.					
20. 나는 학교 성적에 실망이 든다.					
21. 나는 나 자신에 대해 매우 만족한다.					
22. 나는 남에게 좋은 친구이다.					
23. 우리 가족은 이 세상에서 제일 훌륭하다.					
24. 나는 학교에서 하는 일이 서툴다.					
25. 내 친구들은 내 생각을 귀담아 들어준다.					
26. 나는 좋은 딸/아들이다.					
27. 내가 좀 더 나은 학생이면 좋겠다.					
28. 친구들은 주로 내 생각에 따른다.					
29. 부모님이 나를 자랑스러워하실 만하다.					
30. 선생님이 설명하실 때 내가 좀 더 잘 이해할 수 있으면 좋겠다.					
31. 나는 원하면 항상 친구를 사귈 수 있다.					
32. 나는 우리 가족 중 중요한 사람이다.					

E. 자신의 평소 식습관에 해당하는 곳에 ✓**표시**하세요.

문 항	가끔	자주	거의 매일
	일주일에 0~2일	일주일에 3~5일	일주일에 6~7일
1. 아침식사를 규칙적으로 하나요?			
2. 식사는 적당한 양을 먹습니까?			
3. 늘 일정한 시간에 식사를 합니까?			
4. 영양을 생각하며 음식을 골고루 먹습니까?			
5. 채소(김치, 나물, 당근, 시금치 등)를 1일 2끼 이상 먹습니까?			
6. 과일을 매일 먹습니까?			
7. 곡류 음식(밥, 빵, 국수, 감자, 고구마 등)을 1일 2끼 이상 먹습니까?			
8. 1일 2끼 정도는 고기, 생선, 계란, 콩 제품 중 하나 이상을 먹습니까?			
9. 우유나 요구르트 등 유제품을 매일 먹습니까?			
10. 미역, 김, 파래 등의 해조류를 얼마나 자주 먹습니까?			
11. 식물성기름(식용유, 들기름)으로 조리한 음식(나물, 볶음)을 얼마나 자주 먹습니까?			
12. 가공식품(햄, 소시지, 통조림 등)이나 인스턴트식품(라면 등)을 얼마나 자주 먹습니까?			
13. 기름진 음식(감자튀김, 치킨, 만두튀김 등)을 얼마나 자주 먹습니까?			
14. 단 음식(초콜릿, 아이스크림, 과자, 사탕, 탄산음료 등)을 얼마나 자주 먹습니까?			
15. 짠 음식(짠 과자, 젓갈, 장아찌 등)을 얼마나 자주 먹습니까?			

F. 아래는 식사와 관련된 질문입니다. 각 항목을 주의 깊게 읽고 **현재 자신과 가장 비슷하다고 생각되는 문항을 하나 골라 해당란에 ○표시하세요. 하나도 빠뜨리지 말고 반드시 한 가지로만 답하세요.**

	전혀 아니다	거의 드물다	가끔 그렇다	보통 그렇다	대체로 그렇다	매우 그렇다
1. 살찌는 것이 두렵다.	0	1	2	3	4	5
2. 배가 고파도 식사를 하지 않는다.	0	1	2	3	4	5
3. 나는 음식에 집착하고 있다.	0	1	2	3	4	5
4. 도무지 멈출 수 없이 음식을 심하게 먹은 적이 있다.	0	1	2	3	4	5
5. 음식을 작은 조각으로 나누어 먹는다.	0	1	2	3	4	5
6. 자신이 먹고 있는 음식의 영양분과 열량을 알고 먹는다.	0	1	2	3	4	5
7. 빵이나 감자 같은 탄수화물이 많은 음식은 특히 피한다.	0	1	2	3	4	5
8. 내가 많은 음식을 먹으면 다른 사람들이 좋아하는 것 같다.	0	1	2	3	4	5
9. 먹고 난 다음 토한다.	0	1	2	3	4	5
10. 먹은 후에 심한 죄책감(잘못했다는 생각)을 느낀다.	0	1	2	3	4	5
11. 더 날씬해져야겠다는 생각을 떨쳐 버릴 수 없다.	0	1	2	3	4	5
12. 운동을 할 때 운동으로 인해 없어질 열량에 대해 계산하거나 생각한다.	0	1	2	3	4	5
13. 남들이 내가 너무 말랐다고 생각한다.	0	1	2	3	4	5
14. 내가 살이 쪘다는 생각을 떨쳐버릴 수가 없다.	0	1	2	3	4	5
15. 식사시간이 다른 사람보다 더 길다	0	1	2	3	4	5
16. 설탕이 든 음식은 피한다.	0	1	2	3	4	5
17. 체중조절을 위해 다이어트용 음식을 먹는다.	0	1	2	3	4	5
18. 음식이 나의 인생을 지배한다는 생각이 든다.	0	1	2	3	4	5
19. 음식 조절을 나는 아주 잘한다.	0	1	2	3	4	5
20. 다른 사람들이 나한테 음식을 먹으라고 강요하는 것 같다.	0	1	2	3	4	5
21. 음식에 대해 많은 시간과 에너지를 투자한다.	0	1	2	3	4	5
22. 단 음식을 먹고 나면 마음이 편치 않다.	0	1	2	3	4	5
23. 체중을 줄이기 위해 운동이나 다른 것을 하고 있다.	0	1	2	3	4	5
24. 위가 비어 있는 느낌이 있다.	0	1	2	3	4	5
25. 새로운 기름진 음식 먹는 것을 즐긴다.	0	1	2	3	4	5
26. 식사 후 토하고 싶은 충동을 느낀다.	0	1	2	3	4	5

* 수고하셨습니다 *

설문지 3. 식생활교육 효과평가용(교육 전후 조사)
(교육 후 설문지: 만족도 내용 포함)

안녕하세요?

다음은 초등학생의 식생활 실태와 이와 관련된 심리사회적 요인을 알아보기 위한 것입니다. 옳고 틀린 답은 없습니다. 각 문항을 읽고 성실하고 솔직하게 응답해 주세요.

A. 해당되는 번호에 O표 하거나 직접 적어 주세요.

1	현재 다니고 있는 학교는?	초등학교	
2	현재 몇 학년인가요?	학년	
3	성별은?	① 남	② 여
4	태어난 연도와 월은 언제인가요?	년	월
5	현재 체중은?	______ . ___ kg	
6	현재 키는?	______ . ___ cm	

B. 다음 질문을 잘 읽고 해당되는 번호에 O표하거나 ✓표시해 주세요.

1. 현재 자신의 건강상태는 어떻다고 생각하나요?

① 매우 나쁘다 ② 나쁘다 ③ 보통이다
④ 좋다 ⑤ 매우 좋다

2. 식생활(식습관, 식사예절 등)에 대해 어느 정도 관심이 있나요?

① 전혀 관심없다 ② 별로 관심없다 ③ 보통이다
④ 약간 관심있다 ⑤ 매우 관심있다

3. 나의 식생활(식습관, 식사예절 등)은 어떻다고 생각합니까?

① 매우 나쁘다 ② 나쁘다 ③ 보통이다
④ 좋다 ⑤ 매우 좋다

4. 하루에 식사는 몇 번 하나요?

① 1번 ② 2번 ③ 3번 ④ 4번 이상

5. 일주일에 아침식사를 몇 번 정도 하나요? 일주일에 ________ 회

6. 일주일에 저녁식사를 몇 번 정도 하나요? 일주일에 ________ 회

7. 식사할 때 주로 무엇을 하나요?

① 식사만 한다 ② 식구들과 이야기를 나눈다
③ 게임하거나 텔레비전을 본다 ④ 책을 본다
⑤ 기타 ________________________

8. 식사하기 전에 손을 씻고 먹습니까?

① 씻지 않고 먹는다 ② 가끔 씻고 먹는다
③ 식사 전에 손을 씻고 먹는다

9. 편식(좋아하는 음식만 주로 먹고 싫어하는 음식은 잘 먹지 않는 것)을 합니까?

① 예 ('예'로 답한 경우 10번에 답한 다음 11번으로 가세요)
② 아니오 ('아니오'로 답한 경우 11번으로 가세요)

10. 편식을 한다면 어떤 음식을 잘 먹지 않습니까? **해당 음식에 모두 ✓ 표시하세요.**

① 곡류(밥, 떡, 빵 등) ② 감자, 고구마 ③ 고기
④ 생선 ⑤ 계란 ⑥ 콩
⑦ 채소 ⑧ 과일 ⑨ 우유, 유제품
⑩ 해조류(미역, 김, 파래 등) ⑪ 기타 ______________________________

11. 하루에 간식을 몇 회 먹습니까? 하루에 ____________ 회

12. 주로 먹는 간식이 무엇입니까? **3가지를 고르세요.**

① 과자, 스낵류 ② 라면 ③ 우유, 유제품
④ 과일, 주스 ⑤ 아이스크림 ⑥ 사탕, 초콜릿
⑦ 빵 ⑧ 튀긴 음식 ⑨ 떡, 떡볶이
⑩ 기타 ______________________________

13. 과자 등 가공식품을 살 때 영양표시를 확인합니까?

① 전혀 확인하지 않는다 ② 가끔 확인한다
③ 자주 확인한다 ④ 살 때마다 확인한다

14. 본인이 직접 요리하는 것을 얼마나 좋아합니까?

① 매우 싫어한다 ② 싫어한다 ③ 좋지도 싫지도 않다
④ 좋아한다 ⑤ 매우 좋아한다

15. 본인이 생각하기에 요리를 어느 정도 잘 한다고 생각합니까?

① 전혀 못한다 ② 못한다
③ 잘하지도 못하지도 않는다 ④ 잘 한다 ⑤ 매우 잘 한다

16. 지난 1달 동안 집에서 본인이 직접 요리(라면 끓이기, 계란프라이 포함)를 몇 번 정도 하였나요? __________ 번

17. 본인이 요리를 좋아한다면 그 이유는 무엇입니까?

① 그냥 좋다 ② 요리과정이 재밌어서
③ 가족이나 친구가 좋아해서 ④ 먹고 싶은 음식을 먹을 수 있어서
⑤ 기타 ______________

18. 본인이 요리를 싫어한다면 그 이유는 무엇입니까?

① 그냥 싫다 ② 요리과정이 어려워서
③ 요리과정이 위험해서 ④ 요리과정이 귀찮아서
⑤ 기타 ______________

19. 전체적으로 볼 때 여러분의 학업성적은 어떻습니까?

① 아주 못 함　② 보통 이하　③ 보통

④ 보통 이상　⑤ 아주 잘 함

C. 문항을 읽고 맞다고 생각하면 'O', 틀리다고 생각하면 'X'를 빈 칸에 표시하세요.

문 항	O, X 표시
1. 식품구성자전거는 곡류, 고기 · 생선 · 계란 · 콩류, 채소류, 우유 · 유제품류로 구성되어 있다.	
2. 체중을 줄이려면 아침은 굶고 저녁을 충분히 먹어야 한다.	
3. 밥, 국수, 감자, 고구마는 우리가 활동하는데 필요한 힘을 낸다.	
4. 탄수화물은 팔, 다리 근육 등 우리 몸을 만들고 머리카락, 손톱을 만드는 영양소이다.	
5. 채소를 많이 먹으면 비만, 변비 등을 예방할 수 있다.	
6. 성장기에 충분히 먹지 못하여 잘 자라지 못했을 때 부족한 것은 나중에 보충해 주면 된다.	
7. 식품의 영양표시에서 나트륨이 많다는 것은 소금이 많다는 것이다.	
8. 어린이들은 우유, 요구르트, 치즈 등 유제품을 하루에 2회 먹도록 권한다.	
9. 사과, 귤, 당근, 시금치 등의 식품에는 비타민이 많이 들어 있다.	
10. 쌀밥, 미역국, 감자조림, 김치로 구성된 식사는 비빔밥, 김치, 우유로 구성된 식사보다 영양적으로 균형된 좋은 식사이다.	

D. 자신의 평소 식습관에 해당되는 곳에 O표시하세요.

예: 아침을 일주일에 4번 먹으면 → '자주(일주일에 3~5번)' 칸에 O표시하세요.

문 항	가끔 (일주일에 0~2일)	자주 (일주일에 3~5일)	거의 매일 (일주일에 6~7일)
1. 식사는 적당한 양을 먹습니까?	1	2	3
2. 늘 일정한 시간에 식사를 합니까?	1	2	3
3. 식사는 20분 이상 천천히 먹습니까?	1	2	3
4. 다양한 음식, 반찬을 골고루 먹습니까?	1	2	3
5. 채소(김치, 나물, 당근, 시금치 등)를 1일 2끼 이상 먹습니까?	1	2	3
6. 과일을 매일 먹습니까?	1	2	3
7. 곡류 음식(밥, 빵, 국수, 감자, 고구마 등)을 1일 2끼 이상 먹습니까?	1	2	3
8. 1일 2끼 정도는 고기, 생선, 계란, 콩 제품 중 하나 이상을 먹습니까?	1	2	3
9. 우유나 요구르트 등 유제품을 매일 먹습니까?	1	2	3
10. 미역, 김, 파래 등의 해조류를 얼마나 자주 먹습니까?	1	2	3
11. 식물성기름(식용유, 들기름)으로 조리한 음식(나물, 볶음)을 얼마나 자주 먹습니까?	1	2	3
12. 가공식품(햄, 소시지, 통조림 등)이나 인스턴트식품(라면 등)을 얼마나 자주 먹습니까?	1	2	3
13. 기름진 음식(감자튀김, 치킨, 만두튀김 등)을 얼마나 자주 먹습니까?	1	2	3
14. 단 음식(초콜릿, 아이스크림, 과자, 사탕, 탄산음료 등)을 얼마나 자주 먹습니까?	1	2	3
15. 짠 음식(짠 과자, 젓갈, 장아찌 등)을 얼마나 자주 먹습니까?	1	2	3

E. 다음 질문에 대해 내가 얼마나 할 수 있는지 아래 4칸 중 한 곳에 O표시 하세요.

내가 얼마나 할 수 있을까?	매우 어렵다	어렵다	쉽다	매우 쉽다
1. 하루 세 끼니 중 한 끼니 정도는 내가 요리하여 만들 수 있다.	1	2	3	4
2. 돈이 있다면 요리를 하기 위해 들어가는 식재료는 내가 직접 잘 고르고 살 수 있다.	1	2	3	4
3. 흔히 사용되는 채소, 시금치, 양파, 오이 등은 요리를 위해 손질할 수 있다.	1	2	3	4
4. 요리를 할 때 칼을 다치지 않게 잡을 수 있다.	1	2	3	4
5. 불을 사용하는 요리를 자신 있게 할 수 있다.	1	2	3	4
6. 냉장고에 있는 재료들로 만들 수 있는 요리를 즉흥적으로 생각해낼 수 있다.	1	2	3	4
7. 내가 이전에 만들었던 음식이 맛이 없었다면 다음에 만들 때 더 맛있게 만들 수 있다.	1	2	3	4
8. 어머니나 아버지가 요리하실 때 자발적으로 도와드릴 수 있다.	1	2	3	4
9. 만들고 싶은 요리가 있다면 그 요리를 어떻게 만들 수 있는지 자료를 찾을 수 있다.	1	2	3	4
10. 요리를 완성하고 뒷정리를 깨끗하게 할 수 있다.	1	2	3	4
11. 간단하게라도 아침식사를 챙겨 먹을 수 있다.	1	2	3	4
12. 식사할 때 채소 반찬(나물, 생채 등)을 먹을 수 있다.	1	2	3	4
13. 간식으로 과일이나 우유, 유제품을 먹을 수 있다.	1	2	3	4
14. 간식을 살 때 영양표시를 읽고 건강에 좋은 간식을 잘 고를 수 있다.	1	2	3	4
15. 골고루 먹기, 적당량 먹기 등 식생활을 실천할 수 있다.	1	2	3	4

F. 다음은 여러분 자신이 **스스로에 대해 어떻게 생각하는지**에 관한 질문입니다.
각 문항을 읽어 보고 자신의 경우와 비슷하다고 생각되는 부분에 **O표시**해 주세요.

내 용	전혀 그렇지 않다	약간 그런것 같다	보통 그렇다	대부분 그렇다	매우 그렇다
1. 나는 결심을 하고 그 결심대로 밀고 나갈 수 있다.					
2. 나는 내 또래의 친구들 사이에 인기가 있다.					
3. 부모님은 내 기분을 잘 맞춰주신다.					
4. 나는 나에게 주어진 일에 최선을 다하려 한다.					
5. 나에겐 친구가 많다.					
6. 부모님은 나를 잘 이해해 주신다.					
7. 나는 주저하지 않고 결심할 수 있다.					
8. 누구든지 나를 좋아한다.					
9. 나는 집에서 상당히 행복하다.					
10. 내 문제는 주로 내가 해결할 수 있다.					
11. 나와 함께 있는 것을 다른 사람들은 좋아한다.					
12. 나는 부모님과 함께 즐거운 시간을 많이 가진다.					
13. 나는 나 자신을 잘 알고 있다.					
14. 나는 남을 재미있게 해주는 사람이다.					
15. 나는 가족들과 함께 있을 때 기분이 좋다.					
16. 나는 나 자신에 대해 매우 만족한다.					
17. 나는 남에게 좋은 친구이다.					
18. 우리 가족은 이 세상에서 제일 훌륭하다.					
19. 내 친구들은 내 생각을 귀담아 들어준다.					
20. 나는 좋은 딸/아들이다.					
21. 친구들은 주로 내 생각에 따른다.					
22. 부모님이 나를 자랑스러워하실 만하다.					
23. 나는 원하면 항상 친구를 사귈 수 있다.					
24. 나는 우리 가족 중 중요한 사람이다.					

G. 각 항목들을 주의 깊게 읽어 보고 현재 자신과 가장 비슷하다고 생각되는 문항을 하나 골라 해당란에 표시해 주세요. 하나도 빠뜨리지 말고 반드시 한 가지로만 답해 주세요.

	전혀 아니다	그렇지 않다	보통 그렇다	그렇다	매우 그렇다
1. 나는 내 감정을 감추는 것이 편하다.	1	2	3	4	5
2. 나는 내 감정에 대해 말하는 것을 좋아하지 않는다.	1	2	3	4	5
3. 무언가 나쁜 일이 생겼을 때, 나는 폭발할 것 같다.	1	2	3	4	5
4. 나는 다른 사람들이 감정을 상하지 않게 하려고 내 감정을 숨긴다.	1	2	3	4	5
5. 이해하기 어려운 감정이 내게 있다.	1	2	3	4	5
6. 나는 대체로 사람들이 나에게 먼저 말을 걸기 전에 그들과 말하지 않는다.	1	2	3	4	5
7. 내가 화가 났을 때, 나는 그것을 보여주는 것이 두렵다.	1	2	3	4	5
8. 내가 화가 났을 때, 나는 어떻게 말해야 할지 모르겠다.	1	2	3	4	5
9. 종종 내가 어떻게 느끼고 있는지 모를 때가 많다.	1	2	3	4	5
10. 사람들은 내 감정에 대해 더 많이 이야기하라고 말한다.	1	2	3	4	5
11. 때때로 내가 어떻게 느끼는지 말로 설명하기 어렵다.	1	2	3	4	5
12. 내가 슬플 때, 그것을 드러내지 않으려고 애쓴다.	1	2	3	4	5
13. 내가 솔직하게 감정을 드러냈을 때, 다른 사람들은 그것을 좋아하지 않는다.	1	2	3	4	5
14. 나는 내 감정을 드러내야 한다는 것을 알지만, 너무 힘들다.	1	2	3	4	5
15. 나는 내가 종종 왜 화났는지 잘 모르겠다.	1	2	3	4	5
16. 내가 다른 사람들에 대해 어떻게 느끼는지 드러내기가 어렵다.	1	2	3	4	5

H	전혀 아니다	거의 드물다	가끔 그렇다	보통 그렇다	대체로 그렇다	언제나 그렇다
1. 속상해지면 먹는다.	0	1	2	3	4	5
2. 음식을 마구 입에 집어 넣는다.	0	1	2	3	4	5
3. 속상할 때 먹는다.	0	1	2	3	4	5
4. 다 먹고 나서는 먹는 것을 조절하지 못한 것에 대해 속상해 한다.	0	1	2	3	4	5
5. 몰래 먹거나 마신다.	0	1	2	3	4	5
6. 내가 배가 고픈 것인지 아닌지 혼동된다.	0	1	2	3	4	5
7. 폭식을 할 때 스스로 멈추어지지가 않는다.	0	1	2	3	4	5
8. 다른 사람이 앞에서는 보통으로 먹다가 사람들이 가버리면 마구 먹어댄다.	0	1	2	3	4	5

I. 다음에는 각 문항마다 여러 가지 느낌과 생각들이 적혀 있는 문장들이 있습니다. 그 중에서 지난 2주일 동안 나를 가장 잘 나타내어 주는 문장을 하나 골라 주세요. 여기에는 정답이 없습니다. 단지 자신을 가장 정확하게 표현하는 문장을 하나 골라서 ○표 시하십시오.

번호	문 항	표 시
1	나는 가끔 슬프다.	0
	나는 자주 슬프다.	1
	나는 항상 슬프다.	2
2	나에게 모든 일이 제대로 되어갈 것이다.	0
	나는 일이 제대로 되어갈지 확신할 수 없다.	1
	나에게 제대로 되어가는 일이란 없다.	2
3	나는 대체로 무슨 일이든지 웬만큼 한다.	0
	나는 잘못하는 일이 많다.	1
	나는 모든 일을 잘못한다.	2
4	나는 재미있는 일들이 많다.	0
	나는 재미있는 일들이 더러 있다.	1
	나는 어떤 일도 전혀 재미가 없다.	2
5	나는 가끔 못된 행동을 한다.	0
	나는 못된 행동을 할 때가 많다.	1
	나는 언제나 못된 행동을 한다.	2
6	나는 가끔씩 나에게 나쁜 일이 일어나지 않을까 생각한다.	0
	나는 나에게 나쁜 일이 일어날까 걱정한다.	1
	나는 나에게 무서운 일이 일어나리라는 것을 확신한다.	2
7	나는 나 자신을 좋아한다.	0
	나는 나 자신을 좋아하지 않는다.	1
	나는 나 자신을 미워한다.	2
8	잘못되는 일은 보통 내 탓이 아니다.	0
	잘못되는 일은 내 탓인 것이 많다.	1
	잘못되는 일은 모두 내 탓이다.	2
9	나는 자살을 생각하지 않는다.	0
	나는 자살에 대하여 생각은 하지만 그렇게 하지는 않을 것이다.	1
	나는 자살하고 싶다.	2
10	나는 때때로 울고 싶은 기분이 든다.	0
	나는 울고 싶은 기분인 날도 많다.	1
	나는 매일 울고 싶은 기분이다.	2
11	간혹 이일 저일로 해서 성가실 때가 있다.	0
	이일 저일로 해서 성가실 때가 많다.	1
	이일 저일로 해서 늘 성가시다.	2
12	나는 사람들과 함께 있는 것이 좋다.	0
	나는 사람들과 함께 있는 것이 싫을 때가 많다.	1
	나는 사람들과 함께 있는 것을 전혀 원하지 않는다.	2
13	나는 쉽게 결정을 내린다.	0
	나는 어떤 일에 대한 결정을 내리기가 어렵다.	1
	나는 어떤 일에 대한 결정을 전혀 내릴 수가 없다.	2

번호	문 항	표 시
14	나는 괜찮게 생겼다.	0
	나는 못생긴 구석이 약간 있다.	1
	나는 못생겼다.	2
15	나는 별로 어렵지 않게 학교 공부를 해 낼 수 있다.	0
	나는 학교 공부를 해내려면 많이 노력해야만 한다.	1
	나는 학교 공부를 해내려면 언제나 노력해야만 한다.	2
16	나는 잠을 잘 잔다.	0
	나는 잠들기 어려운 밤이 많다.	1
	나는 매일 밤 잠들기가 어렵다.	2
17	나는 가끔 피곤하다.	0
	나는 자주 피곤하다.	1
	나는 언제나 피곤하다.	2
18	나는 밥맛이 좋다.	0
	나는 밥맛이 없을 때가 많다.	1
	나는 밥맛이 없을 때가 대부분이다.	2
19	나는 몸이 쑤시고 아프다든지 하는 것에 대해 걱정하지 않는다.	0
	나는 몸이 쑤시고 아픈 것에 대해 걱정할 때가 많다.	1
	나는 몸이 쑤시고 아픈 것에 대해 항상 걱정한다.	2
20	나는 외롭다고 느낀다.	0
	나는 자주 외롭다고 느낀다.	1
	나는 항상 외롭다고 느낀다.	2
21	나는 학교생활이 재미있을 때가 많다.	0
	나는 가끔씩 학교생활이 재미있다.	1
	나는 학교생활이 재미있었던 적이 없다.	2
22	나는 친구가 많다.	0
	나는 친구가 좀 있지만 더 있었으면 한다.	1
	나는 친구가 하나도 없다.	2
23	나의 학교 성적은 괜찮다.	0
	나의 학교 성적은 예전처럼 좋지는 않다.	1
	내가 예전에는 무척 잘하던 과목의 성적이 요즘 뚝 떨어졌다.	2
24	나는 다른 아이들처럼 착하다.	0
	나는 마음만 먹으면 다른 아이들처럼 착할 수가 있다.	1
	나는 절대로 다른 아이들처럼 착할 수가 없다.	2
25	분명히 나를 진심으로 좋아하는 사람이 있다.	0
	나를 진심으로 좋아하는 사람이 있을지 확실하지 않다.	1
	나를 진심으로 좋아하는 사람은 아무도 없다.	2
26	나는 누가 나에게 시킨 일을 대체로 한다.	0
	나는 누가 나에게 시킨 일을 제대로 하지 않는다.	1
	나는 누가 나에게 시킨 일을 절대로 하지 않는다.	2
27	나는 사람들과 사이좋게 지낸다.	0
	나는 사람들과 잘 싸운다.	1
	나는 사람들과 언제나 싸운다.	2

J. 지난 8주간의 식생활교육(영양교육, 요리활동)에 대한 평가입니다. 각 문항을 읽고 자신의 생각과 일치하는 부분에 체크해 주세요.

1. 식생활교육(영양교육, 요리활동)의 난이도는 어떠했나요?

① 매우 어렵다　② 어렵다　③ 그저 그렇다
④ 쉽다　⑤ 매우 쉽다

2. 식생활교육은 어떠했나요?

① 매우 지루하다　② 지루하다　③ 그저 그렇다
④ 흥미롭다　⑤ 매우 흥미롭다

3. 식생활교육의 시간은?

① 매우 짧다　② 짧다　③ 적당하다
④ 길다　⑤ 매우 길다

4. 지난 8주간 식생활교육이 영양이나 조리지식을 늘리는데 도움이 됩니까?

① 전혀 도움이 되지 않는다　② 도움이 되지 않는다
③ 그저 그렇다　④ 도움이 된다　⑤ 매우 도움이 된다

5. 지난 8주간 식생활교육이 나의 식생활에 어느 정도 도움이 됩니까?

① 전혀 도움이 되지 않는다　② 도움이 되지 않는다
③ 그저 그렇다　④ 도움이 된다　⑤ 매우 도움이 된다

6. 식생활교육의 전반적인 진행은?

① 전혀 좋지 않았다　② 좋지 않았다　③ 그저 그렇다
④ 좋았다　⑤ 매우 좋았다

7. 식생활교육에 어느 정도 만족합니까?

① 전혀 만족하지 않는다　② 만족하지 않는다　③ 그저 그렇다
④ 만족한다　⑤ 매우 만족한다

8. 가장 기억에 남는 영양교육 주제는 무엇입니까?

① 어린이를 위한 식생활 지침 ② 아침밥을 먹자

③ 단백질 식품을 먹자 ④ 채소를 충분히 먹자

⑤ 과일을 먹자 ⑥ 우유·유제품을 먹자

⑦ 인스턴트식품을 건강하게 먹자 ⑧ 한 끼 식사를 만들어 보자

⑨ 없다

9. 가장 기억에 남는 요리활동의 메뉴 주제는 무엇입니까?

① 참치샌드위치 ② 두부미니버거 ③ 월남쌈 ④ 과일샐러드

⑤ 치킨요거트피자 ⑥ 쟁반라면 ⑦ 모두 좋았다

10. 기억에 남는 이유는 무엇입니까?

① 맛있어서 ② 만들기 쉬워서 ③ 몰랐던 요리를 배워서

④ 요리활동 자체가 재미있어서 ⑤ 기타 ______________

11. 요리활동 중 가장 싫었던 메뉴 주제는 무엇입니까?

① 참치샌드위치 ② 두부미니버거 ③ 월남쌈 ④ 과일샐러드

⑤ 치킨요거트피자 ⑥ 쟁반라면 ⑦ 모두 싫었다

12. 싫은 이유는 무엇입니까?

① 맛이 없어서 ② 만들기 어려워서 ③ 이미 알고 있는 요리이어서

④ 요리활동 자체가 재미없어서 ⑤ 기타 ______________

13. 요리활동 중 가장 좋았던 점은 무엇입니까?

① 요리를 배워볼 수 있었다 ② 몰랐던 재료들과 요리들을 맛볼 수 있었다

③ 맛이 있었다 ④ 친구들과 친해질 수 있었다

⑤ 기타 ______________________

14. 요리활동 중 가장 아쉬웠던 점은 무엇입니까?

① 전체적으로 만들기 어려웠다 ② 전체적으로 만들기 쉬웠다

③ 맛이 없었다 ④ 다양한 음식을 만들어 보지 못하였다

⑤ 칼이나 불 다루는 법 등 요리기술을 제대로 배우지 못하였다

⑥ 음식 만드는 시간이 부족하였다

⑦ 요리 실습 도구들이 너무 부족하였다

⑧ 기타 ______________________________

15. 요리활동 프로그램을 끝내면 어떤 기분이 드나요?

① 전혀 좋지 않다 ② 좋지 않다 ③ 그저 그렇다

④ 좋다 ⑤ 매우 좋다

16. 앞으로도 이런 프로그램이 있다면 참여할 의사가 있나요?

① 예 ② 아니오

17. 이 프로그램에서 개선 사항이나 그동안 느낀 점이 있다면 자유롭게 적어 주세요.

____

____

____

____

* 감사합니다 *

설문지 4. 식생활교육 프로그램/교육자료 평가 설문지

식생활교육 프로그램과 교육자료 평가를 위한 연구진 대상 설문조사

1. 식생활교육 프로그램 및 교육자료의 전반적 평가

내용	전혀 그렇지 않다	그렇지 않다	보통이다	그렇다	매우 그렇다
1. 식생활교육 프로그램은 대상자의 영양지식을 반영하여 계획되었습니까?					
2. 식생활교육 프로그램은 대상자의 영양문제를 반영하여 계획되었습니까?					
3. 식생활교육 프로그램은 대상자의 요리활동 난이도를 반영하여 계획되었습니까?					
4. 식생활교육 프로그램은 대상자의 심리·사회적 요인을 반영하여 계획되었습니까?					
5. 식생활교육 프로그램의 목적(goal)과 목표(objectives)가 적절하게 설정되어 있습니까?					
6. 식생활교육 내용이 매회의 식생활교육 목표에 맞게 구성되었습니까?					
7. 식생활교육 중 영양교육 방법이 대상자 수준에 맞습니까?					
8. 식생활교육 중 요리활동 방법이 대상자 수준에 맞습니까?					
9. 식생활교육 중 영양교육 방법이 교육 내용에 맞습니까?					
10. 식생활교육 중 요리활동 방법이 교육 내용에 맞습니까?					
11. 식생활교육 중 영양교육 자료의 내용이 정확하고 신뢰할 만합니까?					
12. 식생활교육 중 요리활동 자료의 내용이 정확하고 신뢰할 만합니까?					
13. 교육자가 이용하는 슬라이드 자료 외에 대상자가 직접 이용·작성할 수 있는 유인물·도구가 갖춰져 있습니까?					
14. 식생활교육 프로그램의 효과평가(방법, 자료 수집, 분석 등)가 적절하게 잘 계획되어 있습니까?					
15. 프로그램 효과평가 도구(설문지 등)가 타당하고 신뢰성 있게 구성되어 있습니까?					
16. 식생활교육 중 영양교육에 대상자들이 흥미롭게 참여하였습니까?					
17. 식생활교육 중 요리활동에 대상자들이 흥미롭게 참여하였습니까?					
18. 식생활교육 중 영양교육은 대상자들의 식생활정보 학습에 도움이 되었다고 생각하십니까?					
19. 식생활교육 중 요리활동 프로그램은 대상자들이 요리활동을 즐겁게 느끼고 가정에서 건강에 좋은 요리를 스스로 만들어 먹고자 하는 동기 향상 혹은 실제 행동 증가에 긍정적 영향을 미쳤다고 생각하십니까?					
20. 매회의 식생활교육 시간은 적절하였습니까?					

2. 식생활교육 프로그램 및 교육자료의 session별 평가

Session	교육 프로그램 평가	교육자료 평가
	* 교육 프로그램: 매회의 학습목표, 교육내용, 방법, 자료 등 lesson plan에 대한 평가 * 교육자료: 적합성(대상, 내용), 정확성, 이해도, 흥미도, 실용성 등	
Session 1. 오리엔테이션		
Session 2. 아침밥을 먹자		
Session 3. 단백질 식품을 먹자		

Session	교육 프로그램 평가	교육자료 평가
	* 교육 프로그램: 매회의 학습목표, 교육내용, 방법, 자료 등 lesson plan에 대한 평가 * 교육자료: 적합성(대상, 내용), 정확성, 이해도, 흥미도, 실용성 등	
Session 4. 채소를 먹자		
Session 5. 과일을 먹자		
Session 6. 우유· 유제품을 먹자		

Session	교육 프로그램 평가	교육자료 평가
	* 교육 프로그램: 매회의 학습목표, 교육내용, 방법, 자료 등 lesson plan에 대한 평가 * 교육자료: 적합성(대상, 내용), 정확성, 이해도, 흥미도, 실용성 등	
Session 7. 인스턴트 식품을 건강하게 먹자		
Session 8. 한 끼 식사를 만들어 보자		

초등학생을 위한 식생활교육
1주차. 오리엔테이션
- 어린이를 위한 식생활지침 -

초등학생을 위한 식생활 교육

차수	주제
1	오리엔테이션 -어린이를 위한 식생활지침-
2	아침밥을 먹자
3	단백질 식품을 먹자
4	채소를 충분히 먹자
5	과일을 먹자
6	우유 · 유제품을 먹자
7	인스턴트식품을 건강하게 먹자
8	한 끼 식사를 만들어 보자

두 친구들의 식습관, 무엇이 문제일까요?

건강한 어린이를 위한 식생활 지침을 배워봅시다

첫째, 음식은 다양하게 골고루

자료: 보건복지가족부(2009). 어린이를 위한 식생활지침
한국영양학회(2010). 한국인 영양섭취기준 개정판

둘째, 많이 움직이고 먹는 양은 알맞게

신체활동은 매일 1시간 이상

TV시청과 컴퓨터게임은 하루에 2시간 이내로

식사와 간식은 적당한 양을 규칙적으로

자료: 보건복지가족부(2009). 어린이를 위한 식생활지침

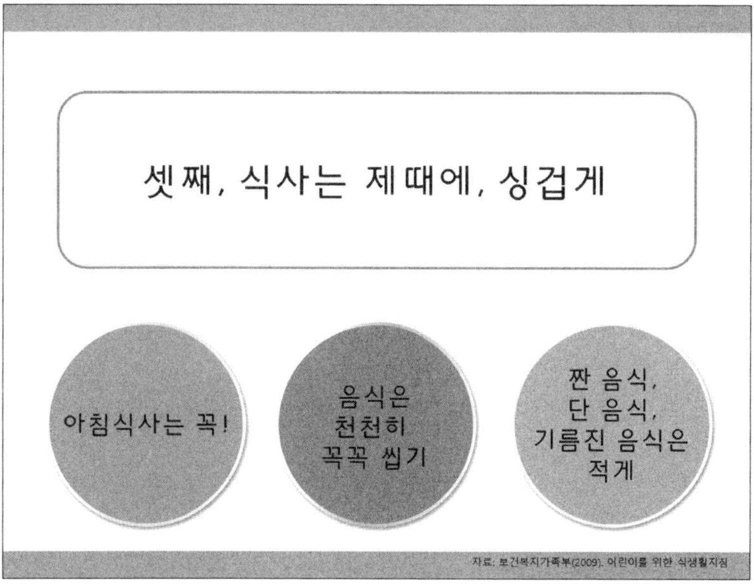
셋째, 식사는 제때에, 싱겁게
아침식사는 꼭!
음식은 천천히 꼭꼭 씹기
짠 음식, 단 음식, 기름진 음식은 적게
자료: 보건복지가족부(2009). 어린이를 위한 식생활지침

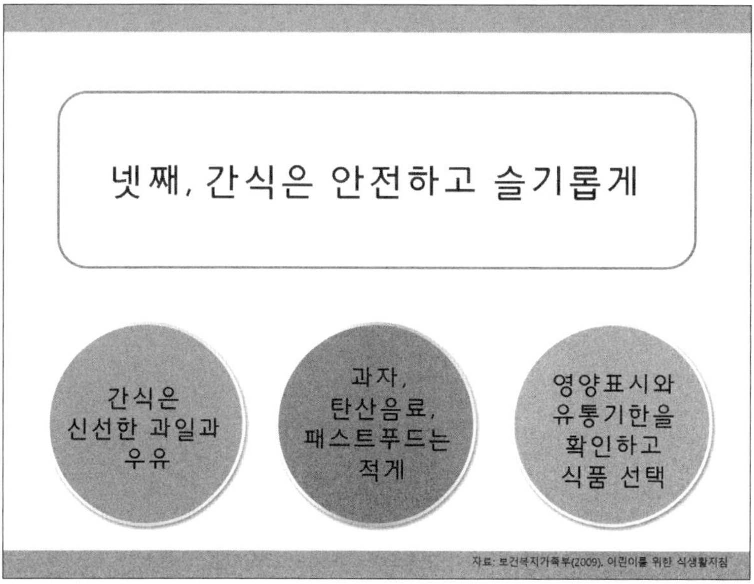
넷째, 간식은 안전하고 슬기롭게
간식은 신선한 과일과 우유
과자, 탄산음료, 패스트푸드는 적게
영양표시와 유통기한을 확인하고 식품 선택
자료: 보건복지가족부(2009). 어린이를 위한 식생활지침

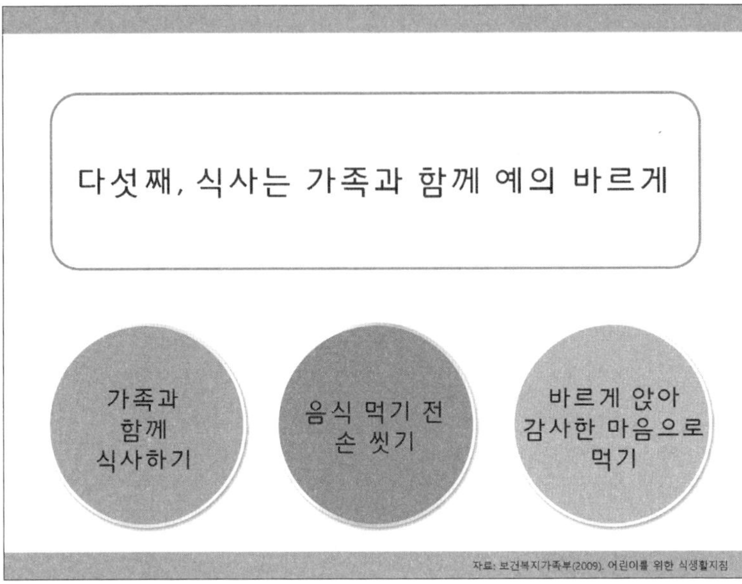
다섯째, 식사는 가족과 함께 예의 바르게
가족과 함께 식사하기
음식 먹기 전 손 씻기
바르게 앉아 감사한 마음으로 먹기
자료: 보건복지가족부(2009). 어린이를 위한 식생활지침

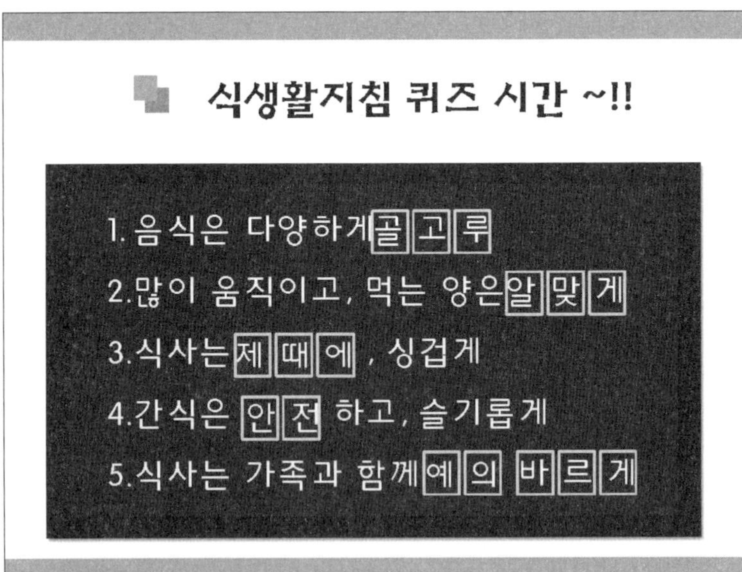
식생활지침 퀴즈 시간 ~!!
1. 음식은 다양하게 골고루
2. 많이 움직이고, 먹는 양은 알맞게
3. 식사는 제때에, 싱겁게
4. 간식은 안전하고, 슬기롭게
5. 식사는 가족과 함께 예의 바르게

COOKING TIME

○○○○○

요리활동을 위해

우리가 알아야 할 것

COOKING TIME

●○○○○

손 씻기

요리의 기본은 청결이에요!

COOKING TIME

○●○○○

안전한 불 사용

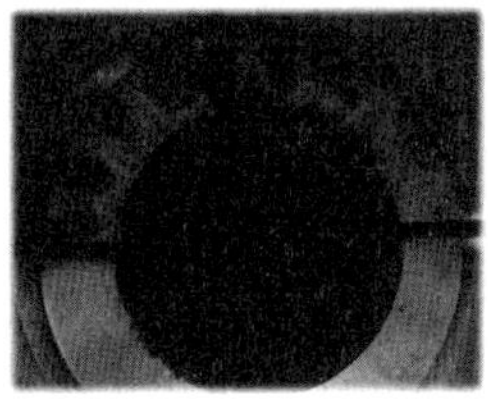

- 불 근처에서는 조심하여 움직이기
- 종이, 휴지 등 타는 물질 가까이 두지 않기

COOKING TIME

○○●○○

안전한 칼 사용

- 칼은 칼등과 손잡이를 같이 잡기

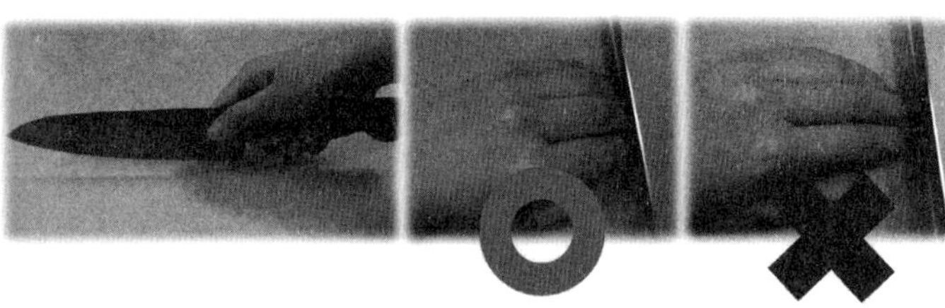

- 칼 사용하는 사람 주변으로 다니지 않기

COOKING TIME

○○○●○

좋은 식재료 고르기

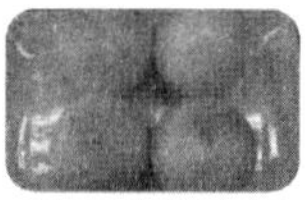

양파: 싹이 나지 않고 단단한 것
껍질색이 진하고 윤기가 있는 것

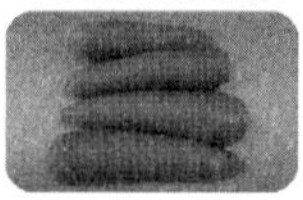

당근: 색깔이 짙고 표면이 매끈한 것
꼬리가 가늘거나 구부러진 것 피하기

감자: 단단하면서 표면이 부드러운 것
껍질이 주름지거나 녹색 띄는 것 피하기

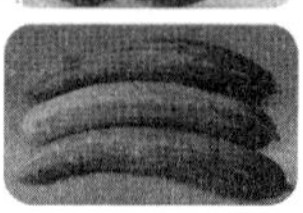

오이: 굵기가 일정하고 굽지 않은 것
돌기는 상처가 없고 꽃이 붙은 것이 좋음

COOKING TIME

○○○○●

맛있게, 감사한 마음으로 완성된 음식을 먹어요

잊지 마세요! 뒷정리

초등학생을 위한 식생활교육

활동지

조이름 :

이 름 :

오늘의 날짜: ______년 ____월 ____일

우리가 함께 지켜야 할 규칙

첫째. 선생님이 설명할 때 열심히 듣기

둘째. 다른 친구들의 말을 끝까지 듣기

셋째. 친구 의견이 나와 다르더라도 존중하기

넷째. 옆에 있는 친구와 떠들지 않기

다섯째. 적극적으로 참여하기

☺ 나는 8주의 식생활교육 동안 위의 5가지 규칙을 지킬 것을 약속합니다.

(____________)

식생활교육 프로그램 안내

차 수	주 제
1	오리엔테이션: 어린이를 위한 식생활지침
2	아침밥을 먹자
3	단백질 식품을 먹자
4	채소를 충분히 먹자
5	과일을 먹자
6	우유 · 유제품을 먹자
7	인스턴트식품을 건강하게 먹자
8	한 끼 식사를 만들어 보자

☺ 영양교육과 함께 재미있는 요리활동을 통해 올바른 식생활에 대해 배워봅시다.

어린이를 위한 식생활지침

자료: 보건복지가족부(2009). 어린이를 위한 식생활 지침

☺ 어린이를 위한 식생활지침, 기억하고 실천합시다.

식품구성자전거

식품구성자전거는 우리 몸에 필요한 영양소를 가진 식품들을 종류별로 구분하여 자전거에 표현한 것입니다.

- 종류
: 곡류, 고기 · 생선 · 계란 · 콩류, 채소류, 과일류, 우유 · 유제품류, 유지 · 당류, 물

* 자전거 모양이 어떻게 변할지 그려 보세요

채소 · 과일을 적게 먹으면?	유지 · 당류(기름진 음식, 단 음식)을 많이 먹으면?

자료: 한국영양학회(2010). 한국인 영양섭취기준 개정판
식품의약품안전청(2011). 영양 · 식생활 5학년

식생활지침 퀴즈 시간 ~!!

★ 식생활지침을 잘 기억하여 빈 칸을 채워 봅시다.

1. 음식은 다양하게 □□□

2. 많이 움직이고, 먹는 양은 □□□

3. 식사는 □□□, 싱겁게

4. 간식은 □□하고, 슬기롭게

5. 식사는 가족과 함께 □□□□□

요리활동을 위한 기본 기술

요리 전		항상 손을 깨끗이 씻기
요리 할 때	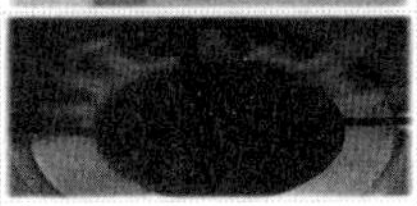	- 불 근처에서 조심하여 움직이기 - 종이, 휴지 등 타는 물질을 가까이 두지 않기
	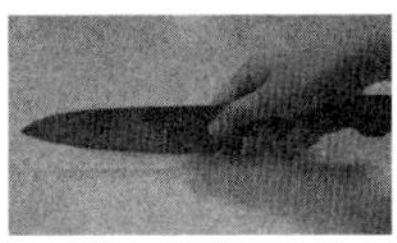	- 칼 안전하게 사용하기 - 칼 사용하는 사람 주변으로 다니지 않기 - 칼 잡는 법: 칼등과 손잡이를 같이 잡기
	◆ **좋은 식재료 고르기 Tip**	
	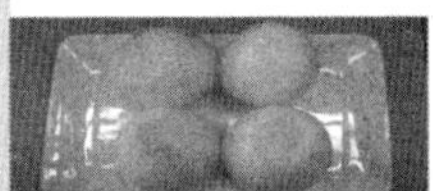	**양파**: 싹이 나지 않고 단단한 것, 껍질색이 진하고 윤기가 있는 것
		**당근**: 색깔이 짙고 표면이 매끈한 것 꼬리가 가늘거나 구부러진 것 피하기
	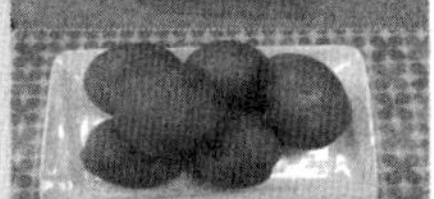	**감자**: 단단하면서 표면이 부드러운 것. 껍질이 주름지거나 녹색 띄는 것 피하기
	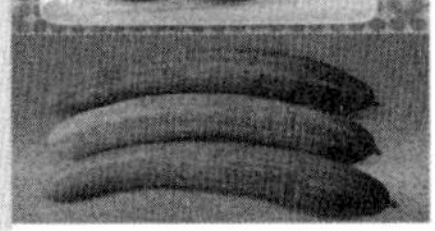	**오이**: 굵기가 일정하고 굽지 않은 것 돌기에 상처가 없고 꽃이 붙은 것이 좋음
요리 완성 후	식탁을 깨끗하게 정리하기 음식을 감사한 마음으로 맛있게 먹기	

초등학생을 위한 식생활교육
2주차. 아침밥을 먹자

지난 주에 무엇을 배웠나요?
건강을 위해 오늘도!
어린이를 위한
식생활지침
음식은 다양하게 골고루
많이 움직이고, 먹는 양은 알맞게
식사는 제때에, 싱겁게
간식은 안전하고, 슬기롭게
식사는 가족과 함께 예의바르게
자료: 보건복지가족부(2009). 어린이를 위한 식생활지침

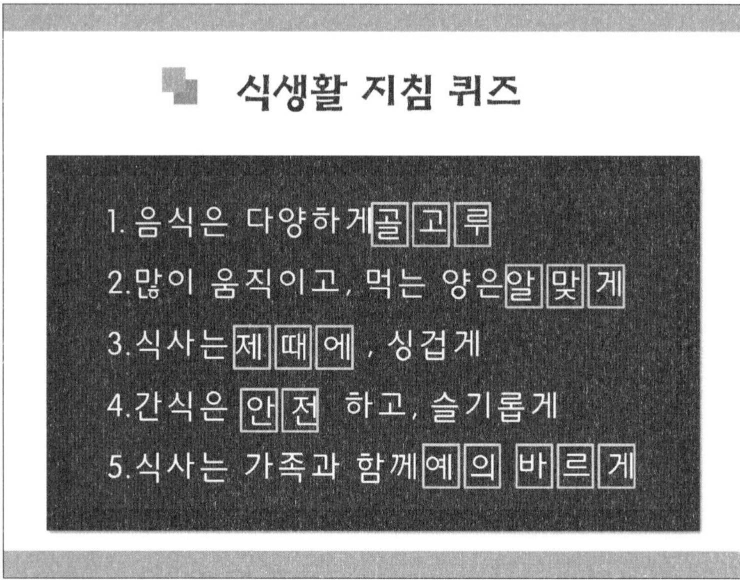
식생활 지침 퀴즈
1. 음식은 다양하게 골고루
2. 많이 움직이고, 먹는 양은 알맞게
3. 식사는 제때에, 싱겁게
4. 간식은 안전하고, 슬기롭게
5. 식사는 가족과 함께 예의 바르게

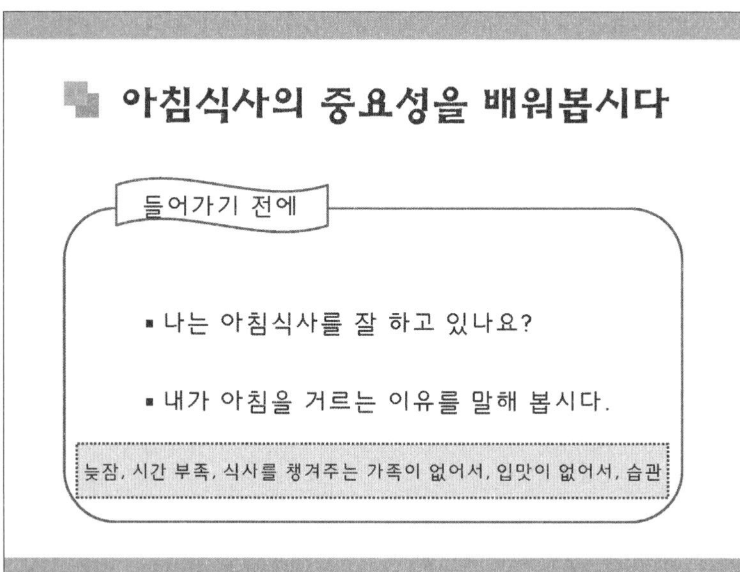
아침식사의 중요성을 배워봅시다
들어가기 전에
▪ 나는 아침식사를 잘 하고 있나요?
▪ 내가 아침을 거르는 이유를 말해 봅시다.
늦잠, 시간 부족, 식사를 챙겨주는 가족이 없어서, 입맛이 없어서, 습관

아침식사를 하지 않으면 왜 안 좋을까요?

OX 퀴즈를 맞춰 봅시다!

- 뇌에 에너지(힘)가 부족해서 공부가 잘 안 되어요. (O)
- 점심식사 때 많이 먹으면 되니까 괜찮아요. (X)
- 간식을 자주 먹게 되어요. (O)
- 잘못된 식습관으로 영양상태가 좋지 않아요. (O)

아침식사는 왜 좋을까요 ?

- 배고프지 않고 안정감을 줘요.
- 뇌에 에너지(힘)가 전달되서 집중이 잘 되어요.
- 몸에 활력이 생겨요.
- 몸이 제 기능을 할 수 있게 해 줘요.
- 규칙적인 식습관을 갖게 해 줘요.

곡류와 탄수화물에 대해 알아봅시다

아침식사로 밥, 빵과 같은 "곡류" 를 먹으면 하루를 더욱 힘차게 시작할 수 있어요.

"곡류" 에 많이 들어 있는 '탄수화물' 이라는 영양소는
우리 몸이 힘을 낼 수 있게 해 줍니다.☺

곡류의 종류

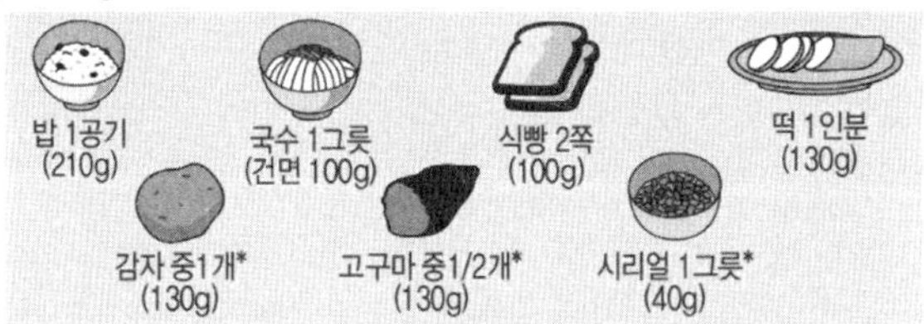

자료: 한국영양학회(2010). 한국인 영양섭취기준 개정판
식품의약품안전청 · 대한지역사회영양학회(2012). 똑똑하게 먹고 건강해지자

아침식사를 실천합시다

"곡류" 는 하루에 **3회** 정도 먹어야
우리 몸에 필요한 에너지 양을 충분히 먹을 수 있어요.

그러므로 매 끼니 (아침, 점심, 저녁) 마다 곡류를 먹는 것이 좋아요. ☺

밥을 먹기 어렵다면 이렇게 해 보세요

- 죽
- 감자,고구마 + 우유
- 시리얼 + 우유
- 팬케이크 + 우유
- 토스트 + 주스, 과일
- 과일 + 요구르트

실천 약속

일주일 동안 3번 이상 아침식사 실천하기

COOKING TIME

참치 샌드위치

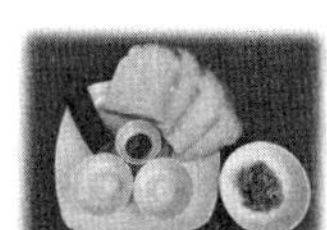

재료(2인분): 참치 ½통, 청오이 ½개, 식빵 4장, 소금 1큰술, 후추 약간, 마요네즈 1큰술

요리시작

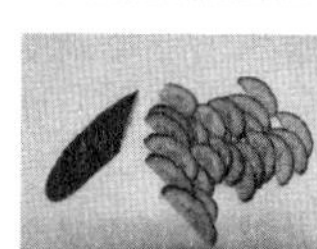

1. 오이는 얇게 썰어 소금을 뿌려서 절인다.

2. 참치는 기름을 빼준다.

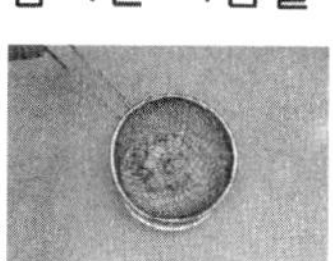

COOKING TIME

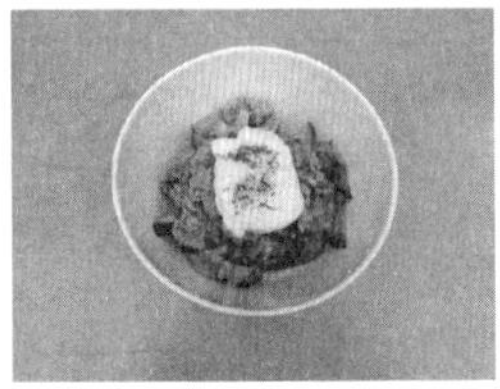

3. 절여 둔 오이의 물기를 짜고 참치, 마요네즈, 후추를 넣어 섞어준다.

4. 준비한 식빵에 속을 꽉꽉 채워 넣어준다.

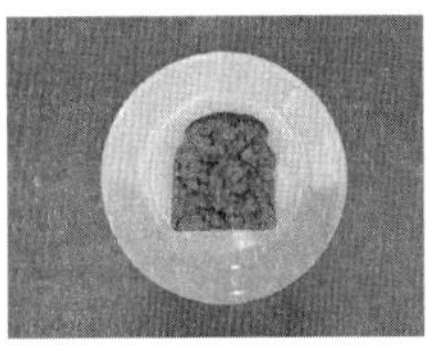

COOKING TIME

조심해요!

1. 오이를 썰 때 다치지 않도록 주의하기
2. 참치 캔을 개봉할 때, 날카로운 부분에 손을 다칠 수 있으므로 주의하기

오늘의 날짜: ______년 ____월 ____일

아침밥을 먹자

아침식사를 하지 않으면?

· 뇌에 에너지(힘)가 부족해서 공부가 잘 안되어요.

· 점심식사 때 많이 먹게 되어요.

· 간식을 자주 먹게 되어요.

· 잘못된 식습관으로 영양상태가 좋지 않아요.

아침식사를 하면?

· 배고프지 않고 안정감을 줘요.

· 뇌에 에너지(힘)가 전달 되서 집중이 잘 되어요.

· 몸에 활력이 생겨요.

· 몸이 제 기능을 할 수 있게 해 줘요.

· 규칙적인 식습관을 갖게 해 줘요.

곡류와 탄수화물

아침식사로 밥, 빵과 같은 곡류를 먹으면 하루를 더 힘차게 시작할 수 있습니다. 곡류에 많이 들어 있는 탄수화물은 우리 몸이 힘을 내게 해 줍니다.

· 곡류의 종류: 밥, 국수, 빵, 떡, 감자, 고구마, 시리얼 등
· 곡류의 1인 1회 분량

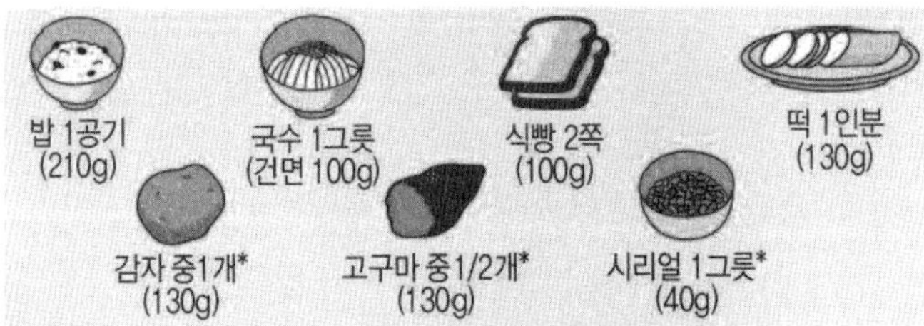

자료: 한국영양학회(2010). 한국인 영양섭취기준 개정판
식품의약품안전청 · 대한지역사회영양학회(2012). 똑똑하게 먹고 건강해지자

아침식사 실천 방법

초등학생의 경우 곡류는 하루에 3회 정도 먹도록 권장합니다.
매끼 식사(아침, 점심, 저녁)할 때 곡류를 먹는 것이 좋습니다.

✿ 입맛이 없어 밥을 먹기 어렵다면?
· 죽
· 감자, 고구마 + 우유
· 시리얼 + 우유
· 팬케이크 + 우유
· 토스트 + 주스, 과일
· 과일 + 요구르트

아침식사 확인표

★ 1주일 동안 아침식사를 한 날에 O 표시를 해 봅시다.

월 일	월 일	월 일	월 일	월 일	월 일	월 일

✐ 1주일 동안 아침식사를 3번 이상 먹었나요?

✐ 아침식사를 했을 때, 몸과 마음은 어떻게 느꼈습니까?

✐ 실천하지 못했다면, 그 이유는 무엇인가요?

✐ 아침식사를 쉽게 할 수 있는 나만의 방법을 적어봅시다.

2주차 요리활동: 참치샌드위치

재료 (2인 분량)	참치 ½ 통, 청오이 ½개, 식빵 4장, 소금 1큰술, 후추 약간, 마요네즈 1큰술 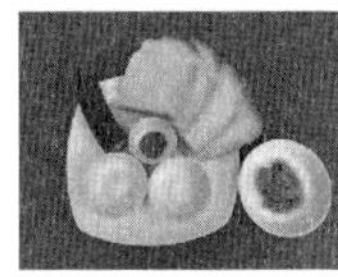
요리 시작	1. 오이는 얇게 썰어 소금을 뿌려서 절인다.  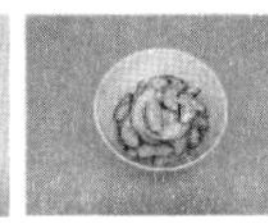 2. 참치는 기름을 빼준다. 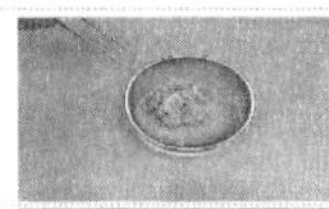 3. 절여 둔 오이의 물기를 짜고 참치, 마요네즈, 후추를 넣어 섞어준다. 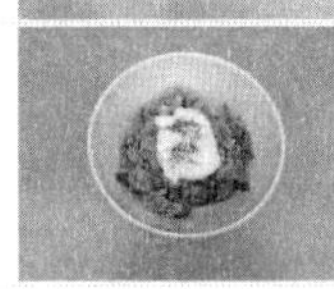 4. 준비한 식빵에 속을 꽉꽉 채워 넣어준다. 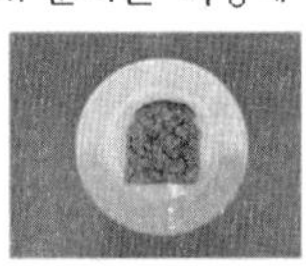 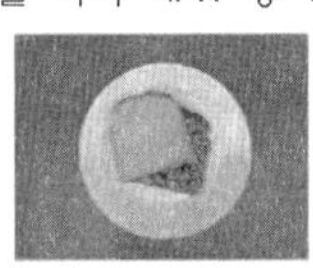 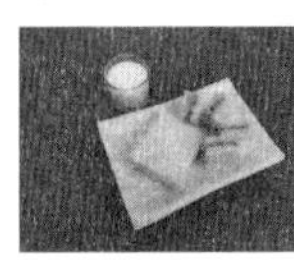
주의 사항	1. 오이를 썰 때 다치지 않도록 주의한다. 2. 참치 캔을 개봉할 때, 날카로운 부분에 손을 다칠 수 있으므로 주의한다.

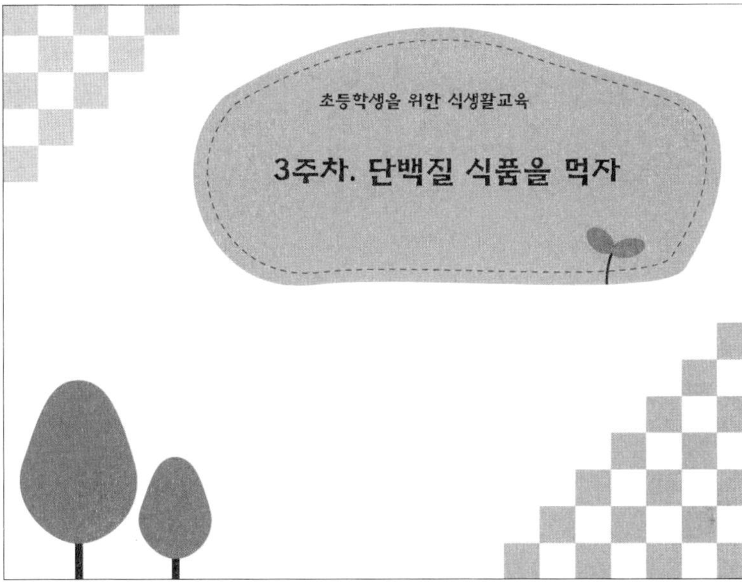
초등학생을 위한 식생활교육
3주차. 단백질 식품을 먹자

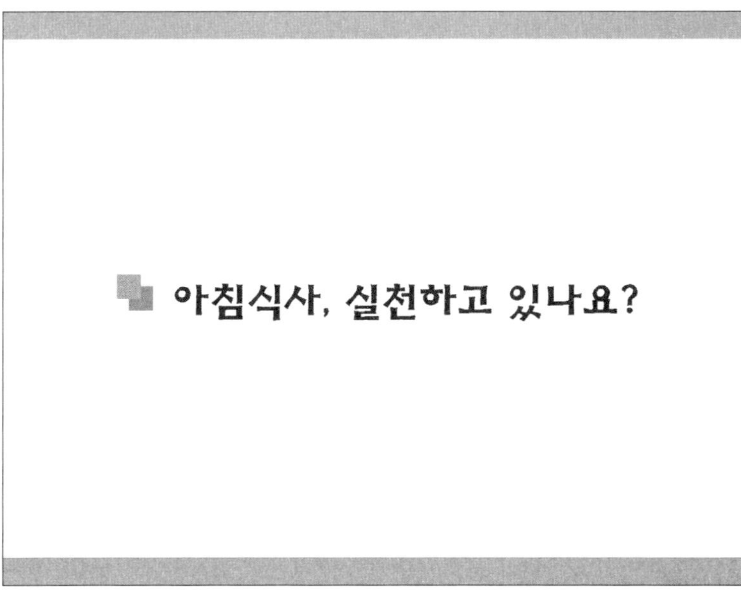
아침식사, 실천하고 있나요?

단백질 식품에 대해 배워봅시다

들어가기 전에

- 단백질에 대해 알고 있나요?
- 단백질은 우리 몸에서 어떤 역할을 할까요?

단백질의 역할에 대해 알아봅시다

'단백질' 은

근육, 머리카락, 손톱, 발톱 등 우리 몸을 만듭니다.

또 세균으로부터 우리 몸을 보호해주는 물질을 만들어요.

키가 쑥쑥 크고 건강한 어린이가 되기 위해서는

단백질 식품을 충분히 먹어야 해요! ☺

단백질이 부족하면 어떻게 될까요?

- 몸에 힘이 없고 약해져요.
- 키가 쑥쑥 크지 못하고 성장을 방해해요.
- 영양이 불량해져요.
- 나쁜 세균이 우리 몸을 공격할 수 있어요.

단백질이 들어있는 식품에 대해 알아봅시다

고기 두부 생선 계란 콩 우유

동물성 단백질

식물성 단백질

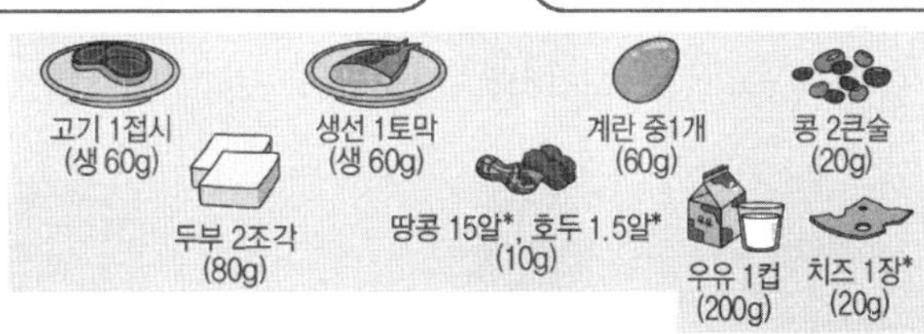

자료: 한국영양학회(2010). 한국인 영양섭취기준 개정판
식품의약품안전청 · 대한지역사회영양학회(2012). 똑똑하게 먹고 건강해지자

단백질 식품을 충분히 먹는 방법을 알아봅시다

단백질이 풍부한 "고기 · 생선 · 계란 · 콩류" 는 하루에 **3회** 정도 먹어야 우리 몸에 필요한 단백질 양을 모두 먹을 수 있어요.

그러므로 매 끼니(아침, 점심, 저녁) 마다 단백질이 풍부한 반찬 1~2가지를 꼭 먹도록 해요.

단, 고기에 붙은 기름은 떼어내고 먹는 것이 좋습니다. ☺

단백질 식품을 충분히 먹는 방법, 따라 해 보세요

- 쌀밥 대신 콩밥 먹기
- 고기: 불고기, 닭가슴살 샐러드, 제육볶음
- 생선: 고등어/꽁치/삼치구이, 갈치조림 등
- 두부: 두부조림, 두부강정, 마파두부밥 등
- 간식으로 삶은 계란이나 계란 샐러드, 샌드위치(햄/치즈, 계란 등), 우유, 두유, 떠먹는 요구르트 등 단백질이 풍부한 간식 선택
  ▶ 짜지 않은 비스킷에 치즈를 곁들여 먹기

단백질이 풍부한 식품 고르기

탄산음료
닭 가슴살
떡
감자
계란
양파
오이
바나나
치즈
두부
빵
검정콩
상추
버섯
고등어
우유

단백질이 풍부한 식품을 골라 볼까요?

COOKING TIME

미니 두부버거

재료(3인분): 모닝빵 3개, 오이 1/2개, 양상추 2장, 토마토 1/2개, 마요네즈 약간, 케첩(또는 돈가스소스), 포도씨유 적당량
두부 패티: 두부 1/2모, 양파 20g, 당근 20g, 소금 1/8큰술, 후춧가루 약간, 밀가루 2큰술

COOKING TIME

요리하기

1. 채소를 흐르는 물에 깨끗이 씻는다. 양상추는 적당한 크기로 찢고 토마토와 오이는 동그랗게 잘라 놓는다.

2. 두부는 칼등으로 으깬 뒤 물기를 뺀다.

3. 당근과 양파는 다진다.

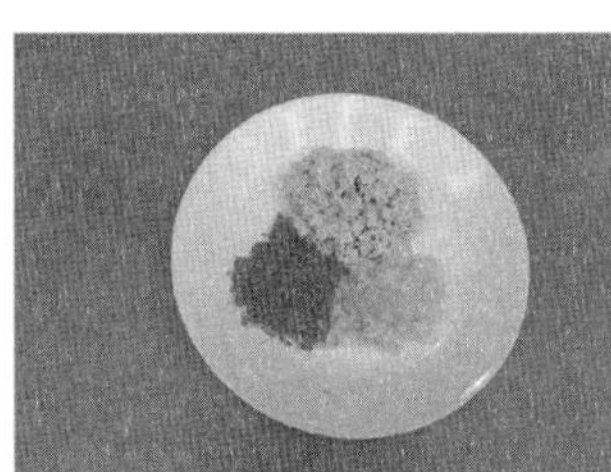

COOKING TIME

4. 으깬 두부와 다진 당근, 다진 양파, 밀가루, 소금, 후춧가루를 골고루 섞어 반죽한다.
5. 반죽으로 패티를 만든다.

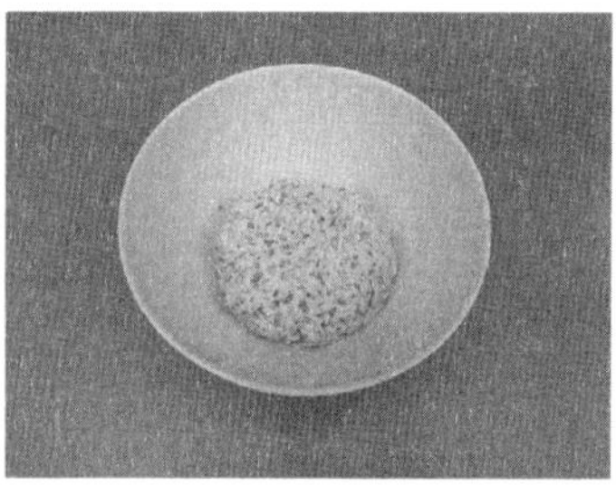
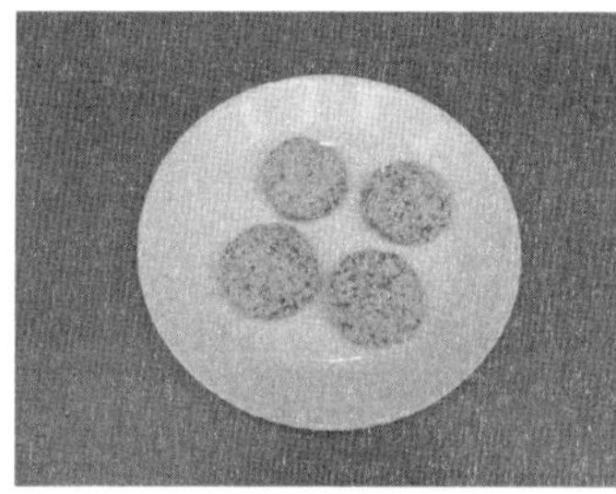

COOKING TIME

6. 마른 팬에 빵을 올려 안쪽만 굽는다.
7. 달군 팬에 포도씨유를 두르고 두부 패티를 올려 약불에서 굽는다.
8. 구운 빵 안쪽에 마요네즈를 바르고 양상추, 오이, 두부 패티, 토마토 순으로 올린 후 케첩을 뿌리고 빵을 덮는다.

COOKING TIME

조심해요!

1. 두부를 으깨고 당근과 양파를 다질 때, 칼을 사용하므로 주의하기
2. 불을 사용할 때 돌아다니지 않고, 기름이 튀지 않게 주의하기

오늘의 날짜: ______년 ____월 ____일

단백질 식품을 먹자

단백질의 역할

· 우리 몸을 구성
: 머리카락, 손톱, 발톱, 근육 등이 단백질로 이루어져 있습니다.

· 세균으로부터 우리 몸을 보호해주는 물질을 만듭니다.

· 성장에 도움을 줍니다.

단백질이 부족하면?

· 몸에 힘이 없고 약해집니다.

· 키가 쑥쑥 크지 못하고 성장을 방해합니다.

· 영양이 불량해집니다.

· 나쁜 세균이 우리 몸을 공격할 수 있습니다.

단백질이 들어 있는 식품

· 동물성 단백질 : 소/돼지/닭고기, 생선, 계란, 우유, 치즈 등
· 식물성 단백질 : 콩류, 두부 등

· 고기 · 생선 · 계란 · 콩류 · 우유 · 치즈의 1인 1회 분량

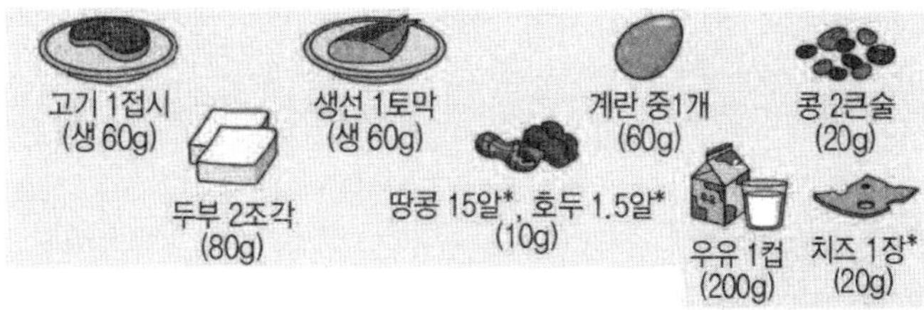

자료: 한국영양학회(2010). 한국인 영양섭취기준 개정판
식품의약품안전청 · 대한지역사회영양학회(2012). 똑똑하게 먹고 건강해지자

단백질을 충분히 먹는 방법

단백질이 풍부한 고기 · 생선 · 계란 · 콩류는 하루에 3회 정도 먹습니다.
매 식사 때 단백질이 풍부한 반찬 1~2가지를 꼭 먹도록 합니다.

✿ 단백질 식품을 충분히 먹기 위해서

· 쌀밥 대신 콩밥을 먹습니다.
· 고기: 불고기, 닭가슴살 샐러드, 제육볶음
· 생선: 고등어/꽁치/삼치구이, 갈치조림 등
· 두부: 두부조림, 두부강정, 마파두부밥 등
· 간식으로 삶은 계란이나 계란 샐러드, 샌드위치(햄/치즈, 계란 등), 우유, 두유, 떠먹는 요구르트 등 단백질이 풍부한 간식을 선택합니다.
▸ 짜지 않은 비스킷에 치즈를 곁들여 먹습니다.

단백질이 풍부한 식품 고르기

★ 단백질이 풍부한 식품을 골라볼까요?

탄산음료 계란 양파
닭가슴살 떡 감자
오이 바나나 치즈
두부 빵
검정콩
상추 버섯 고등어 우유

✐ 이외에 단백질 식품은 어떤 것이 있을까요?

3주차 요리활동: 미니두부버거

재료 (3인 분량)	모닝빵 3개, 오이 1/2개, 양상추 2장, 토마토 1/2개, 마요네즈 약간, 케첩(또는 돈가스소스), 포도씨유 적당량 **두부 패티**: 두부 1/2모, 양파 20g, 당근 20g, 소금 1/8큰술, 후춧가루 약간, 밀가루 2큰술 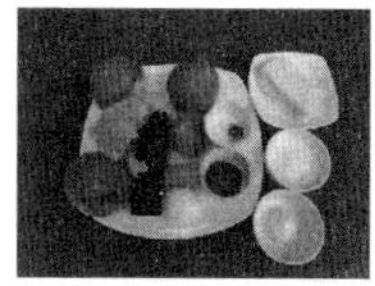
요리 시작	1. 채소를 흐르는 물에 깨끗이 씻는다. 양상추는 적당한 크기로 찢고 토마토와 오이는 동그랗게 잘라 놓는다. 2. 두부는 칼등으로 으깬 뒤 물기를 뺀다. 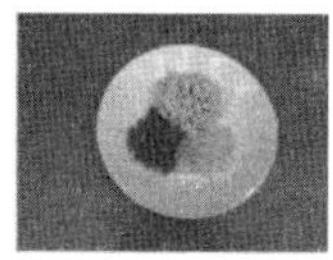 3. 당근과 양파는 다진다. 4. 으깬 두부와 다진 당근, 다진 양파, 밀가루, 소금, 후춧가루를 골고루 섞어 반죽한다. 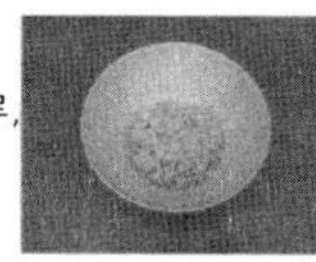 5. 반죽으로 패티를 만든다. 6. 마른 팬에 빵을 올려 안쪽만 굽는다. 7. 달군 팬에 포도씨유를 두르고 두부 패티를 올려 약불에서 굽는다. 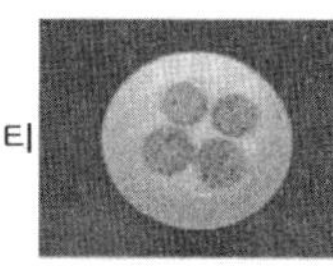 8. 구운 빵 안쪽에 마요네즈를 바르고 양상추, 오이, 두부 패티, 토마토 순으로 올린 다음 케첩을 뿌리고 빵을 덮는다. 
주의 사항	1. 두부를 으깨고 당근과 양파를 다질 때, 칼을 사용하므로 주의한다. 2. 불을 사용할 때에는 주위가 산만해지지 않도록 지도하고, 기름이 튀지 않게 주의한다.

초등학생을 위한 식생활교육
4주차. 채소를 충분히 먹자

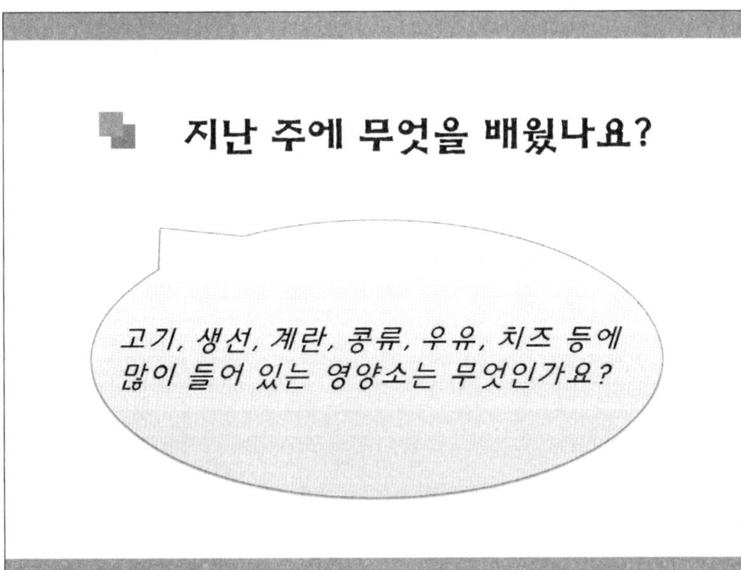
지난 주에 무엇을 배웠나요?
고기, 생선, 계란, 콩류, 우유, 치즈 등에
많이 들어 있는 영양소는 무엇인가요?

채소에 대해 배워봅시다

들어가기 전에

- 하루에 채소를 얼마나 먹나요?
- 채소를 잘 먹지 않는 이유는 무엇일까요?

채소를 먹으면 좋은 점에 대해 배워봅시다

- 에너지를 적게 내어 비만을 예방합니다.
- 우리 몸이 제 기능을 할 수 있게 도와주는 [비][타][민] 과 [무][기][질]이 풍부합니다.
  그래서 피부가 예뻐지고 질병을 예방합니다.
- [식][이][섬][유]가 풍부해서 변비를 예방합니다.

힌트! 무기질, 식이섬유, 비타민

채소를 충분히 먹는 방법을 알아봅시다

"채소류" 는 하루에 **5회** 정도 먹어야 우리 몸에 필요한 양을 모두 먹을 수 있어요.

자료: 한국영양학회(2010). 한국인 영양섭취기준 개정판
식품의약품안전청 · 대한지역사회영양학회(2012). 똑똑하게 먹고 건강해지자

채소를 충분히 먹는 방법을 알아봅시다

채소를 충분히 먹는 방법을 함께 알아볼까요? ☺

식사할 때

- 김치 포함 채소 반찬 2~3가지 먹기 (나물, 야채볶음 등)
- 고기 먹을 때 :
  - 상추, 양배추, 깻잎 등 쌈 싸먹기
  - 양파, 호박, 버섯 등 곁들이기

간식먹을 때

- 과일과 함께 갈아서 주스로 마시기
- 양상추, 오이, 토마토 등으로 샐러드, 샌드위치 만들어 먹기

채소를 충분히 먹는 나만의 방법

채소를 많이 먹으면?

채소를 많이 먹으면 어떤 변화가 있을지 생각해 봅시다.

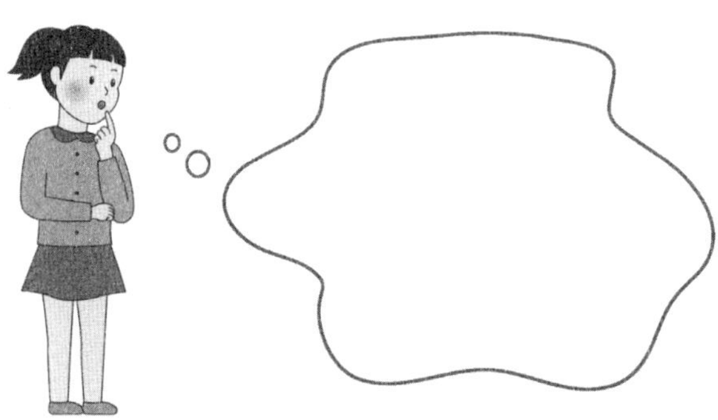

COOKING TIME

월남쌈

재료(5인분): 라이스페이퍼, 칠리소스, 부추, 양파, 양상추, 프랑크소시지, 치즈 1장, 당근, 오이, 파프리카, 게맛살,

땅콩소스: 땅콩버터 1큰술, 사이다 2큰술, 올리고당 1작은술

요리하기

1. 부추는 5cm 길이로 썬다.
2. 양파는 채 썰어 찬물에 담갔다가 물기를 빼준다 (매운 맛 제거).
3. 양상추, 오이, 당근, 파프리카, 소시지, 치즈를 채 썬다. 게맛살은 얇게 찢어준다.

COOKING TIME

4. 땅콩소스(땅콩버터, 사이다, 올리고당을 넣고 저어준다)와 칠리소스를 준비한다.

5. 뜨거운 물을 준비하고 개인접시 위에 올려 각자 취향대로 싸먹는다.

COOKING TIME

조심해요!

1. 모든 채소를 채 썰어야 하므로 칼 사용에 주의하기

2. 라이스페이퍼를 뜨거운 물에 담글 때 손을 데지 않게 주의하기

COOKING TIME

+ 월남쌈이 이랬으면 좋겠어요

- 월남쌈 안에 들어가는 채소들은 평소에 먹지 않는 것이 많죠?
  월남쌈을 먹으면서 마음에 들지 않았던 채소들이 있나요?
  어떤 채소가 들어가면 더 맛있게 먹을 수 있을까요?

- 더 맛있게 채소를 먹을 수 있는 방법에 대해 생각해 보아요.

오늘의 날짜: _______년 _____월 _____일

채소를 충분히 먹자

채소를 먹으면 좋은 점

· 에너지를 적게 내어 비만을 예방합니다.
· 비타민과 무기질이 풍부합니다.
  ▸ 비타민과 무기질은 우리 몸이 제 기능을 할 수 있게 도와줍니다.
· 피부가 예뻐지고 질병을 예방합니다.
· 섬유소가 풍부해서 변비를 예방합니다.
  ▸ 섬유소는 우리 몸에서 노폐물이 배출되는 것을 도와줍니다.

채소를 충분히 먹는 방법

채소류는 하루에 5회 정도 충분하게 먹습니다.

·채소류의 1인 1회 분량

자료: 한국영양학회(2010). 한국인 영양섭취기준 개정판
식품의약품안전청 · 대한지역사회영양학회(2012). 똑똑하게 먹고 건강해지자

✿ 채소를 충분히 먹으려면 이렇게 해 보세요!

· 식사할 때
  ▸ 김치를 포함하여 나물, 채소볶음 등 채소 반찬 2~3가지 먹기
  ▸ 고기 먹을 때
    : 상추, 양배추, 깻잎 등 쌈으로 먹기, 양파, 호박, 버섯 등 곁들여 먹기
· 간식 먹을 때
  ▸ 당근, 오이, 사과 등 채소와 과일을 같이 갈아서 주스로 마시기
  ▸ 양상추, 오이, 토마토 등으로 샐러드, 샌드위치 만들어 먹기

채소를 충분히 먹는 나만의 방법

채소를 많이 먹으면?

★ 채소를 많이 먹으면 어떤 변화가 있을지 생각해 봅시다.

4주차 요리활동: 월남쌈

<table>
<tr><td>재료 (5인 분량)</td><td>라이스페이퍼, 칠리소스, 부추, 양파, 양상추, 프랑크소시지, 치즈 1장, 당근, 오이, 파프리카, 게맛살
땅콩소스: 땅콩버터 1큰술, 사이다 2큰술, 올리고당 1작은술
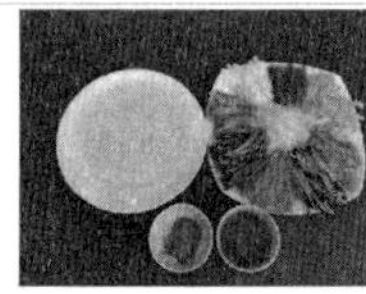</td></tr>
<tr><td>요리 시작</td><td>1. 부추는 5cm 길이로 썬다.

2. 양파는 채 썰어 찬물에 담갔다가 물기를 빼준다(매운 맛 제거).
3. 양상추, 오이, 당근, 파프리카, 소시지, 치즈를 채 썬다. 게맛살은 얇게 찢어준다.
4. 땅콩소스(땅콩버터, 사이다, 올리고당을 넣고 저어준다)와 칠리소스를 준비한다.
5. 뜨거운 물을 준비하고 개인접시 위에 올려 각자 취향대로 싸서 먹는다.
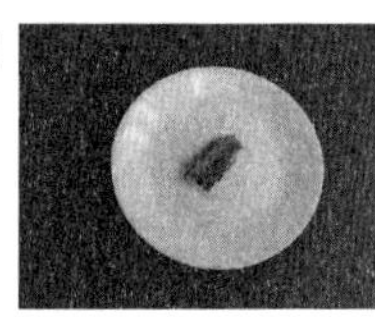</td></tr>
<tr><td>주의 사항</td><td>1. 모든 채소를 채 썰어야 하므로 칼 사용에 주의한다.
2. 라이스페이퍼를 뜨거운 물에 담그는 과정에서 손을 데지 않게 주의한다.</td></tr>
</table>

초등학생을 위한 식생활교육
5주차. 과일을 먹자

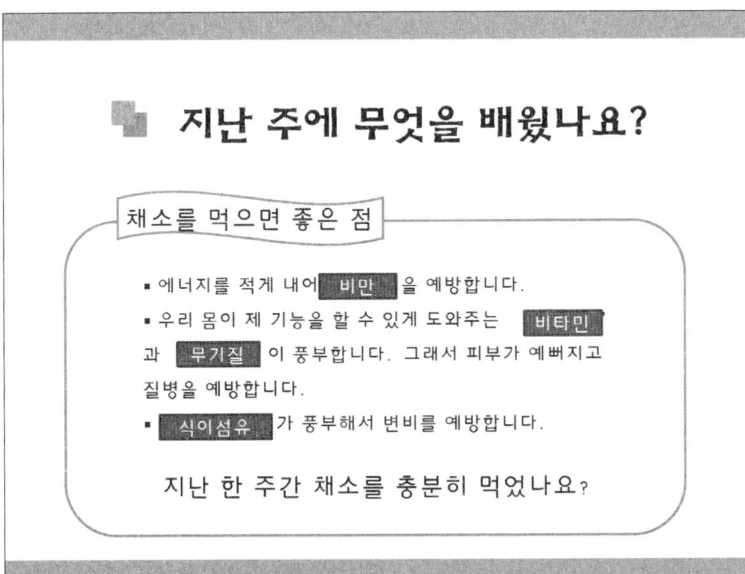
지난 주에 무엇을 배웠나요?
채소를 먹으면 좋은 점
▪ 에너지를 적게 내어 비만 을 예방합니다.
▪ 우리 몸이 제 기능을 할 수 있게 도와주는 비타민 과 무기질 이 풍부합니다. 그래서 피부가 예뻐지고 질병을 예방합니다.
▪ 식이섬유 가 풍부해서 변비를 예방합니다.
지난 한 주간 채소를 충분히 먹었나요?

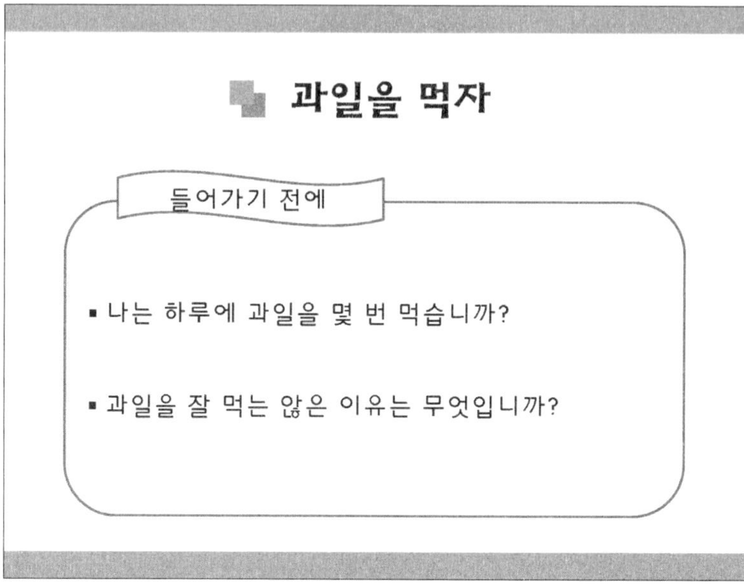
과일을 먹자
들어가기 전에
▪ 나는 하루에 과일을 몇 번 먹습니까?
▪ 과일을 잘 먹는 않은 이유는 무엇입니까?

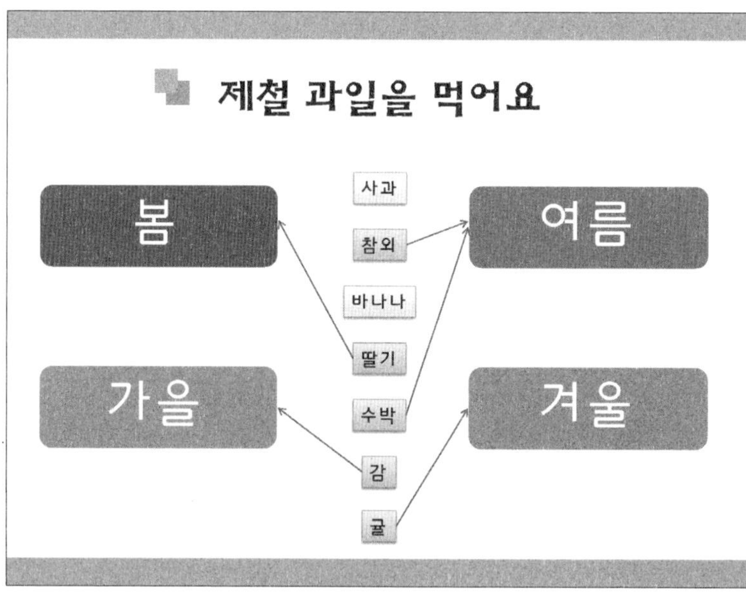
제철 과일을 먹어요
봄
여름
가을
겨울
사과
참외
바나나
딸기
수박
감
귤

과일을 먹으면 이래서 좋아요

과일을 먹으면

- 아침 식사, 간식으로 간단하게 먹기 좋습니다.
- 새콤달콤한 맛이 있습니다.
- 비타민 C 등 영양소가 풍부합니다.
- 우리 몸의 수분을 보충해 줍니다.
- 장 운동이 잘 됩니다.
- 피부가 좋아집니다.

과일을 맛있게, 즐겁게 먹는 방법!

이렇게 먹어 보아요

- 생과일주스로 먹습니다.
- 과일과 떠먹는 요구르트를 섞어 먹습니다.
- 다양한 과일을 이용해 꼬치를 만들어 먹습니다.
- 작게 썰어서 통에 담아 놓고 먹습니다.
- 식사할 때 사과, 배 등 다양한 과일들로 샐러드를 만들어 먹습니다.

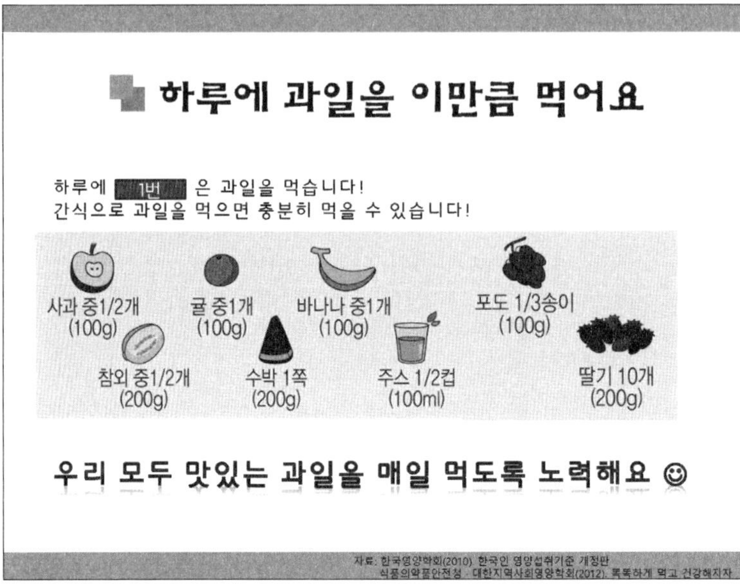
하루에 과일을 이만큼 먹어요
하루에 1번 은 과일을 먹습니다!
간식으로 과일을 먹으면 충분히 먹을 수 있습니다!
사과 중1/2개 (100g)
귤 중1개 (100g)
바나나 중1개 (100g)
포도 1/3송이 (100g)
참외 중1/2개 (200g)
수박 1쪽 (200g)
주스 1/2컵 (100ml)
딸기 10개 (200g)
우리 모두 맛있는 과일을 매일 먹도록 노력해요 ☺
자료: 한국영양학회(2010). 한국인 영양섭취기준 개정판
식품의약품안전청 · 대한지역사회영양학회(2012). 똑똑하게 먹고 건강해지자

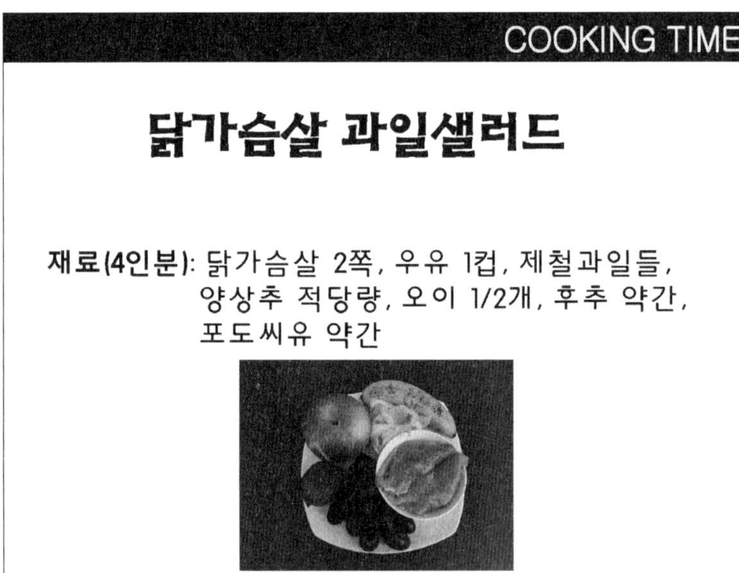
COOKING TIME
닭가슴살 과일샐러드
재료(4인분): 닭가슴살 2쪽, 우유 1컵, 제철과일들,
양상추 적당량, 오이 1/2개, 후추 약간,
포도씨유 약간

COOKING TIME

요리하기

1. 닭가슴살은 흐르는 물에 살짝 헹군 뒤, 우유를 부어 놓고 30분 정도 재워 둔다.
2. 과일들을 한입크기로 자른다.
3. 양상추는 적당한 크기로 찢고, 오이는 동그란 면이 나오도록 얇게 썬다.

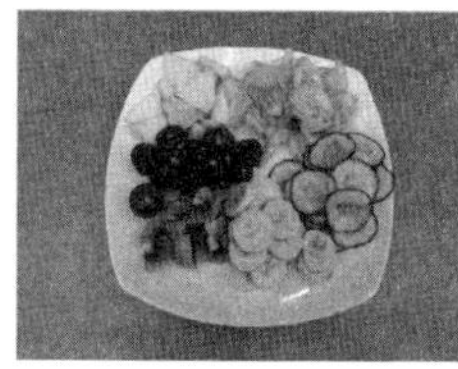

COOKING TIME

4. 팬을 달군 뒤, 기름을 두르고 닭가슴살을 굽는다.
5. 큰 그릇에 과일과 양상추, 오이를 살짝 섞고 그 위에 구운 닭가슴살을 찢어 올린다.

* 드레싱을 다양하게 해서 먹어도 좋아요!

예) 파인애플 드레싱, 키위 드레싱, 간장 들깨 드레싱 등

조심해요!

1. 닭가슴살을 굽는 과정에서 불을 사용하므로 주의하기

오늘의 날짜: ______년 ____월 ____일

과일을 먹자

과일을 먹으면 좋은 점

- 아침식사, 간식으로 간단하게 먹기 좋습니다.
- 새콤달콤한 맛이 있습니다.
- 비타민 C 등 영양소가 풍부합니다.
- 우리 몸의 수분을 보충해 줍니다.
- 장 운동이 잘 됩니다.
- 피부가 좋아집니다.

☺ 나는 하루에 _____회 과일을 먹도록 하겠습니다.

과일을 충분히 먹는 방법

과일은 하루에 1회 정도 먹습니다.
간식으로 과일을 먹으면 충분히 먹을 수 있습니다.

· 과일의 1인 1회 분량

자료: 한국영양학회(2010). 한국인 영양섭취기준 개정판
식품의약품안전청 · 대한지역사회영양학회(2012). 똑똑하게 먹고 건강해지자

✿ 과일을 충분히 먹으려면 이렇게 해 보세요!

· 생과일주스를 만들어 먹습니다.
- ▸ 사과, 바나나, 딸기 등의 과일과 우유를 넣고 갈아서 먹습니다.

· 과일 샐러드 또는 과일 꼬치를 만들어 먹습니다.
- ▸ 좋아하는 과일과 야채를 넣고 샐러드 드레싱을 뿌려서 먹습니다.
- ▸ 좋아하는 과일을 꼬치에 끼워 먹습니다.

· 과일과 요구르트를 섞어서 먹습니다.
- ▸ 떠먹는 요구르트에 좋아하는 과일을 잘게 썰어서 넣어 먹습니다.

· 작게 썰어서 통에 담아 놓고 먹습니다.
- ▸ 통에 담아 냉장고에 보관하면 원할 때 편하게 먹을 수 있습니다.

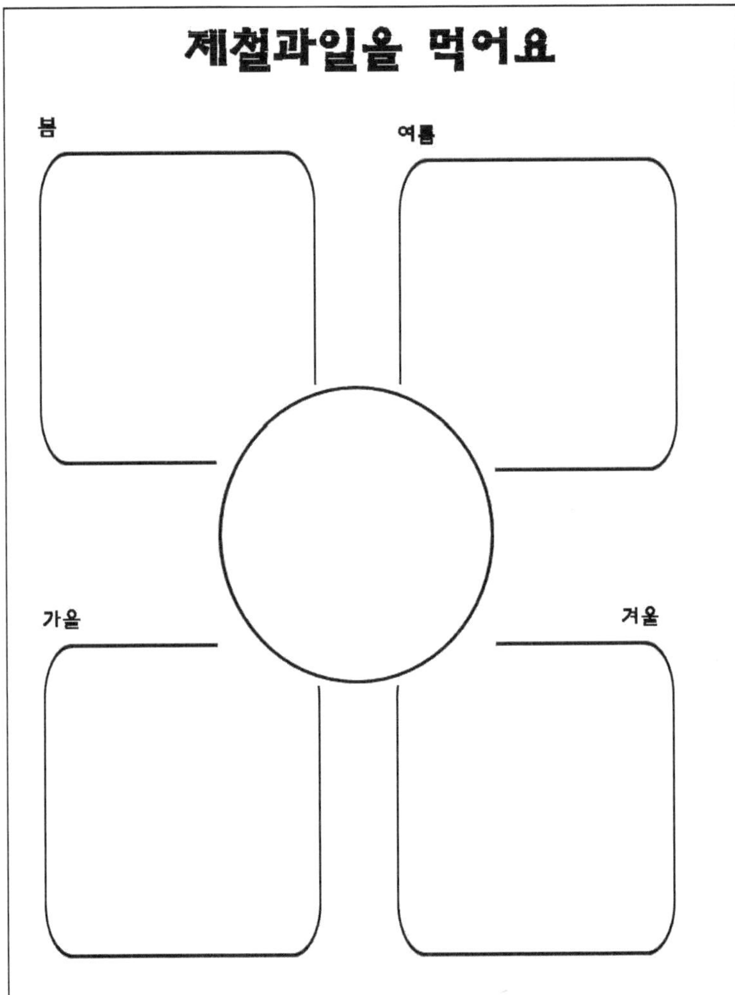
제철과일을 먹어요
봄
여름
가을
겨울

5주차 요리활동: 닭가슴살 과일샐러드

재료 (4인 분량)	닭가슴살 2쪽, 우유 1컵, 제철과일들, 양상추 적당량, 오이 1/2개, 후추 약간, 포도씨유 약간	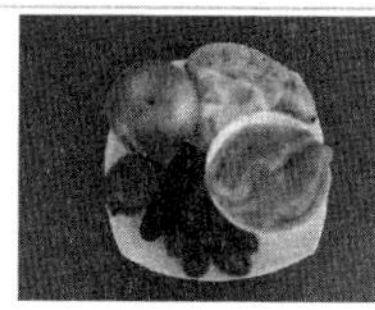
요리 시작	1. 닭가슴살은 흐르는 물에 살짝 헹군 뒤, 우유를 부어 놓고 30분 정도 재워 둔다. 2. 과일들을 한입크기로 자른다. 3. 양상추는 적당한 크기로 찢고, 오이는 동그란 면이 나오도록 얇게 썬다. 4. 팬을 달군 뒤, 기름을 두르고 닭가슴살을 굽는다. 5. 큰 그릇에 과일과 양상추, 오이를 살짝 섞고 그 위에 구운 닭가슴살을 찢어 올린다. * 드레싱을 다양하게 해서 먹어도 좋아요! 예) 파인애플 드레싱, 키위 드레싱, 간장 들깨 드레싱 등	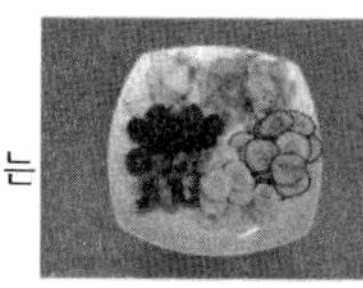 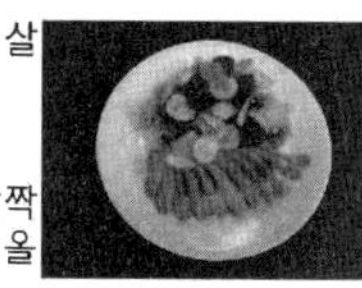
주의 사항	1. 닭가슴살을 굽는 과정에서 불을 사용하므로 주의한다.	

초등학생을 위한 식생활교육
6주차. 우유 · 유제품을 먹자

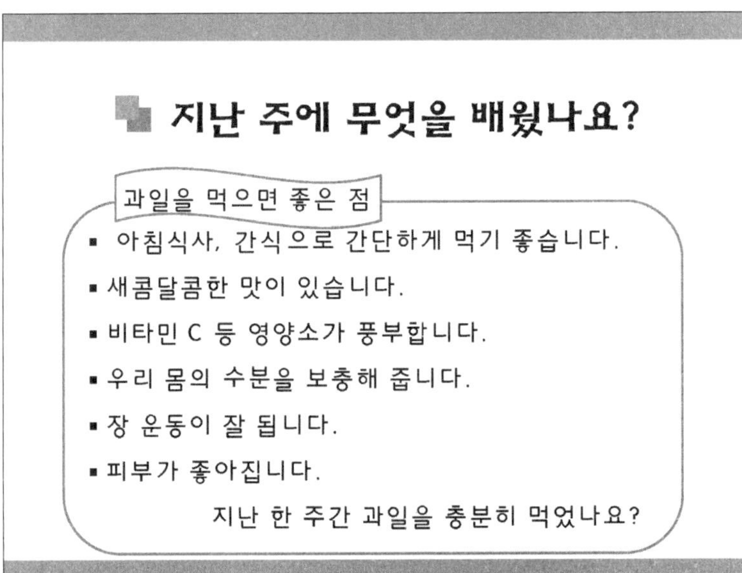
지난 주에 무엇을 배웠나요?
과일을 먹으면 좋은 점
▪ 아침식사, 간식으로 간단하게 먹기 좋습니다.
▪ 새콤달콤한 맛이 있습니다.
▪ 비타민 C 등 영양소가 풍부합니다.
▪ 우리 몸의 수분을 보충해 줍니다.
▪ 장 운동이 잘 됩니다.
▪ 피부가 좋아집니다.
지난 한 주간 과일을 충분히 먹었나요?

오늘 우유 마셨나요?

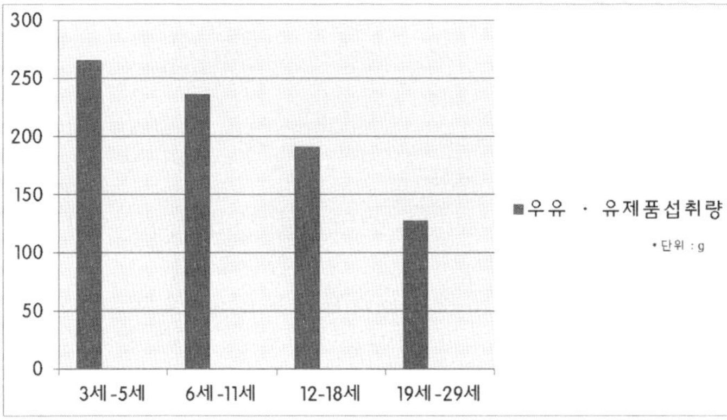

자료 : 보건복지부 · 질병관리본부(2010). 국민건강통계

우유 · 유제품을 먹으면 이래서 좋아요

우유 · 유제품을 먹으면

- 아침 식사, 간식으로 간단하게 먹기 좋습니다.
- 뼈와 치아를 튼튼하게 합니다.
- 키가 쑥쑥 클 수 있게 도움을 줍니다.
- 맛이 좋습니다.
- 칼슘, 단백질 등 여러 영양소가 있습니다.

하루에 우유와 유제품을 이만큼 먹어요

우유 · 유제품은..

- 우유와 유제품은 하루 2회 정도 먹습니다!
- 우유와 유제품의 1회 분량은 다음과 같습니다.

우리 모두 우유와 유제품을 매일 먹도록 노력해요 ☺

자료: 한국영양학회(2010). 한국인 영양섭취기준 개정판.
식품의약품안전청 · 대한지역사회영양학회(2012). 똑똑하게 먹고 건강해지자

우유 · 유제품, 맛있게 즐겁게 먹는 방법!

이렇게 먹어 보아요

- 우유 빙수를 만들어 먹습니다.
- 샌드위치에 치즈를 넣어 먹습니다.
- 시리얼과 우유를 같이 먹습니다.
- 과일과 우유를 같이 넣고 갈아서 먹습니다.
- 스파게티 소스를 만들 때 우유를 넣어서 먹습니다.

우유•유제품 섭취 시 소화가 잘 안되면

- 조금씩 나눠서 먹습니다.
- 과자, 빵과 같이 먹습니다.
- 과일, 채소와 같이 먹습니다.

칼슘을 적당하게 먹으려면?!

어린이의 칼슘 섭취

- 어린이(9~11세)의 1일 칼슘 권장섭취량은 800mg입니다!
- 하루에 칼슘 약 800mg을 먹으려면?
  - 두부 2조각+우유 1컵+멸치 40g
  - 치즈 1장+브로콜리 60g, 뱅어포 60g, 아이스크림 1/2컵 등으로 먹습니다!

칼슘이 풍부한 음식은 또 무엇이 있을까요?

COOKING TIME

치킨 요거트 피자

재료(4인분): 닭가슴살 1캔, 통조림 파인애플(소) 1캔,
키위 1개, 빨간 파프리카 ½개,
플레인 요구르트 1통,
또띠아 1장, 피자치즈 적당히

COOKING TIME

요리하기

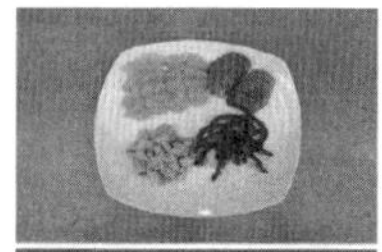
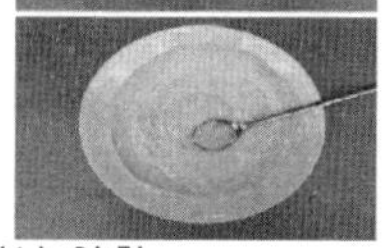

1. 닭가슴살과 파인애플은 캔에서 꺼내 손으로 살짝 눌러 수분을 제거해 준다.
2. 파프리카와 키위는 먹기 좋은 크기로 잘라준다.
3. 또띠아에 플레인 요구르트를 골고루 발라준다.
4. 그 위에 닭가슴살, 키위, 파인애플, 파프리카를 놓고 피자치즈를 올린다.
5. 오븐이 없는 경우, 프라이팬에 넣고 뚜껑을 덮어 중간이나 약한 불에서 치즈가 녹을 정도로 익힌다.

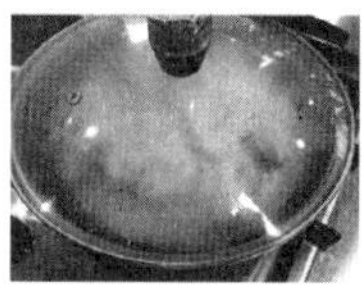
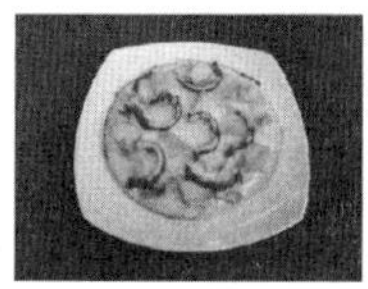

COOKING TIME

조심해요!

1. 닭가슴살과 파인애플 캔을 열 때, 날카로운 부분에 손이 베지 않도록 주의하기
2. 치즈를 녹일 때, 불을 사용하므로 주의하기

]오늘의 날짜: ______년 ____월 ____일

우유 · 유제품을 먹자

우유 · 유제품을 먹으면 좋은 점

· 아침식사나 간식으로 간단하게 먹기 좋습니다.

· 뼈와 치아를 튼튼하게 합니다.

· 키가 쑥쑥 클 수 있게 도움을 줍니다.

· 맛이 좋습니다.

· 칼슘, 단백질 등 여러 영양소가 있습니다.

☺ 나는 하루에 _____회 우유 · 유제품을 먹도록 하겠습니다.

어린이의 칼슘 섭취

어린이(9~11세)의 1일 칼슘 권장 섭취량은 800mg입니다!

· 칼슘 800mg을 먹으려면?
- 두부 2조각+우유 1컵+멸치 40g
- 치즈 1장+브로콜리 60g, 뱅어포 60g, 아이스크림 1/2컵

· 칼슘이 풍부한 음식
우유, 유제품, 멸치, 뱅어포, 녹색 채소(브로콜리, 무청, 고춧잎 등)

우유 · 유제품을 충분히 먹는 방법

우유 · 유제품은 하루에 2회 정도 먹습니다!

· 우유 · 유제품의 1인 1회 분량

자료: 한국영양학회(2010). 한국인 영양섭취기준 개정판
식품의약품안전청 · 대한지역사회영양학회(2012). 똑똑하게 먹고 건강해지자

✿ 우유 · 유제품을 충분히 먹으려면 이렇게 해 보세요!

· 우유 빙수를 만들어 먹습니다.

▸ 얼음 대신에 우유를 살짝 얼려서 과일, 떡, 견과류, 아이스크림 등을 넣고 빙수처럼 먹습니다.

· 토스트 피자를 만들어 먹습니다.

▸ 식빵위에 좋아하는 과일, 채소, 치즈를 얹어 전자레인지에 2분 정도 돌려서 먹습니다.

· 시리얼과 우유를 같이 먹습니다.

▸ 곡물 시리얼, 과일에 우유를 넣어 먹으면, 아침식사로 먹기 좋습니다.

· 스파게티 소스를 만들 때 우유를 넣어서 먹습니다.

· 사과, 바나나 등 좋아하는 과일과 우유를 넣고 갈아서 먹습니다.

미로를 통과하여 우유를 구하러 가요!

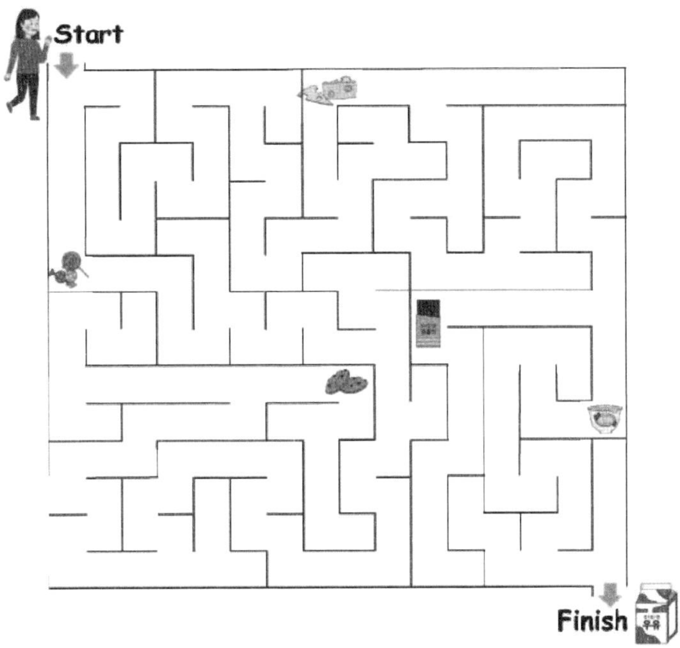

6주차 요리활동: 치킨 요거트 피자

재료 (4인 분량)	닭가슴살 1캔, 통조림 파인애플(소) 1캔, 키위 1개, 빨간 파프리카 1/2, 플레인 요구르트 1통, 또띠아 1장, 피자치즈 적당히 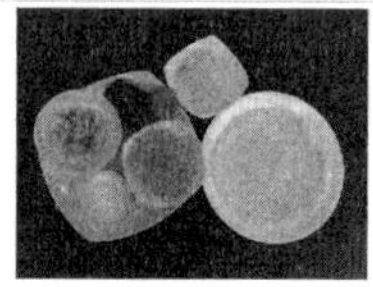
요리 시작	1. 닭가슴살과 파인애플은 캔에서 꺼내 손으로 살짝 눌러 수분을 제거해 준다. 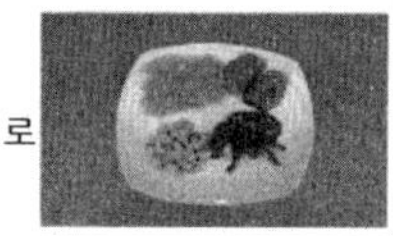 2. 파프리카와 키위는 먹기 좋은 크기로 잘라준다. 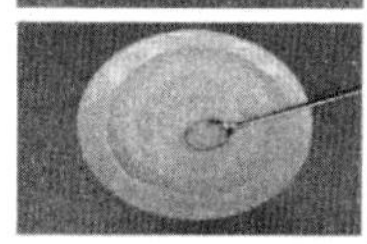 3. 또띠아에 플레인 요구르트를 골고루 발라준다. 4. 그 위에 닭가슴살, 키위, 파인애플, 파프리카를 놓고 피자치즈를 올린다. 5. 오븐이 없는 경우, 프라이팬에 넣고 뚜껑을 덮어 중간이나 약한 불에서 치즈가 녹을 정도로 익힌다. 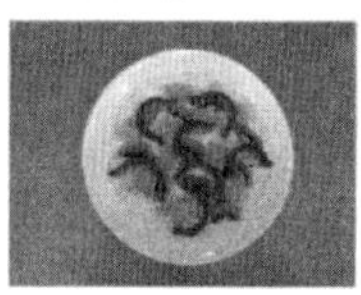 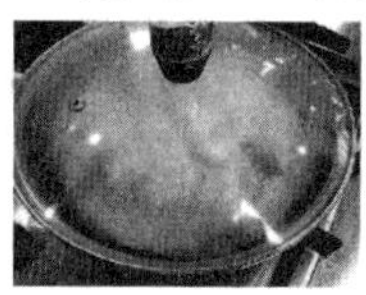 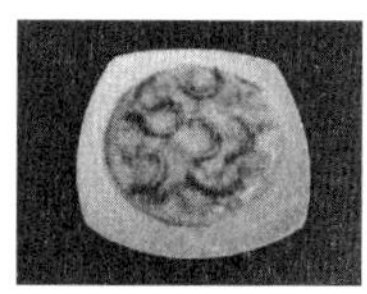
주의 사항	1. 닭가슴살과 파인애플 캔을 열 때, 날카로운 부분에 손이 베지 않도록 주의한다. 2. 치즈를 녹일 때, 불을 사용하므로 주의한다.

초등학생을 위한 식생활교육
7주차. 인스턴트 식품을 건강하게 먹자

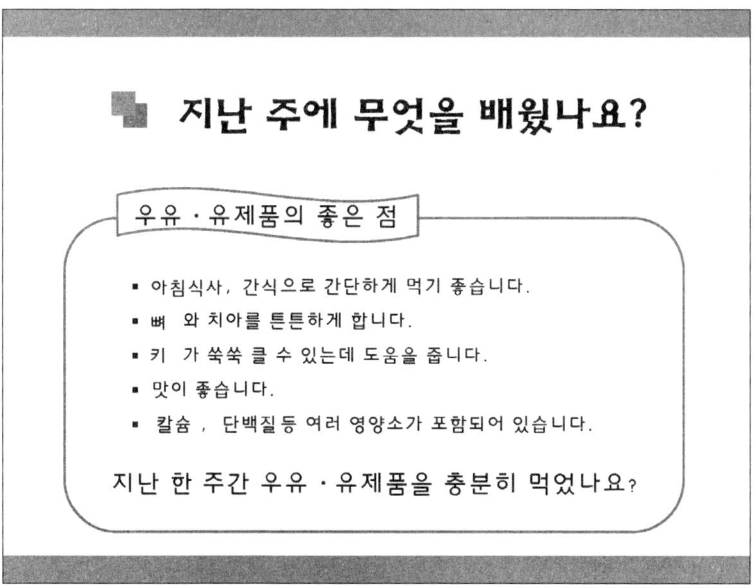
지난 주에 무엇을 배웠나요?
우유 · 유제품의 좋은 점
아침식사, 간식으로 간단하게 먹기 좋습니다.
뼈 와 치아를 튼튼하게 합니다.
키 가 쑥쑥 클 수 있는데 도움을 줍니다.
맛이 좋습니다.
칼슘 , 단백질등 여러 영양소가 포함되어 있습니다.
지난 한 주간 우유 · 유제품을 충분히 먹었나요?

인스턴트식품이 무엇인가요?

인스턴트식품은

- 조리가 쉽고 저장과 보관 방법이 간단하며 휴대가 편리한 식품입니다!
- 인스턴트식품으로는 컵라면, 삼각김밥, 핫바, 햄버거 등이 있습니다.
- 인스턴트식품 중 지방과 나트륨이 많은 식품이 많기 때문에 너무 많이 먹으면 우리의 건강을 해칠 수 있습니다.

지방과 나트륨이 무엇인가요?

지방은

- 3대 영양소 중 하나로 에너지를 냅니다.
- 성장과 두뇌 활동에 도움을 줍니다.
- 체온 유지에 도움을 줍니다.
- 지방은 1g당 9kcal를 내며 3-18세의 경우 하루 에너지 섭취의 15~30% 정도로 먹도록 권장합니다.

나트륨은

- 소금, 간장, 가공식품 등에 들어 있습니다.
- 나트륨은 1일 2g(소금 5g) 이하로 먹도록 권장합니다.
- 우리 몸에서 다음과 같은 일을 합니다.

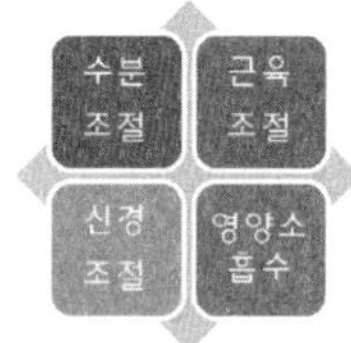

자료 : 한국영양학회(2010). 한국인 영양섭취기준 개정판
식품의약안전청(2011). 영양·식생활 5·6학년

지방과 나트륨이 무엇인가요?

지방, 나트륨이 많은 식품

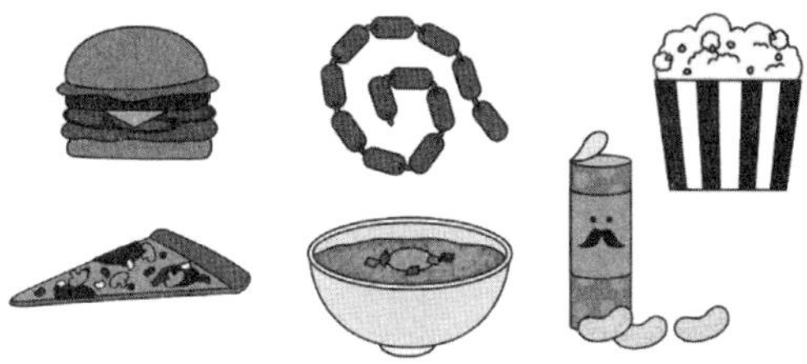

지방, 나트륨을 많이 먹으면?

- 비만이 되기 쉬워요
- 키가 잘 크지 않아요
- 건강에 좋지 않은 식습관을 갖게 되어요
- 나중에 성인병(고혈압, 당뇨병, 심장병 등)에 걸릴 수 있어요

나트륨과 지방을 적게 먹어요

나트륨과 지방을 적게 먹기 위해서는

- 패스트푸드, 치킨, 피자 등 에너지가 높은 음식 대신 오이, 당근, 양파 등 채소 반찬을 충분히 먹습니다.
- 간식이나 과자를 살 때 영양표시를 꼭 확인합니다.
- 간식으로 우유나 바나나, 사과 같은 과일을 먹습니다.
- 기름진 음식, 짠 과자를 가급적 적게 먹습니다.
- 간장, 케첩 등 양념을 좀 적게 사용합니다.

영양표시를 읽어요

영양표시란?
: 식품포장에 과자, 빵, 음료수, 면류 등 가공식품의 영양정보를 표시한 것

영양성분

1회 제공량 1개(40g)
총 2회 제공량(80g)

1회 제공량 당 함량		%영양소 기준치
열량	235 kcal	–
탄수화물	23 g	7%
당류	1 g	–
단백질	2 g	4%
지방	15 g	29%
포화지방	4 g	27%
트랜스지방	0 g	–
콜레스테롤	0 mg	0%
나트륨	200 mg	10%

%영양소 기준치:1일 영양소 기준치에 대한 비율

이 제품의 총 제공량은 80g
한 번에 먹기 적당한 양인 1회 제공량
40g을 기준으로 영양성분의 함량을 표시

1회 제공량 만큼 먹었을 때
하루 필요한 영양성분의 몇 %를
먹게 되는지 알려주는 것

주의할 영양소:
지방 – 많이 먹으면 비만이 됨
당류 – 많이 먹으면 충치가 생김
나트륨 – 많이 먹으면 심장, 신장에 좋지 않음

퀴즈를 풀어 봅시다!

영양성분

1회 제공량 1개(40g)
총 2회 제공량(80g)

1회 제공량 당 함량		%영양소 기준치
열량	235 kcal	-
탄수화물	23 g	7%
당류	1 g	-
단백질	2 g	4%
지방	15 g	29%
포화지방	4 g	27%
트랜스지방	0 g	-
콜레스테롤	0 mg	0%
나트륨	200 mg	10%

%영양소 기준치:1일 영양소 기준치에 대한 비율

왼쪽의 영양성분표를 읽고 퀴즈를 풀어보세요.

1. 이 식품의 총 제공량은 (　　)회 입니다.
2. 1회 제공량의 열량은 (　　)kcal 입니다.
3. 1회 제공량을 먹으면 하루 섭취하도록 권하는 지방의 (　　)%를 먹습니다.
4. 이 식품을 모두 먹으면 포화지방은 총 (　　)g을 먹습니다.
5. 이 제품에 들은 나트륨 양은 총 (　　)mg 입니다.

COOKING TIME

쟁반라면

재료(2인분): 라면 1봉, 당근 1/3개, 오이 1/2개, 붉은 양배추(1줌)
양상추, 깻잎

양념장: 고추장 3큰술, 식초 2큰술, 설탕 1큰술, 다진 마늘,
참기름, 통깨 (약간씩)

COOKING TIME

요리하기

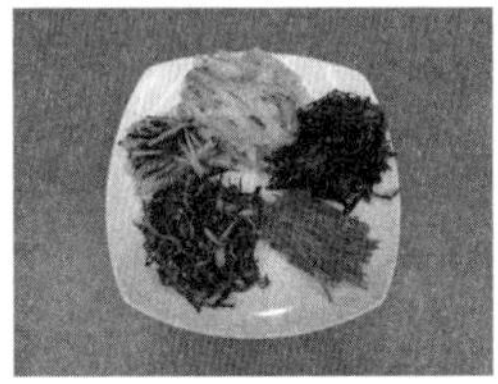

1. 깻잎은 돌돌 말아 송송 썰고, 당근과 붉은 양배추, 오이는 가늘게 채 썬다.
2. 볼에 양념장 재료를 넣고 잘 섞는다.
3. 면은 끓는 물에 삶아 찬물에 헹구어 물기를 빼 준다
4. 접시에 면과 당근, 붉은 양배추, 양상추, 오이, 깻잎을 담고 양념장을 뿌리면 푸짐한 쟁반라면 완성.

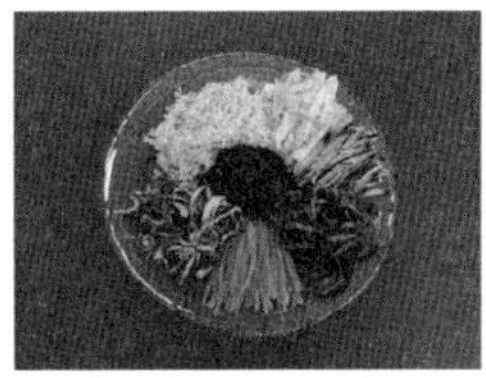

조심해요!

면을 끓는 물에 삶을 때, 불을 사용하므로 주의하기

오늘의 날짜: ______년 ____월 ____일

인스턴트식품을 건강하게 먹자

인스턴트식품이란?

조리가 쉽고 저장과 보관 방법이 간단하며 휴대가 편리한 식품입니다.

인스턴트식품의 종류

햄버거, 핫도그, 컵라면, 즉석 식품, 핫바 등

지방, 나트륨이 많은 식품

지방, 나트륨을 많이 먹으면?

· 비만이 되기 쉽습니다.

· 초등학생의 경우 성장이 느려질 수 있습니다.

· 건강에 좋지 않은 식습관(짜게 먹는 습관 등)을 갖게 됩니다.

· 나중에 성인병(고혈압, 당뇨병, 심장병 등)에 걸릴 수 있습니다.

지방, 나트륨을 적게 먹으려면 이렇게 해 보세요!

- 패스트푸드, 치킨, 피자 등 칼로리가 높은 음식 대신 오이, 당근, 양파 등 채소 반찬을 충분히 먹습니다.
- 간식이나 과자를 살 때 영양표시를 꼭 확인합니다.
  - ▸ 영양표시를 볼 때 지방과 나트륨 함량을 꼭 확인합니다.
- 간식으로 우유나 바나나, 사과 등 과일을 먹습니다.
  - ▸ 간식으로 인스턴트식품은 되도록 적게 먹습니다.
- 기름진 음식, 짠 과자를 가급적 적게 먹습니다.
- 간장, 케첩 등 양념은 적게 먹습니다.
  - ▸ 소스 같은 경우 나트륨 함량이 높은 경우가 많습니다. 따로 덜어서 먹고 적게 먹도록 노력합니다.

☺ 나는 지방을 적게 먹고
하루 나트륨_____mg 미만으로 먹겠습니다.

영양표시 읽는 방법

- 영양표시란?

: 식품포장에 과자, 빵, 음료수, 면류 등 가공식품의 영양정보를 식품포장에 표시한 것

영양성분

1회 제공량 1개(40g)
총 2회 제공량(80g)

1회 제공량 당 함량		%영양소 기준치
열량	235 kcal	–
탄수화물	23 g	7%
당류	1 g	–
단백질	2 g	4%
지방	15 g	29%
포화지방	4 g	27%
트랜스지방	0 g	–
콜레스테롤	0 mg	0%
나트륨	200 mg	10%

%영양소 기준치:1일 영양소 기준치에 대한 비율

이 제품의 총 제공량은 80g 한 번에 먹기 적당한 양인 1회 제공량 40g을 기준으로 영양성분의 함량을 표시

1회 제공량 만큼 먹었을 때 하루 필요한 영양성분의 몇 %를 먹게 되는지 알려주는 것

주의할 영양소
: 지방 – 많이 먹으면 비만이 됨
: 당류 – 많이 먹으면 충치가 생김
: 나트륨 – 많이 먹으면 심장, 신장에 좋지 않음

영양표시 읽기 퀴즈

영양성분

1회 제공량 1개(40g)
총 2회 제공량(80g)

1회 제공량 당 함량		%영양소 기준치
열량	236 kcal	–
탄수화물	23 g	7%
당류	1 g	–
단백질	2 g	4%
지방	15 g	29%
포화지방	4 g	27%
트랜스지방	0 g	–
콜레스테롤	0 mg	0%
나트륨	200 mg	10%

%영양소 기준치:1일 영양소 기준치에 대한 비율

왼쪽의 영양성분표를 읽고 퀴즈를 풀어보세요

1. 이 식품의 총 제공량은 (　　)회 입니다.
2. 1회 제공량의 열량은 (　　)kcal 입니다.
3. 1회 제공량을 먹었을 때 하루 섭취하도록 권하는 탄수화물의 (　　)%를 먹습니다.
4. 이 식품을 모두 먹으면 지방은 총 (　　)g을 먹습니다.
5. 총 나트륨 양은 (　　)mg 입니다.

7주차 요리활동: 쟁반라면

<table>
<tr><td>재료
(2인
분량)</td><td>라면 1봉, 당근 1/3개, 오이 1/2개, 붉은 양배추(1줌), 양상추, 깻잎
양념장: 고추장 3큰술, 식초 2큰술,
설탕 1큰술, 다진 마늘,
참기름, 통깨 (약간씩)
</td></tr>
<tr><td>요리
시작</td><td>1. 깻잎은 돌돌 말아 송송 썰고, 당근과 붉은 양배추, 오이는 가늘게 채 썬다.

2. 볼에 양념장 재료를 넣고 잘 섞는다.

3. 면은 끓는 물에 삶아 찬물에 헹구어 물기를 빼 준다.

4. 접시에 면과 당근, 붉은 양배추, 양상추, 오이, 깻잎을 담고 양념장을 뿌리면 푸짐한 쟁반라면 완성!
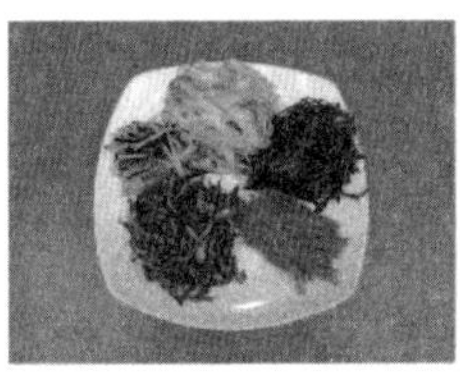 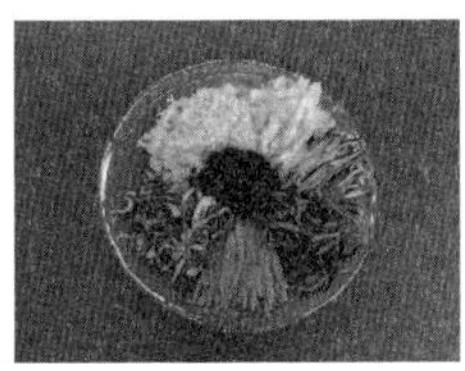</td></tr>
<tr><td>주의
사항</td><td>1. 면을 끓는 물에 삶을 때, 불을 사용하므로 주의한다.</td></tr>
</table>

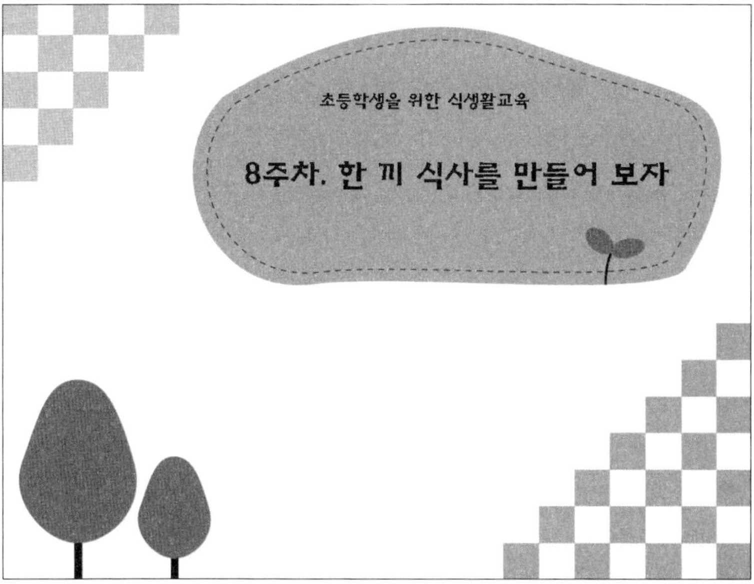
초등학생을 위한 식생활교육
8주차. 한 끼 식사를 만들어 보자

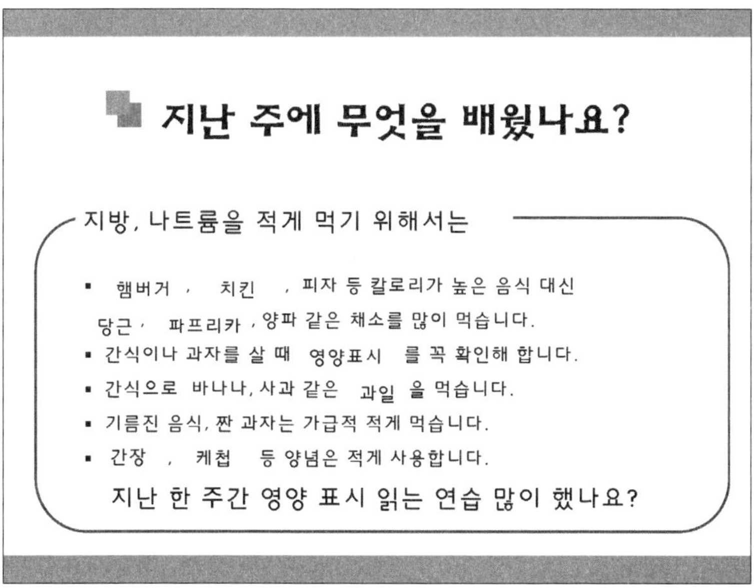
지난 주에 무엇을 배웠나요?
지방, 나트륨을 적게 먹기 위해서는
▪ 햄버거 , 치킨 , 피자 등 칼로리가 높은 음식 대신
당근, 파프리카, 양파 같은 채소를 많이 먹습니다.
▪ 간식이나 과자를 살 때 영양표시 를 꼭 확인해 합니다.
▪ 간식으로 바나나, 사과 같은 과일 을 먹습니다.
▪ 기름진 음식, 짠 과자는 가급적 적게 먹습니다.
▪ 간장 , 케첩 등 양념은 적게 사용합니다.
지난 한 주간 영양 표시 읽는 연습 많이 했나요?

식생활 실천 사항

빈 칸을 채워 봅시다♪♬

1) 음식은 다양 하게, 알맞게, 싱겁게 먹자
2) 아침밥 을 먹자
3) 단백질 식품을 먹자
4) 채소 를 먹자
5) 과일 을 먹자
6) 우유 · 유제품을 먹자
7) 인스턴트식품을 건강하게 먹자

식단을 구성해 봅시다

그 동안 배운 내용을 바탕으로 1끼 식사를 만들어 봅시다!

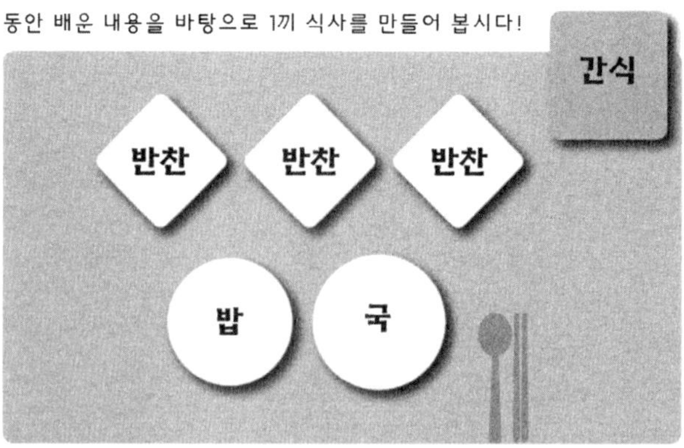

자료: 식품의약품안전청 · 대한지역사회영양학회(2012). 똑똑하게 먹고 건강해지자

식품구성자전거

자료: 한국영양학회(2010). 한국인 영양섭취기준 개정판

식사 예절을 지켜요

식사 전

- 손 씻기를 바르게 합니다.
- 식사가 준비될 때까지 조용히 기다립니다.
- 식사 시 "잘 먹겠습니다"라는 인사말을 합니다.

식사 할 때

- 바른 자세로 앉습니다.
- 음식이 입안에 있을 때는 말하지 않습니다.
- 조용한 가운데 식사하고 돌아다니지 않습니다.

식사 후

- 다음 사람을 위해 식탁에 흘린 것을 휴지로 닦습니다.
- 식탁 의자를 제자리에 넣습니다.

식사 예절을 지키면서
골고루 건강하게 먹어요 ☺

자료: http://www.foodnara.go.kr

오늘의 날짜: ______년 ____월 ____일

한 끼 식사를 만들어 보자

✎ 식생활 실천 사항

· 음식은 다양하게 알맞게 싱겁게 먹자

· 아침밥을 먹자

· 단백질 식품을 먹자

· 채소를 먹자

· 과일을 먹자

· 우유·유제품을 먹자

· 인스턴트식품을 건강하게 먹자

☺ 나는 식생활 실천 사항을 지키도록 노력하겠습니다.

식품구성자전거

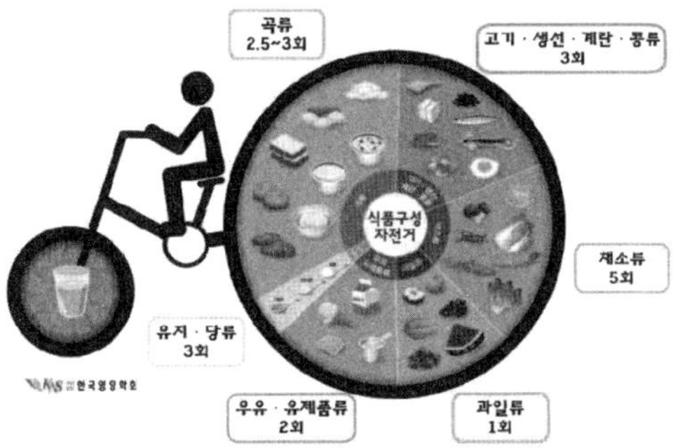

자료: 한국영양학회(2010). 한국인 영양섭취기준 개정판

한 끼 식사를 만들어 봅시다

그 동안 배운 내용을 바탕으로 한 끼 식사를 만들어 봅시다.

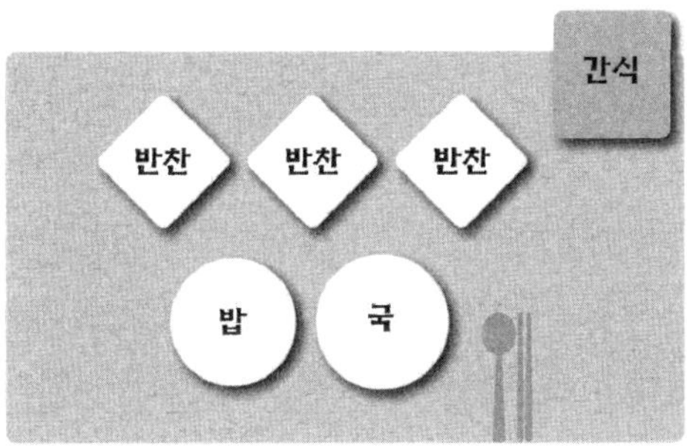

자료: 식품의약품안전청 · 대한지역사회영양학회(2012). 똑똑하게 먹고 건강해지자

식생활 실천 사항 7가지

1	골고루, 제때에, 알맞게, 싱겁게 먹자
2	아침밥을 먹자
3	단백질 식품을 먹자
4	채소를 먹자
5	과일을 먹자
6	우유 · 유제품을 먹자
7	인스턴트식품을 건강하게 먹자

우리 모두 식생활 실천 사항을 꼭 지켜요!

식사예절을 지켜요

식사 전	✿ 손 씻기를 바르게 합니다. ✿ 식사가 준비될 때까지 조용히 기다립니다. ✿ 식사 시 "잘 먹겠습니다" 라는 인사말을 합니다.
식사 할 때	✿ 바른 자세로 앉습니다. ✿ 음식이 입안에 있을 때는 말하지 않습니다. ✿ 조용히 식사하고 돌아다니지 않습니다.
식사 후	✿ 다음 사람을 위해 식탁에 흘린 것을 휴지로 닦습니다. ✿ 식탁 의자를 제자리에 넣습니다.

자료: http://www.foodnara.go.kr

☺ 식사예절을 지키면서 골고루, 건강하게 먹어요!

부록 3 연구수행표

=====> 당초계획, -----> 진도

월 별 / 내 용 별	2011년 7~9월	10~12월	2012년 1~3월	4~6월	7~9월	10~12월	2013년 1~3월	4~6월	진도율
1. 식생활교육 요구도 파악									100%
• 문헌조사	======> ------>								
• FGI 인터뷰 섭외, 실시	======> ------>								
• 요구도 조사용 설문지 작성 (기관담당자, 초등학생)	======> ------>								
• 설문조사 기관 섭외, 실시 (기관담당자, 초등학생)		====> ---->							
• 통계 분석		===> --->	==> -->						
• 결과 해석 및 제시			====> ---->						
2. 식생활교육 프로그램 개발									100%
• 프로그램 개요 작성			======> ------>						
• 교육계획안 개발				====== ------	======> ------>				
-레시피, 요리활동 개발				====== ------	======> ------>				
-영양교육 컨텐츠 구성				====== ------	======> ------>				
-심리 · 사회적 요인 고려한 프로그램 구성				====== ------	======> ------>				
• 교육자료 수집 및 제작				====== ------	======> ------>				
• 중간보고서 제출					==> -->				100%
3. 시범교육 실시 및 평가									100%
•시범 교육할 기관 섭외					==> -->				
•교육 전 평가자료 수집						=> ->			
•시범교육 실시						======> ------>			
•교육 후 평가자료 수집						=> ->			
•통계 분석							======> ------>		
•결과 해석 및 제시							======> ------>		
•프로그램 수정, 보완 및 최종안 제시								======> ------>	
• 결과보고서 제출								==> -->	100%

부록 4 결과보고서 요약문

연구과제명: 저소득층 초등학생을 위한 식생활교육 프로그램 개발
–심리 · 사회적, 영양학적 요인을 중심으로–

연구비: 50,000,000원

총연구기간: 2년(2011. 7~2013. 6)

연구 내용 및 결과 요약

- 연구 배경 및 필요성
  - 저소득층 아동은 경제적, 환경적 여건으로 영양 불량의 위험이 더 높으며 스스로 조리하거나 식사를 해결해야 하는 등의 식생활 문제에 직면하고 있음
  - 지역아동센터, 사회복지기관 등에서 저소득층 아동을 위해 다양한 프로그램이 실시되지만 아동의 영양, 요리활동, 요리 능력 배양 등 식생활교육은 매우 미비한 실정임

- 연구 목적
  - 저소득층 초등학생의 식생활교육 요구도 파악
  - 저소득층 초등학생의 식생활 여건, 심리 · 사회적, 영양학적 요인을 고려한 요리활동 중심의 식생활교육 프로그램 개발
    - ◦ 방과 후 학교, 사회복지기관에서 활용성이 높은 식생활교육 프로그램 개발
  - 저소득층 초등학생 대상 식생활교육 프로그램 실시 및 효과평가
  - 식생활교육 프로그램의 최종안 제시

- 연구 내용 및 결과

1. **저소득층 초등학생 대상 식생활교육의 요구도 분석**

- 영양학적 요인 파악: 아동의 영양문제, 식습관, 식생활교육 요구도 등

–요리활동 요구도: 선호·비선호하는 식재료와 조리법, 요리활동 여건, 적합한 레시피 도출
–사회적 요인 파악: 가정에서의 식생활 행태, 사회복지기관의 식생활교육 요구도 등
–식생활 관련 심리적 요인 파악: 섭식태도 등
–위에 제시한 저소득층 초등학생 대상 식생활교육의 요구도 분석을 위해 설문조사 실시: 기관담당자, 초등학교 고학년생을 대상으로 설문조사를 하여 영양학적, 요리활동 요구도, 사회적 요인, 식생활관련 심리적 요인을 분석·파악함.
–Focus group interview(FGI): 기관담당자를 대상으로 FGI를 실시, 식생활교육의 요구도 분석

2. 저소득층 초등학생 대상 식생활교육 프로그램 개발
–식생활교육 프로그램의 개요 설정: 형식, session별 교육 주제, 목표 등
–식생활교육 프로그램 개발: 형식(8회, 60분/회), 각 session별 레시피, 요리활동, 식생활교육 내용 구성, 심리·사회적 요인 및 영양학적 요인 고려한 컨텐츠 구성
–식생활교육 계획안, PPT, 활동지 등 작성

3. 저소득층 초등학생 대상 식생활교육 프로그램 실시 및 평가
–시범교육 참여군, 비참여군 선정(사회복지기관 등)
–식생활교육 프로그램 실시: 3개 기관에서 8회에 걸쳐 시범교육 실시
–교육효과 평가: 두 군간 교육 전후의 요리활동 참여 및 능력배양 정도, 영양학적·사회적·심리적 요인의 변화 비교
–대조군에 비해 교육군은 식생활 관심도, 식행동(식품군 섭취), 요리활동 자아효능감에서 양호한 변화가 나타났고 감정표현의 어려움 자각 정도도 높아지는 등 긍정적 변화가 제시됨
–교육 참여자의 식생활교육에 대한 만족도가 높았음

4. 저소득층 초등학생 대상 식생활교육 프로그램 최종본 제시
–식생활교육 프로그램의 수정, 보완 및 최종본 제시

◦ 식생활교육 계획안(Lesson plan) 제시: 8회 교육

◦ 교육자료: PPT, 활동지, 레시피 제시

- 기대효과 및 활용방안

–기관담당자, 초등학생 대상의 설문조사, 기관담당자 대상 FGI 결과는 초등학생의 식생활과 심리·사회적 요인 분석, 식생활교육 요구도에 관한 주요한 자료를 제공함

–요구도 분석 결과는 저소득층 초등학생을 위한 식생활교육 프로그램의 기초자료로 활용됨

–본 연구를 통해 저소득층 아동을 위한 식생활교육 프로그램을 개발함. 개발된 식생활교육 프로그램(교육안, PPT, 활동지 등)은 방과 후 학교, 사회복지기관, 지역아동센터 등 지역사회에서 저소득층 아동 대상의 식생활교육에서, 그리고 교사나 현장 담당자들의 교육 매뉴얼로 유용하게 활용될 것임

강명순(2000). 사회복지서비스 개입이 어려운 지역, 지원확대 · 보완 시급. 결식아동, 민간 지원 방향을 모색한다. (사)사랑의 친구들 토론회 자료집.
강문희, 윤기선(2009). 초등학생의 주요 가공식품으로부터 섭취하는 당, 나트륨, 지방류 등의 노출실태 조사 연구. 한국식품영양과학회지 38(1): 52-61.
구난숙, 박종임(1998). 대전지역 급식학교 초등학생들의 음식 기호도. 대한지역사회영양학회지 3(3): 440-453.
구복자(1999). 초등실과 영양교육을 위한 아동들의 식습관 조사. 석사학위논문. 부산교육대학교.
구복자, 이경애(2000). 초등학생의 영양교육을 위한 식습관 및 영양지식 조사. 한국식생활문화학회지 15(3): 201-213.
구언희, 서정숙(2005). 채소 기피 아동의 영양소 섭취상태와 채소 기피 관련요인. 대한지역사회영양학회지 10(2): 151-162.
김경미, 이주연, 최수진(2007). 라면도 못 끓이는 자취생이 만드는 요리. 파프리카.
김미용(2007). 전통식생활의 특별활동으로서 조리실습 프로그램 개발 및 적용: 용인지역중학생을 대상으로. 석사학위논문. 수원대학교.
김민선, 주지형(2009). 초등학교 고학년 조리실습 교육을 통한 학생 인식 및 실습태도 변화. 충북대학교 생활과학연구소 13(2): 187-196.
김수영, 김희섭(2008). 요리 활동 교육이 아동의 편식행동에 미치는 영향. 한국식생활문화학회지 23(5): 556-562.
김영희, 서정숙(2004). 학교급식에서 편식 아동의 식생활 양상. 대한영양사협회학술지 10(3): 345-355.
나수영, 고서연, 엄순희, 김경원(2010). 경기 일부지역 초등학생의 채소와 과일 섭취 및 관련 인식, 자아효능감, 영양지식과 식행동. 대한지역사회영양학회지 15(3): 329-341.
노은호, 김윤선, 김정주(2010). 오감을 통한 어린이 요리활동. 형설출판사.
박보경(2012). 초등학교 미각교육 프로그램 개발과 적용 및 치료효과. 박사학위 논문. 이화여자대학교.
박성현, 허무룡(2009). 취학 전 아동의 올바른 식습관을 위한 영양교육 병행 원예 프로그램의 효과. 원예과학기술지 27(3): 497-502.
박수진(2000). 초등학생 편식지도를 위한 영양교육 프로그램 운영의 효과. 대한영양사회학술지 6(1): 17-25.
박유화, 김현희, 신경희, 신은경, 배인숙, 이연경(2006). 전국 초등학교 영양교육 실태 및 영양교사의 영양교육 실시를 위한 학교에서의 인식도 조사. 한국영양학회지 39(4): 403-416.
배영희 글/정유정 그림(2007). 고사리손 요리책. 길벗어린이.
보건복지가족부(2009). 어린이를 위한 식생활지침.
보건복지부 인터넷 뉴스레터 복지로. '음식 정신건강에도 매우 중요' 〈뉴질랜드 연구팀〉. 2011-04-05.
보건복지부 · 질병관리본부(2012). 2011 국민건강통계–국민건강영양조사 제5기 2차년도(2011). 보건복지부.
보건복지부 · 질병관리본부(2013). 2012 국민건강통계–국민건강영양조사 제5기 3차년도(2012). 보건복지부.
서윤석, 정영진(2010). 채소와 과일섭취 증진을 위한 영양교육이 행동전단계 초등학생의 사회심리적 요인의 변화에 미치는 효과. 한국영양학회지 43(6): 597-606.
소냐 플로토, 슈탐멘(2009). 지구마을 어린이 요리책. 한겨레아이들.
식품의약품안전청(2011). 영양 · 식생활 5학년.
식품의약품안전청 · 대한지역사회영양학회(2012). 똑똑하게 먹고 건강해지자.
신은경, 김경희, 김현희, 박유화, 배인숙, 이연경(2006). 초등학교 영양교사의 영양교육 실시를 위한 교육자, 학습자 및 그 부모 대상 요구도 조사. 대한영양사협회학술지 12(1): 89-101.

안영숙(2009). 튼튼 쑥쑥 요리놀이: 머리가 좋아지는 어린이 요리책. 리스컴.

안윤, 고서연, 김경원(2009). 초등학교 고학년 대상 영양교육의 효과 평가. 대한지역사회영양학회지 14(3): 266-276.

우태정, 허은실, 이경혜(2006). 초등학교 고학년을 위한 활동중심 식생활 교육 프로그램의 효과평가. 대한영양사협회학술지 12(3): 299-306.

윤보람, 윤지현, 심재은, 권수연(2009). 여름방학 중 결식아동 도시락 제공 기관의 운영관리 실태. 대한지역사회영양학회지 14(2): 206-215.

이민규, 이영호, 박세현, 손창호, 정영조, 홍성국, 이병관, 장필립, 윤애리(1998). 한국판 식사태도검사-26(The Korean Version of Eating Attitudes Test-26: KEAT-26) 표준화 연구 I: 신뢰도 및 요인분석. 정신신체의학 6(2): 155-175.

이옥희, 장순옥, 박민정(2008). 초등학생의 영양교육에 따른 영양지식, 식생활태도 및 식습관 비교. 한국식품영양과학회지 37(11): 1427-1434.

이지영, 이심열(2004). 영양교육 실시교와 미실시교 초등학생들의 영양지식, 식행동 및 영양소 섭취 상태 비교 연구. 동아시아식생활학회지 14(6): 561-570.

이형하(2006). 방학중 결식아동 지원정책 분석과 개선방안 연구. 청소년복지연구 8(2): 159-176.

이혜원(2000). 결식아동 지원조직간 서비스 연계: 부천시 지역의 사례연구. 사회복지연구 15: 167-191.

이혜원, 최경옥(2010). 아동의 결식이 심리사회적 적응과 가족기능에 미치는 영향-가족기능의 매개변인 효과. 한국가족복지학 28(4): 37-60.

이홍미(1998). 포천지역 초등학생의 식습관과 기호도 조사. 대한지역사회영양학회지 3(6): 818-829.

이효연(2007). 놀러 가서 뭐 해먹지?. 바이탈북스.

전도근(2008). 아동요리교육의 이론과 실제. 교육과학사.

정경배, 김미숙(1999). 경제 위기에 따른 취약 계층의 현황과 정책 방향.

한국보건사회연구원 세미나 자료집.
정나영, 김경원(2009). 서울 일부지역 초등학교 고학년생의 영양지식, 식태도와 식행동. 대한지역사회영양학회지 14(1): 55-66.
정신우(2005). 귀차니스트를 위한 참 쉬운 요리 156. 미디어윌.
조앤(2008). 어린이요리책: 조앤 S COOKING FOR KIDS. 동아일보사.
조은아, 이수경, 허규진(2010). 시흥지역 초등학생의 간식섭취 실태 및 간식 관련 영양지식에 관한 연구. 대한지역사회영양학회지 15(2): 169-179.
최미경, 이윤신(2008). 편식하는 비만 아동의 식행동, 맛 선호도 및 영양 섭취 상태. 동아시아식생활학회지 18(1): 127-134.
최보가, 전보연(1993). 자아존중감 척도개발에 관한 연구(1). 대한가정학회지 31(2): 41-54.
최승주(2006). 2000원으로 반찬없이 밥상 차리기. 그리고 책.
크늘채(2007). 끼니가 되는 간단요리. 동녘라이프.
편집부(2004). 서툰 솜씨로도 성공하는 쉬운 요리 292. 시공사.
한국영양학회(2010). 한국인 영양섭취기준 개정판. 한국영양학회.
한미선(2007). 경기도 일부 초등학교 4학년 남녀 학생들의 영양교육 전후의 식습관, 영양지식, 식이 자기효능감의 효과 및 혈액성상의 변화. 석사학위논문. 중앙대학교 교육대학원.
한은희(2007). 경기지역 일부 초등학생의 식습관 및 식품기호도에 영향을 미치는 요인. 석사학위논문. 수원대학교.
현선미, 김정원(2007). 영양표시읽기 교육을 통한 초등학생의 식생활 태도 개선. 대한지역사회영양학회지 12(2): 168-177.
홍순혜(2007). WE START 양주시 회천2동마을 기호성 조사 및 1년사업 최종보고서. 서울여자대학교.
홍순혜, 이숙영(2010). 구리시 드림스타트 지정마을 욕구조사 및 지원방안 연구용역 최종보고서. 서울여자대학교.
홍순혜, 조은진, 정익중(2006). WE START 구리시 수택2동마을 욕구조사 및 지원 방안 연구용역 최종보고서. 서울여자대학교.
황경아, 최미자(2013). 초등학생의 영양표시제 인식도. 계명대학교 생활과

학연구소 39: 11-19.

Addessi E, Galloway AT, Visalberghi E, Birch LL(2005). Specific social influences on the acceptance of novel foods in 2-5-year-old children. Appetite 45(3): 264-271.

Brunstrom JM(2007). Associative learning and the control of human dietary behavior. Appetite 49(1): 268-271.

Cashdan E(1994). A sensitive period for learning about food. Human Nature 5(3): 279-291.

Coopersmith S(1967). The antecedents of self-esteem. San Francisco: W. H. Freeman.

Cosgrove MS(1991). Cooking in the classroom: The door way to nutrition. Young Children 46(3): 43-46.

Erermis S, Cetin N, Tamar M, Bukusoglu N, Akdeniz F, Goksen D(2004). Is obesity a risk factor for psychopathology among adolescents? Pediatrics International 46(3): 296-301.

Garner DM(1991). The Eating Disorder Inventory-C. Lutz, FL: Psychological Assessment Resources.

Gustafsson SA, Edlund B, Kjellin L, Norring C(2010). Characteristics measured by the eating disorder inventory for children at risk and protective factors for disordered eating in adolescent girls. International Journal of Woman's Health 2: 375-379.

Kovacs M(1992). Children's Depression Inventory Manual. North Tonawanda, NY: Multi-Health Systems.

Maloney MJ, McGuire JB, Daniels SR(1988). Reliability testing of a children's version of the Eating Attitude Test, Journal of the American Academy of Child & Adolescent Psychiatry 27(5): 541-543.

Penza-Clyve S, Zeman J(2002). Initial validation of the emotion expression scale for children(EESC). Journal of Clinical Child & Adolescent Psychology 31(4): 540-547.

Pope AW, McHale SM, Craighead WE(1988). Self-esteem enhancement with children and adolescents. New York: Pergamon press.

Rydell AM, Dahl M(2005). Children with early refusal to eat: follow-up in adolescence. Acta Paediatrica 94(9): 1186-1191.

Sontag LM, Graber JA, Brooks-Gunn J, Warren MP(2008). Coping with social stress: implications for psychopathology in young adolescent girls. Journal of Abnormal Child Psychology 36(8): 1159-1174.

USDA(2011). Analysis of verification summary data School year 2008-2009.

USDA(2013). Evaluation of the Fresh Fruit and Vegetable Program (FFVP).

http://jamieoliver.com

http://www.defra.gov.uk/

http://www.fns.usda.gov/team-nutrition

http://www.focusonfood.org/cookingbuses.html

http://www.foodnara.go.kr

http://www.fsis.usda.gov/food_safety_education/For_Kids_&_Teens/index.asp

http://www.mfda.go.kr/nutrition/index.do

http://www.slowfood.com/education/

아산재단연구총서

001 전환기의 중국경제
김윤환 외 | 단국대 경제학과

002 폴란드 경제의 변천 개혁과 그 전망
김광수 | 숭실대 경제학과

003 재소한인
이광규 외 | 서울대 인류학과

004 소련산림과 임업
홍성천 외 | 경북대 임학과

005 아세안의 정치경제
김국진 외 | 외교안보연구원

006 태국의 사회변동과 경제발전
최석만 외 | 전남대 사회학과

007 중국의 사회경제 통계분석
신한풍 외 | 고려대 통계학과

008 중국의 정치와 경제
박두복 외 | 외교안보연구원

009 동유럽의 개혁과 시장경제의 도입
허만 외 | 부산대 사범대학

010 동유럽의 개혁운동
박영신 | 연세대 사회학과

011 현대 러시아 연구
기연수 외 | 한국외대 노어과

012 전략적 선택과 기업의 국제경쟁력
이장호 | 서강대 경영대학

013 협동사회의 정착과 정부의 역할
이종범 외 | 고려대 행정학과

014 한국 제조기업 생산성의 동적 분석
노부호 외 | 중앙대 경영대학

015 분배의 정의
변형윤 외 | 서울대 경제학과

016 도덕적 행동의 강화
이훈구 외 | 연세대 심리학과

017 관료부패와 통제
김해동 외 | 서울대 행정대학원

018 한국경제의 내실 있는 성장
정창영 외 | 연세대 경제학과

019 한국국민정신운동의 역사와 발전방향
박수명 외 | 부산대 사범대학

020 한국대학생의 가치성향과 상담효과
이영희 외 | 숙명여대 교육학과

021 가출청소년과 학교관리체제
안창규 외 | 부산대 교육학과

022 동북아 정세변화와 한 · 일관계
한승조 외 | 고려대 정치외교학과

023 언론과 부정부패
정대철 외 | 한양대 신문방송학과

024 한국의 고등학교 교육
이원호 외 | 부산대 교육학과

025 가족과 방송
김학수 외 | 서강대 신문방송학과

026 재정개혁의 전망과 재산세제의 개편과제
오연천 | 서울대 행정대학원

027 청소년을 위한 전자게임 프로그램의 규제 및 평가체계 개발
박혜원 외 | 울산대 가정관리학과

028 정신장애자 가족의 사회심리적 특성
이근후 외 | 이화여대 의과대학

029 가족의 관계역동성과 문제인식
이광규 외 | 서울대 인류학과

030 현대인과 한국전통음식
승정자 | 숙명여대 식품영양학과

031 기업의 초고속정보통신망활용
안중호 | 서울대 경영학과

032 지역발전을 위한 교육자치제의 개선방안
김남순 | 조선대 사범대학

033 전환기의 공무원 가치관
조경호 | 울산대 행정학과

034 지방자치와 사회복지의 과제
김영모 | 중앙대 사회복지학과

035 WTO체제하의 지방중소기업 지원정책
최명주 외 | 계명대 통상학부

036 현대한국의 시민운동
이효선 | 중앙대 사회학과

037 기업 세계화의 단계 및 정도의 측정
허영도 외 | 울산대 경영학과

038 가족복지를 위한 가족주치의 시범사업의 효과
이혜리 외 | 연세대 가정의학교실

039 한국대학생의 삶의 만족도
김재은 외 | 이화여대 교육심리학과

040 지역경제와 지역산업구조의 개편방향
정기화 외 | 전남대 경제학부

041 중국기업의 소유형태별 경영특성
노철화 외 | 부산대 무역학과

042 남북한의 인성 · 사상교육
한승조 외 | 고려대 정치외교학과

043 연계적 뇌기능 조언을 위한 의료용 멀티미디어 시스템의 설계
유선국 | 연세대 의용공학교실

044 다민족국가의 민족문제와 한인사회
최협 외 | 전남대 인류학과

045 저소득층지역 청소년 여가문화와 소집단 활성화
박문수 외 | 서강대 사회학과

046 삶의 질의 국제비교와 지역간 비교분석
이재기 외 | 울산대 경제학과

047 21세기 지역주민의 삶의 질
양종회 외 | 성균관대 사회학과

048 삶의 질에 대한 국가간 비교
조명한 외 | 서울대 심리학과

049 외국인 노동자의 노사관계와 사회적 적응
석현호 외 | 성균관대 사회학과

050 한국의 사법제도와 발전 모델
정종섭 | 건국대 법학과

051 고령화사회와 중상층 노인의 사회활동
조성남 외 | 이화여대 사회학과

052 한국의 서비스 시장 개방정책
한홍렬 | 한양대 경제학부

053 한국과 AFTA간의 교역증진 및 경제 협력방안
손일태 외 | 경희대 경제통상학부

054 물류비 절감을 위한 무역업체의 정보화전략
이영수 외 | 경북대 경제통상학부

055 사회주의 체제전환과 사회정책
오정수 외 | 충남대 사회복지학과

056 남북통일 이후 농업생산체계 개편
홍성규 외 | 건국대 농업경제학과

057 국제화와 세계화
하영선 외 | 서울대 외교학과

058 IMF 개혁정책의 평가와 한국경제의 신(新) 패러다임
조동근 | 명지대 경제학과

059 구조개혁과 실업대책
박동운 | 단국대 경제무역학부

060 21세기 신노사관계
심윤종 외 | 성균관대 사회학과

061 학교에서의 집단 따돌림
이춘재 외 | 가톨릭대 심리학과

062 한국노인의 정신건강실태와 건강증진
조맹제 외 | 서울대 의과대학

063 혁명과 개혁 속의 중국 농민
김광억 | 서울대 인류학과

064 중국의 경제환경과 한국기업의 진출 전략
지용희 외 | 서강대 경영학과

065 김대중 대통령의 시스템 사고
김동환 | 중앙대 공공정책학부

066 실업과 가족해체
최일섭 외 | 서울대 사회복지학과

067 합리적 부채비율 조정방안
오상근 | 동아대 경제학과

068 한국 중산층의 생활문화
문숙재 외 | 이화여대 소비자 · 인간발달학과

069 계층간 갈등상태에서 최적소득세
김진욱 | 건국대 경상학부

070 글로벌 경쟁력 제고를 위한 기업전략과 조직구축
이만우 외 | 고려대 경영학과

071 의료보험과 국민연금의 관리효율화를 위한 통합방안
사공진 외 | 한양대 경제학부

072 정부개혁의 과제와 전략
박우서 외 | 연세대 행정학과

073 책임운영기관 제도에 관한 비교분석
김근세 | 가톨릭대 행정학과

074 새로운 패러다임하에서의 한국기업의 바람직한 지배구조
최운열 외 | 서강대 경영학과

075 현대 한국사회의 계층구조
양춘 외 | 고려대 사회학과

076 한국의 산업정책과 산업구조조정
강인수 | 숙명여대 경제학부

077 기업구조조정
김석진 | 경북대 경영학부

078 지식경영을 위한 인적자원 개발 및 관리체계
장영철 | 경희대 경영학부

079 뉴 비즈니스 모델
전성현 | 국민대 정보관리학부

080 중산층의 정체성과 소비문화
함인희 외 | 이화여대 사회학과

081 외국관광객 유치를 위한 마케팅 전략
박상규 | 강원대 경영학과

082 한국인의 세대별 문학의식
이동순 | 영남대 국문과

083 공공부문의 효율성 평가와 측정
김재홍 외 | 울산대 사회과학부

084 한국 청소년의 정치의식과 형성요인
김광웅 외 | 숙명여대 아동복지학과

085 한국 대학생의 정치의식
배한동 | 경북대 윤리교육과

086 산업의 정보화와 산업발전
이기동 | 계명대 통상학부

087 한국 제조업의 고용조정 분석
이종원 외 | 성균관대 경제학부

088 지식자산에 대한 경영전략적 평가모형 개발
배재학 외 | 울산대 컴퓨터 · 정보통신공학부

089 관광사업을 위한 한국적 이미지의 휴식복 개발
채금석 | 숙명여대 의류학과

090 한국 정치제도의 개혁
신정현 | 경희대 사회과학부

091 e비즈니스와 아웃소싱 전략
정승화 외 | 연세대 경영학과

092 집단 따돌림의 진단 및 치료방안
홍준표 | 중앙대 인간생활환경학과

093 16대 총선과 낙선운동
조기숙 | 이화여대 국제대학원

094 부동층 유권자 행태 분석
진영재 | 연세대 정치외교학과

095 사이버 공동체의 성공요인
이재관 | 숭실대 경영학과

096 온라인 소비자 행동의 이론과 실증
윤성준 | 경기대 경영학부

097 글로벌 시대 정약용 세계관의 가능성과 한계
차성환 | 한일장신대 역사사회학과

098 러시아의 체제전환 과정에서 나타난 국가의 역할과 그 전망
이상민 외 | 부산대 정치외교학과

099 남북한의 경제발전 수준과 산업구조 비교, 그리고 경제교류 협력방향
주성환 | 건국대 경제학과

100 집단따돌림과 교육해체
한준상 | 연세대 교육학과

101 공적연금제도의 효율성과 개선방안
유금록 | 군산대 행정복지학부

102 벤처기업-대기업의 성공적인 협력 모델
나중덕 | 경산대 경영학과

103 북한의 재외동포정책
조정남 외 | 고려대 정치외교학과

104 사이버 공동체 형성의 역동적 모형
장용호 | 서강대 신문방송학과

105 기업이론과 기업의 소유지배구조
김일태 외 | 전남대 경제학부

106 가축분뇨 자원화를 위한 공동이용 조직에 대한 농가선호도 분석
유덕기 | 동국대 생명자원경제학과

107 개혁정책과 전문가 집단
이경원 외 | 제주대 행정학과

108 현대 한국사회의 이중가치체계
신수진 외 | 이화여대 가정관리학과

109 한국의 산업구조 변화와 기업집단 다각화 전략
김용학 외 | 연세대 사회학과

110 지식정보사회의 경제적 모형 설정 및 사례 연구
김범환 | 배재대 경영정보학부

111 변호사징계제도
오종근 | 한림대 법학부

112 인터넷 특허법
김순석 | 광주대 법학과

113 e-비즈니스 시대의 금융 및 재정정책의 새로운 패러다임
이종욱 | 서울여대 경제학과

114 청소년의 하위문화와 정체성
조성남 | 이화여대 사회학과

115 디지털금융시대의 금융구조변화와 정부규제 및 정책
이충열 | 고려대 경제학부

116 지식경영을 위한 기업의 조직설계방안
김경수 외 | 전남대 경영학과

117 전자금융의 발달과 경제정책의 새로운 패러다임
이명훈 | 명지대 경제학과

118 동아시아의 안보와 유엔체제
강성학 편저 | 고려대 정치외교학과

119 유료 치매노인 그룹홈의 개발과 관련 정책
최정신 외 | 가톨릭대 소비자 · 주거학과

120 소비자 지향적 문화산업 정책
홍영준 | 호남대 광고홍보학과

121 국제 · 국가 · 지방 환경규제의 연계
정준금 외 | 울산대 행정학과

122 현행 회사 합병 · 분할제도의 평가와 개선방안
옥무석 외 | 이화여대 법학과

123 배려지향적 도덕성과 정의지향적 도덕성
정옥분 외 | 고려대 사범대학

124 기업구조조정에 대한 채권금융기관 및 금융감독기관의 역할과 책임
이중기 | 한림대 법학과

125 실업대책으로서 한국의 법정기준근로 시간 단축
박영범 | 한성대 경제학과

126 프랑스어의 비분리성 소유개념 표현
노윤채 | 연세대 언어정보연구원

127 지방채의 효율적 관리방안
강태구 | 호원대 법행정학부

128 21세기 산업구조 변화와 과학기술정책
임채성 외 | 그리스도신학대 경영정보학부

129 인터넷 쇼핑몰 이용자의 불평행동
예종석 | 한양대 경영학부

130 한국기업의 성과급제도 현황, 효과 및 개선방안
김성수 | 서울대 경영학과

131 전자상거래와 소비자보호
서민교 외 | 경일대 인터넷국제통상학과

132 평생학습 사회에서의 인적자원개발을 위한 사회적 파트너십 구축
김영화 | 홍익대 교육학과

133 한국 공교육의 새로운 구상과 전략
권대봉 외 | 고려대 교육학과

134 한국의 정부개혁
김태룡 | 상지대 행정학과

135 지방정부 생산성 측정의 이론과 실제
이은국 외 | 연세대 행정학과

136 불가 시문학론
배규범 | 경희대 학술연구 교수

137 남북경제교류의 법적 문제
제성호 | 중앙대 법학과

138 경제위기와 청소년 발달
구인회 | 서울대 사회복지학과

139 생명과학기술의 응용과 기본권보호적 한계
정상기 외 | 한남대 법학과

140 경제발전과 정치환경의 한 · 일 비교분석
정갑영 외 | 연세대 동서문제연구원

141 한국 공교육의 진단
윤정일 외 | 서울대 교육학과

142 우리나라 지방자치 발전을 위한 자치단체장의 역할
정성호 외 | 경기대 사회과학부

143 의료보험제도의 개혁방안
권순원 | 덕성여대 경제학과

144 중등 도덕교육의 현실과 문제
손동현 외 | 성균관대 철학과

145 사이버공동체 발전론
이명식 | 상명대 경영학과

146 남북경협 확대에 대비한 북한 담보제도의 정비방안
박훤일 | 경희대 법과대학

147 한국 공무원 인사제도 개혁
김판석 | 연세대 행정학과

148 교사화법 교육
임칠성 외 | 전남대 국어교육과

149 세계화의 문화정치학
임혁백 외 | 고려대 정치외교학과

150 효과적인 e-SCM을 위한 의사결정조정 시스템 모형
이원준 | 성균관대 경영학부

151 환경거버넌스
김종순 외 | 건국대 행정학과

152 자동차산업의 인적자원관리
이덕로 | 서원대 경영학부

153 한국과 영국 간 지식기반산업 비교
이명호 | 한국외대 경영학과

154 한국 벤처기업의 기술네트워킹 및 기술마케팅 전략
장영일 | 인제대 경영학부

155 회사변호사의 윤리
오승종 | 성균관대 법과대학

156 미디어교육론
이정춘 | 중앙대 신문방송학과

157 조선시대 서원과 양반
윤희면 | 전남대 역사교육과

158 환경문제와 철학
박찬국 | 서울대 철학과

159 노인보건복지 이론과 실제
김명 외 | 이화여대 보건교육학과

160 북한의 법체계
권재열 외 | 숭실대 법학과

161 생명공학기술의 안전성 확보에 관한 법적 고찰
이재협 | 경희대 법학부

162 청소년복지학
김성이 외 | 이화여대 사회복지학과

163 변화하는 세계, 변화하는 복지국가
조영훈 | 동의대 사회복지학과

164 의리의 윤리와 한국의 유교문화
김낙진 | 진주교대 도덕교육과

165 미국의 통상정책과 통상법
윤충원 | 전북대 무역학과

166 사회복지 프로그램 평가
김학주 | 경상대 사회복지학과

167 환경주의와 지속가능한 발전
정대연 | 제주대 사회학과

168 무역과 환경
김기홍 외 | 경기대 경제학부

169 산업계 유해폐기물의 위험과 관리
김금수 | 호서대 경상학부

170 백범 김구의 지적 계발과정 탐색
문용린 | 서울대 교육학과

171 태평양전쟁 발발 이후 일제의 인적 지배와 그리스도교계의 대응
윤선자 | 전남대 사학과

172 거버넌스 상황에서 갈등관리를 위한 대체적 분쟁해결제도
서순복 | 광주대 법정학부

173 시장경제의 유형과 민주주의
최배근 | 건국대 경상학부

174 일본고전소설 총론
김현정 | 국립한국전통문화학교

175 국어 교육을 위한 국어 문법론
이관규 | 홍익대 국어교육과

176 율곡의 군주론
전세영 | 부산교대 윤리교육과

177 동북아시아 환경협력
정서용 | 명지대 법학과

178 기후변화협약과 기후정책
신의순 외 | 연세대 경제학과

179 인터넷과 국제 학술정보 네트워크-하이퍼링크 분석
박한우 | 영남대 언론정보학과

180 국내 기업복지의 활성화 방안
최수찬 | 연세대 사회복지대학원

181 세계화와 인간안보
김우상 외 | 연세대 정치외교학과

182 세계문화유산 종묘 이야기
지두환 | 국민대 국사학과

183 한국 평생교육의 사회철학적 과제
곽삼근 | 이화여대 교육학과

184 강점모델
정순둘 | 이화여대 사회복지학과

185 글로벌시대의 계약법
박영복 | 한국외대 법과대학

186 배심제와 시민의 사법참여
안경환 | 서울대 법학과

187 동북아공동체
김재한 | 한림대 정치외교학과

188 정치 참여와 탈물질주의
김욱 | 배재대 정치외교학과

189 퍼지전문가회로망을 이용한 금융기관의 사이버 기업여신결정 지원시스템의 개발
권혁대 | 목원대 경영학과

190 환경정책과 환경법
송인성 | 전남대 지역개발학과

191 포스트모던 시대의 평생교육학
한숭희 | 서울대 교육학과

192 현대 한국인의 세대경험과 문화
박길성 외 | 고려대 사회학과

193 서구의 근로연계복지
김종일 | 건국대 사회복지학과

194 사회복지운동론
현외성 | 경남대 사회복지학과

195 외국의 역모기지 사례
유선종 | 건국대 부동산학과

196 옛이야기와 어린이문학
이지호 | 진주교대 국어교육학과

197 노인사회복지관광의 정책과제와 방안
김창수 | 경기대 관광학부

198 복지서비스의 민간위탁 시스템 분석
김순양 | 영남대 행정학부

199 새로운 빈곤층의 대두와 정부의 정책과제
김진욱 | 건국대 경제학과

200 문화행정론
김정수 | 한양대 행정학과

201 스칸디나비아 노인용 코하우징의 계획과 적용
최정신 외 | 가톨릭대 생활과학부

202 북한의 자연생태계
공우석 | 경희대 지리학과

203 통계로 이해하는 러시아
전홍찬 | 부산대 정치외교학과

204 사회복지법인의 경영과 회계
이동규 | 충남대 회계학과

205 의약분업 정책과정
차흥봉 | 한림대 사회복지학과

206 지역공동체와 평생교육
오혁진 | 동의대 평생교육학부

207 아동보호서비스의 실제
한미현 | 백석대 사회복지학부

208 그린마케팅
박재기 | 충남대 경영학부

209 아동권리와 아동복지
이혜원 | 성공회대 사회복지학과

210 국제 이주와 인도인 디아스포라
김경학 | 전남대 인류학과

211 질병과 의료의 사회학
조병희 | 서울대 보건대학원

212 북한이탈주민의 사회통합을 위한 지역복지실천의 모색
이기영 | 부산대 사회복지학과

213 치매노인케어론
조유향 | 초당대 간호학과

214 노인상담입문
서혜경 외 | 한림대 대학원 사회복지학과

215 '통일 이후 통일과정'으로서의 독일 통일영화
이준서 | 이화여대 독어독문학과

216 중국의 사회보장
오정수 | 충남대 사회복지학과

217 환경자원의 경제적 가치와 환경오염의 사회적 비용
김재홍 | 울산대 사회과학부

218 사회복지프로그램의 경제적 평가방법
박창제 외 | 상주대 사회복지학과

219 자유의지와 결정론
안건훈 | 강원대 철학과

220 심리학자들이 쓴 행복한 결혼의 심리학
채규만 외 | 성신여대 심리학과

221 현대 해석학 강의
양해림 | 충남대 철학과

222 한국인의 주거 빈곤과 공공주택
하성규 | 중앙대 도시및지역계획학과

223 IMF 경제위기와 한국 출산력의 변화
김두섭 | 한양대 사회학과

224 동아시아의 영토분쟁과 국제법
이석우 | 인하대 법학부

225 독일 복지국가와 사회복지서비스
정재훈 | 서울여대 사회사업학과

226 사회복지사를 위한 실용 비모수통계
엄명용 | 성균관대 사회복지학과

227 피해자학 연구
이윤호 | 동국대 경찰행정학과

228 광고언어창작론
박영준 외 | 부경대 국어국문학과

229 환경규제 패러다임의 전환
한철 | 한남대 법학과

230 고령사회의 노동환경변화와 고용 시스템의 문제점 및 법적 대응
고준기 | 국립군산대 법학과

231 세계화와 소득불평등
이성균 외 | 울산대 사회과학부

232 유비쿼터스 사회의 이해
안중호 외 | 서울대 경영학과

233 국제환경책임법론
박병도 | 건국대 법학과

234 한국의 선거와 민주주의
윤종빈 | 명지대 정치외교학과

235 한국 시민운동의 구조와 동학
조대엽 외 | 고려대 사회학과

236 또래관계
송영혜 | 대구대 재활심리학과

237 해외 한국기업과 현지인 노동자
석현호 외 | 에스콰이아학술문화재단

238 독일 국가복지에서 민간복지단체의 역할과 의미
차성환 외 | 한일장신대 사회복지학부

239 청정공학
조정호 | 동양대 생명화학공학과

240 한국전통연희론
심상교 | 부산교육대 국어교육학과

241 정신장애와 가족
서미경 | 경상대 사회복지학부

242 빈곤통계의 작성과 활용
김주환 | 동국대 정보통계학과

243 인터넷과 한국정치
강원택 | 숭실대 정치외교학과

244 북한의 시장경제이행
정영화 외 | 서경대 법학과

245 시스템사고로 본 지속가능한 도시
문태훈 | 중앙대 도시및지역계획학과

246 실버산업과 유비쿼터스 컴퓨팅
고일상 | 전남대 경영학부

247 재활상담과 사례관리
나운환 | 대구대 직업재활학과

248 영유아교육기관에서의 장애 이해 교육
유수옥 | 우석대 유아특수교육과

249 장애의 사회적 의미와 사회통합
박수경 | 대진대 사회복지학과

250 경제분석의 수리적 기초
조인성 | 공주대 경제통상학부

251 비영리부문의 비교연구
김승현 | 서울산업대 행정학과

252 고등교육경제학
반상진 | 전북대 교육학과

253 과학윤리교육의 이론과 방법
조희형 | 강원대 과학교육학부

254 결혼이민자가족의 이해
김오남 | 대불대 사회복지학과

255 동아시아 국가의 공공부조
신동면 | 경희대 사회과학부

256 특수아동 진단 및 평가
이나미 | 대불대 특수교육과

257 계약형 사회복지와 권리옹호시스템
이명현 | 경북대 상주캠퍼스 사회복지학과

258 실내공기질 및 위해성 관리
양원호 | 대구가톨릭대 산업보건학과

259 충남 방언 문법
한영목 | 충남대 국어국문학과

260 교육권론
노기호 | 군산대 법학과

261 도시경관계획론
임승빈 | 서울대 조경 · 지역시스템공학부

262 교통의 새로운 패러다임
김형철 | 경원대 도시계획 · 조경학부

263 노인의 삶의 질 향상을 위한 주거환경 디자인
천진희 | 상명대 디자인대학 실내디자인전공

264 사회복지와 문화
박병현 | 부산대 사회복지학과

265 장애인복지의 이론과 실제
이선우 | 인제대 사회복지학과

266 창의성 개발을 위한 디자인교육 콘텐츠
김선영 | 인천가톨릭대 조형예술대학 환경디자인학과

267 구성주의 사회복지 실천 기술론
고미영 | 서울신학대 사회복지학과

268 장애아교육학
김기흥 | 부산교육대 유아교육과

269 지역사회복지와 자원부문
한상진 외 | 울산대 사회학과

270 환경관리회계
육근효 | 부산외국어대 회계학부

271 인권 관점에서 보는 장애인복지
유동철 | 동의대 사회복지학과

272 정신증상
송지영 | 경희대 의과대학병원 신경정신과

273 사이버공간의 사회심리학
이성식 외 | 숭실대 정보사회학과

274 노인에 대한 사회적 돌봄과 돌봄서비스의 질 보장
최희경 | 신라대 가족노인복지학과

275 아동 심리치료의 실제
신현균 | 전남대 심리학과

276 사회복지와 위험관리
노충래 | 이화여대 사회복지전문대학원

277 국제 탄소시장의 이해
양승룡 | 고려대 식품자원경제학과

278 타자의 초상
신문수 | 서울대 영어교육과

279 한국정치와 환경정치
나정원 | 강원대 정치외교학과

280 북한이주민
윤인진 | 고려대 사회학과

281 음주의 사회경제적 비용
정우진 외 | 연세대 보건대학원

282 지방정치와 동북아 도시거버넌스
박재욱 | 신라대 행정학과

283 노숙인 복지론
남기철 | 동덕여대 사회복지학과

284 유럽통합과정과 지역협력
이규영 | 서강대 국제대학원

285 사회복지재정 연구
지은구 | 계명대 사회과학대학 사회복지학과

286 지역사회 교육개혁을 위한 시민사회 조직의 참여
김영화 | 홍익대 교육학과

287 복지사회를 대비한 국민연금의 구조개혁
박영석 외 | 서강대 경영학부

288 한미 FTA 지재권 협상에 따른 의약품 분야 사회후생 변화
오근엽 | 충남대 무역학과

289 산업입지, 환경 그리고 지역경제
이기동 외 | 계명대 국제통상학과

338 노인의 삶의 질 향상을 위한 온라인 소셜 네트워크 구축 방안
김진우 | 연세대 경영학과

339 청소년 생활역량
윤명희 외 | 동의대 평생교육학과

340 외국인 배우자의 다양성과 국제결혼의 안정성
김두섭 | 한양대 사회학과

341 정보인권의 규범구체화
이민영 | 가톨릭대 법학과

342 한국 사회복지실천의 고유성
최성재 외 | 서울대 사회복지학과

343 스웨덴의 환경책임 실천모형
최희경 | 경북대 행정학부

344 자율운동과 주거공동체
윤수종 | 전남대 사회학과

345 한국인의 공공봉사동기
김상묵 | 서울과학기술대 행정학과

346 한국 이혼가정 아동의 성장
김혜숙 | 경인교육대 교육학과

347 동양 사상과 노인 복지
홍승표 외 | 계명대 사회학과

348 노동과 사회보장의 연계
오문완 | 울산대 법학과

349 학습장애 위험군 아동의 조기선별을 위한 읽기검사 표준화 연구
김애화 외 | 단국대 특수교육학과

350 신 · 재생에너지에 기초한 녹색성장과 사회통합
김인호 | 이화여대 법학전문대학원

351 문화교류역량과 다문화 경영이 기업 경영성과에 미치는 영향
임병학 외 | 부산외대 경영학부

352 빈곤영유아의 발달과 적응
정익중 외 | 이화여대 사회복지학과

353 민사법질서와 인권
양천수 | 영남대 법학전문대학원

354 성년후견제도와 사회복지제도의 연계
신권철 | 서울시립대 법학전문대학원

355 한국 다문화사회의 이방인
김순양 | 영남대 행정학과

356 현대 시민사회와 소비자계약법
이병준 | 한국외대 법학전문대학원

357 개인의 사회적 정보보호를 위한 공공 정보서비스 개선 연구
장항배 | 상명대 경영학과

358 여성교육투자에 대한 교육경제학적 탐색
백일우 외 | 연세대 교육학부

359 사회적 기업과 지속가능한 지역발전
임업 외 | 연세대 도시공학과

360 다문화가정 구성원에 대한 투트랙 한국어 교육방안 연구
박시균 | 군산대 국어국문학과

361 아시아의 빈곤과 한국기업의 역할
한인수 | 충남대 경영학부

362 유치원 · 초등학교 연계 환경교육
박희숙 | 공주대 유아교육학과

363 비정규 고용과 사회정책
구인회 외 | 서울대 사회복지학과

364 사생활의 자유에 관한 비교법적 연구
이창현 | 서강대 법학전문대학원

365 다중융합 환경 기반의 미디어스킨을 활용한 문화콘텐츠 디자인 적용방안에 관한 연구
오문석 외 | 광운대 미디어영상학부

366 북한이탈주민 여성의 성인식 관련 기초 조사
한인영 외 | 이화여대 사회복지학과

367 노인주택 파노라마
유선종 | 건국대 부동산학과

368 시설보호 청년의 적응
정선욱 | 덕성여대 사회복지학과

369 다수 집단과 소수 집단의 심리
김혜숙 | 아주대 심리학과

370 바이오 휴머니티
권택영 | 경희대 영어학부

371 프랑스 다문화교육의 이해
이경수 | 상명대 불어교육과

372 한 · 중 서비스산업의 비교분석과 교역 확대 방안
김상호 | 리츠메이칸 아시아태평양대 국제경영학부

373 현대의학에 있어서 생명의 시간과 인간의 존엄
김학태 | 한국외대 법학전문대학원

374 0~3세 영유아의 영상물 과몰입 실태조사 및 정신건강증진 프로그램 개발과 적용
이경숙 | 한신대 재활학과

375 복지국가의 조세와 정치
양재진 외 | 연세대 행정학과

376 청소년기 자살행위 실태와 관련 요인
박선희 | 경희대 간호과학대학

377 기술혁신에 따른 지역 간 정보격차
최정혜 외 | 연세대 경영대학

378 한국 사회의 이중구조와 생애주기적 불평등
안상훈 편 | 서울대 사회복지학과

379 소비자의 친환경행동에 영향을 미치는 사회적 · 경제적 가치에 대한 고찰
송재기 | 텍사스테크대 경영학과

380 어머니 양육행동 관련 변인들과 유아 사회정서행동 간의 구조모형 분석
심숙영 | 숙명여대 원격대학원

381 조선족 여성, 동남아시아 여성 그리고 새터민의 적응 유형 분석 및 삶의 질 향상 방안 모색
정태연 | 중앙대 심리학과

382 세계의 연금, 한국의 연금
허만형 | 중앙대 공공인재학부

383 노인요양원과 문화 변화
최재성 | 연세대 사회복지학과

384 시민사회와 국제개발협력
손혁상 | 경희대 공공대학원

385 복지국가의 변화와 빈곤정책
김윤태 | 고려대 사회학과

386 다문화가정의 미디어 이용과 사회적 자본의 관계
진창현 | 경기대 경영학과

387 사회진출 대졸 초년생의 탄력성 변화 양상
이상민 | 고려대 교육학과

388 사회자본과 경제발전 그리고 정부의 질
도수관 | 대구가톨릭대 행정학과

389 망명과 귀환이주
서장원 | 고려대 독일문화학과

390 근거기반실천과 사회복지
김유진 | 경북대 사회복지학부

391 인터넷상 정보 유통에 대한 새로운 저작권 규율 방향 모색
박준석 | 서울대 법학전문대학원

392 한국 사회의 인종차별적 담화구조
이창수 | 한국외대 통역번역대학원

393 사회복지사의 사회복지 가치 지향
김용석 | 가톨릭대 사회복지학과

394 개인정보의 국제적 유통에 따른 법적 문제와 대책
박훤일 | 경희대 법학전문대학원

395 정신장애인의 인권
서미경 | 경상대 사회복지학과

396 취약계층 비만청소년들의 체중관리를 위한 건강증진 프로그램의 효과
김영호 | 서울과학기술대 스포츠과학과

397 한국 전통의 돈의 문학사, 나눔의 문화사
서신혜 | 한양대 창의 · 융합교육원

398 와이파이 공간과 모바일 정보 격차
이건학 | 서울대 사회과학대학

399 도시정비사업의 법적 쟁점과 해설
성중탁 | 경북대 법학전문대학원

400 사회서비스 제공기관의 조직요인과 성과
신창환 | 경북대 사회복지학부

401 도시 사운드스케이프 디자인
전진용 외 | 한양대 건축공학부

402 지방의회 의원윤리연구
김택 | 중원대 경찰행정학과

403 발달장애인 자립생활 증진을 위한 역량탐색 및 주거로서의 해결과제
김라경 | 광주교육대 교육학과

404 외국인고용제도개선과 인권
김상호 외 | 경상대 법과대학

405 사회복지연구에서 질적방법과 분석
김인숙 | 가톨릭대 사회복지학과

406 현대미술에서의 예술적 성장과 창의적 인재양성
백경미 | 울산과학기술원 기초과정부

407 현대인의 삶과 문화예술교육
곽삼근 | 이화여대 교육학과

408 문화적 배경과 체화된 인지
민동원 | 단국대 경영학부

409 아동 섭식행동평가 척도 표준화 및 섭식문제 현황 조사
정경미 | 연세대 심리학과

410 잊혀질 권리: 이상과 실현
문재완 | 한국외대 법학전문대학원

411 인권의 지역화: 일상생활의 인권 증진을 위하여
김중섭 | 경상대 사회학과

412 다문화 시대 이주민의 한국어 의사소통
민병곤 외 | 서울대 국어교육과

413 다문화 시대의 문화교육 커리큘럼
윤여탁 외 | 서울대 국어교육과

414 다문화 시대의 통일교육
박성춘 외 | 서울대 윤리교육과

415 다문화 시대 사회 통합을 위한 시민 교육
이진석 외 | 부산대 일반사회교육과

416 다문화 관련 법률 및 제도
박성혁 외 | 서울대 사회교육과

417 생태복원의 인문학적 상상력
김성도 외 | 고려대 언어학과

418 다국내 출생 다문화가정 청소년의 아픔과 분투: 사회적 차별로부터의 회복과 성장
서영석 | 연세대 교육학과

419 종교심리학의 이해: 죽음인식의 논의를 중심으로
김재영 | 서강대 종교학과

420 글로벌 시대의 사회통합: 세계적 추세와 한국의 위상
장용석 외 | 연세대 행정학과

421 소규모 사회적기업과 소셜미디어 마케팅
박철 | 고려대 글로벌비즈니스대학

422 동아시아 가면극의 역사와 전승양상
전경욱 | 고려대 국어교육과

423 무엇이 우리를 행복하게 하는가?
구교준 외 | 고려대 행정학과

424 디지털 중독의 이해와 대응 방안
오원석 외 | KAIST 경영대학

425 지속가능발전목표(SDG) 시대 한국의 복지와 행복지표 측정
한준 외 | 연세대 사회학과

426 지방정부 간 사회복지 불균형과 시민 행복
장용석 외 | 연세대 행정학과

427 일 · 여가의 변화와 행복 복지
유홍준 외 | 성균관대 사회학과

428 가족시간과 삶의 질
이윤석 외 | 서울시립대 도시사회학과

429 사회복지사의 유데모니아: 사회복지의 가치와 보람, 그리고 행복
송인한 외 | 연세대 사회복지대학원

430 행복을 위한 움직임
안문경 | 국민대 교양대학

431 읽기 장애 조기 선별검사의 측정학적 적합성 연구
여승수 | 부산교육대 유아교육학과

432 문화적 다양성과 창의성: 심리학적 관점
장재윤 | 서강대 심리학과

433 내일의 종언(終焉)? 가족자유주의와 사회 재생산 위기
장경섭 | 서울대 사회학과

434 산림공유자원관리로서 금송계 연구
배수호 외 | 성균관대 행정학과

435 한국 경제발전의 문화적 기원: 추격성장, 발전국가 그리고 문화적 혼종성
김명수 | 한양대 정보사회학과

436 4차 산업혁명의 일자리 진화
이민화 | KAIST 미래전략대학원

437 금융 분야에 있어서 4차 산업혁명 시대와 일자리 대책
고동원 | 성균관대 법학전문대학원

438 노동의 디지털화와 산업노동의 미래: 독일 산업 4.0을 중심으로
임운택 | 계명대 사회학과

439 4차 산업혁명과 고등교육 개혁
김민희 외 | 대구대 교직부

440 4차 산업혁명과 일자리 정책의 미래
권혁 외 | 부산대 법학전문대학원

441 복지공급론: 보건복지의 수단과 체계
강창현 | 단국대 공공관리학과

442 생각 중심 교육
박주용 | 서울대 심리학과

443 청소년 독자의 정체성과 문식 활동
이순영 | 고려대 국어교육과

444 인간의 심리를 조작하는 사회공학기술
김석수 | 한남대 멀티미디어학부

445 한국사회 이타적 행동에 대한 이해
강철희 외 | 연세대 사회복지대학원

446 이주민의 사회적 배제: 세대 간 전이와 민족 계급화를 중심으로
최혜지 | 서울여대 사회복지학과

447 사회복지, 업의 변화와 마케팅
이원준 | 청주대 경영학과

448 충남 민속의 이해
이필영 | 한남대 역사교육과

449 한국 청소년들의 공동체지향목표
신종호 외 | 서울대 교육학과

455 한국 다문화 사회의 교육과 복지 실천
김영순 외 | 인하대 사회교육과'

456 뉴미디어와 이주민: 소셜미디어시대 서울 지역 중국동포들의 미디어 이용과 적응
김용찬 | 연세대 언론홍보영상학부

457 제1기 헌법재판소: 헌법재판의 황무지에 단단한 초석을 놓다
임지봉 | 서강대 법학전문대학원

458 저소득층 초등학생을 위한 식생활교육 프로그램 개발: 심리 · 사회적, 영양학적 요인을 중심으로
김경원 외 | 서울여대 자연과학대학 식품영양학전공

아산재단연구보고서

001 한국인의 도덕성 연구
배해수 | 고려대 국문학과

002 산업화와 청소년 진로
이원호 | 울산대 교육학과

003 공동체의식과 시민운동
김영섭 | 한양대 행정학과

004 한국청년의 삶의 의미 충족도와 만족적 태도
안정수 | 경희대 철학과

005 중국조선족의 사회발전과 한 · 중관계의 위상
손장권 | 고려대 사회학과

006 해송림 "솔껍질깍지벌레"의 천적 및 주요 종의 생태
김규진 | 전남대 농생물학과

007 사회정의와 실천윤리
박종대 | 서강대 철학과

008 동구개혁의 영향
김달중 | 연세대 정치외교학과

009 한국청소년의 의식세계
김문조 | 고려대 사회학과

010 고강도 철근 콘크리트 구조의 실용화
정헌수 | 중앙대 건축학과

011 신기술의 연관형태 및 출현예측의 구조모형
권철신 | 성균관대 산업공학과

012 민간기업의 연구개발을 위한 조세정책
권영훈 | 한양대 경제학부

013 기술개발 활성화방안
송승구 | 울산대 화학공학부

014 부패의 현상과 진단
이문조 | 영남대 정치외교학부

015 연구투자의 지역적 편중화와 부산지역의 기초과학연구 활성화방안
윤웅찬 | 부산대 화학과

016 GATT의 신구 덤핑방지협정과 그 대응 방안
전창원 | 동국대 무역학과

017 한국사회의 도덕성 제고를 위한 진단과 처방
황경식 | 서울대 철학과

018 새로운 노사관계 방향
이진규 외 | 고려대 경영학과

019 21세기 동북아 정세예측과 한국의 전략적 대응방안
최평길 외 | 연세대 행정학과

020 소련의 한국에 대한 정책목표분석
신승권 | 한양대 정치외교학과

021 메모리 커패시터용 $Pb(Zr_xTi_{1-x})O_3$ 강유전체 박막의 제작과 특성
장지근 외 | 단국대 전자공학과

022 러시아 국제법학의 전통
김용구 | 서울대 외교학과

023 유럽연합의 현황과 전망
김동현 외 | 성균관대 행정학과

024 중국의 정치동원
송영우 외 | 건국대 정치외교학과

025 산업적 활용을 위한 이동로보트 시스템의 개발
박민용 외 | 연세대 전자공학과

026 중국조선족의 정치사회화과정과 동화적 국민통합의 방향
전인영 외 | 이화여대 사회생활학과

027 공적부조의 이론과 실제
최일섭 외 | 서울대 사회복지학과

028 대외통상환경의 변화와 법제개편
서헌제 | 중앙대 법학과

029 기업금융의 국제화
최생림 | 한양대 경영학부

030 자동차부품공업의 노사관계
김호진 외 | 고려대 행정학과

031 산업화 과정에서의 한국가족의 실태와 전망
정창수 외 | 성균관대 사회학과

032 공무원 가치관 실태와 정립방안
배병룡 외 | 경상대 행정학과

033 해외귀국청소년의 국내적응연구
이장영 | 국민대 사회학과

034 초고속정보통신망에서 LAN서비스 제공방안
이재용 | 연세대 전자공학과

035 WTO체제의 정책적 대응
김병진 외 | 경희대 행정학과

036 유럽의 통합정치
최수경 외 | 충남대 정치외교학과

037 유기질폐기물을 이용한 고단백사료원인 조류의 생산공정
최정우 외 | 서강대 화학공학과

038 초고속정보통신망의 수용성과 정책방향
박영상 외 | 한양대 신문방송학과

039 중국의 강남사회와 한중교섭
조영록 외 | 동국대 사학과

040 세계화시대의 사회 · 문화의식
신행철 외 | 제주대 사회학과

041 국내 외국인 노동자의 문제와 대책
성규탁 외 | 연세대 사회복지학과

042 노인인력 활용정책과 프로그램
김정후 외 | 강원대 법과대학

043 한일간 학술교류 현황과 활성화방안
정홍익 외 | 서울대 행정대학원

044 계량모형에 의한 한일 경제관계의 이해
김명직 외 | 한양대 경제학부

045 직장인의 음주행태와 삶의 질
진기남 외 | 연세대 보건행정학과

046 유통정보 시스템의 구조와 설계
정용길 | 충남대 경영학과

047 남북통일 이후 사회통합을 위한 교육의 역할
안기성 외 | 고려대 교육학과

048 대중음악에 심취한 청소년들의 심리적 특성
김인경 외 | 연세대 인간행동연구소

049 멀티미디어 시스템을 활용한 교육환경의 개선방안
김한일 | 제주대 컴퓨터교육학과

050 탈냉전기 한일관계의 쟁점
최상룡 | 고려대 정치외교학과

051 자치시대 새로운 '삶의 질' 지표의 모색
김형기 외 | 경북대 경제통상학부

052 유럽통합의 역내외 협력과 갈등
이호재 외 | 고려대 정치외교학과

053 21세기를 대비한 신노사관계
김재원 | 한양대 경제학부

054 대학의 시간제학생 등록제
안규철 외 | 전남대 교육학과

055 21세기에 대비한 방송통신정책
한진만 외 | 강원대 신문방송학과

056 주민참여를 통한 혐오시설 관리운영방안
박균성 외 | 경희대 법학부

057 여성의 정치적 권리인식과 정치참여
전경옥 외 | 숙명여대 정치외교학과

058 한국인 위장질환과 식생활 · 환경요인 및 *H. pylori* 감염과의 관계
이양자 외 | 연세대 식품영양학과

059 학생과 시민의 자원봉사활동
윤정일 외 | 서울대 교육학과

060 동북아 환경문제와 지역환경협력의 모색
신연재 외 | 울산대 정치외교학과

061 노인 자원봉사활동을 통한 사회통합 프로그램 개발
김동배 | 연세대 사회복지학과

062 물류정보 시스템
김태현 | 연세대 경영학과

063 전자식 문서교환을 이용한 항공화물 운송체계
민재형 | 서강대 경영학과

064 청소년과 성
이근후 | 이화여대 의과대학

065 민족통합과 무궁화호 위성의 남북한 공동활용방안
방정배 | 성균관대 신문방송학과

066 채식주의가 20대 여성의 영양상태와 에스트로겐 대사에 미치는 영향
성미경 | 숙명여대 식품영양학과

067 가상정보공간을 통한 지역개발 활성화 전략
유재천 외 | 한림대 언론정보학부

068 조산아 관리현황 및 정책수립 방안
박상기 외 | 조선대 의과대학

069 남북한관의 의식조사와 통일교육 개선 방안
김동규 외 | 고려대 북한학과

070 동양 전통 자연사상 탐구
장동순 | 충남대 환경공학과

071 초고속정보망의 시뮬레이터 구현
한기준 | 경북대 컴퓨터공학과

072 유통원가 시스템의 유효성
정다미 | 명지대 경영학과

073 국악과 문화관광의 만남
정익준 외 | 동아대 국제관광통상학부

074 기업의 지식경영 활용사례
김창은 | 명지대 산업공학과

075 선진국과 한국의 직업교육 · 훈련제도의 특성과 한계
정주연 | 고려대 경제학과

076 제주지역 성인 여성의 자원봉사활동
이상철 외 | 제주대 사회학과

077 M&A와 문화충돌 관리
박원우 | 서울대 경영학과

078 폐금속광산 인근 주민들의 중금속 오염실태
정종학 외 | 영남대 의학과

079 북한 농촌 · 농업실태와 인력자원개발 시스템을 통한 북한 농민의 구호방안
박성열 | 건국대 교육공학과

080 중소 소매점의 경쟁력과 소매성과
채명수 외 | 한국외대 무역학과

081 고령자를 위한 쾌적한 실내온도와 착의량의 설정
정운선 | 안동대 의류학과

082 지역문화 이벤트 PR
박종민 | 경희대 언론정보학부

083 인터넷 지역정보화의 실태와 전략
유평준 외 | 연세대 행정학과

084 여성 삶의 질 향상을 위한 사회교육 활성화 방안
김양희 | 중앙대 가족복지학과

085 벤처기업과 벤처금융
강대석 외 | 충남대 무역학과

086 구조조정기에 있어서 실업대책과 사회 안전망 구축
박천익 | 대구대 경제학과

087 한국 유아의 조기교육
이명조 외 | 한국외대 교육대학원

088 남북한 경제공동체 형성전략
이상만 | 중앙대 경제학과

089 지방자치회계의 투명성과 주민의 알 권리
권찬태 외 | 경북대 경영학부

090 정치지도자의 정책리더십
이해영 | 경일대 행정학과

091 경제위기와 한국인의 복지의식
신광영 외 | 중앙대 사회학과

092 북한의 노동
김강식 | 한국항공대 경영학과

093 우리나라 중소기업의 정보기술 활용 현황과 경쟁력 강화를 위한 제안
정승호 | 부산외대 정보시스템학과

094 인간배아복제의 법적 · 윤리적 문제점과 그 해결방안
최병규 | 한경대 법학부

095 가치변화에 따른 투표행태
조찬래 외 | 충남대 정치외교학과

096 인터넷 경매에서의 계약체결과 소비자 보호
이기수 외 | 고려대 법과대학

097 세계화시대 남북한 통합의 방향과 과제
윤민재 | 서울대 사회발전연구소

098 글로벌 시대 지방정부의 문화마케팅 전략
박흥식 | 중앙대 행정학과

099 대졸여성실업의 실태분석 및 대학-노동시장 간 효율적 연계방안
이은우 외 | 울산대 사회과학부

100 그린 투어리즘의 분석
이응진 | 대구대 관광학부

101 지방자치단체장의 부정부패
오일환 | 한양대 아태지역연구센터

102 산업화가 유교체제하 중국여성의 지위에 미친 영향
천성림 | 배재대 사회과학연구소

103 움직이는 말하기
유혜숙 외 | 나사렛대 교양학부

104 장애학생을 위한 특수교육공학의 활용
김용욱 | 대구대 중등특수교육과

105 지식기반사회의 평생교육 이해와 평생교육 프로그램 개발
박성열 | 건국대 교육공학과

106 N세대의 미술교육
김동철 | 대구교육대 미술교육학과

107 노후계획과 투자
권택호 | 여수대 국제통상학과

108 영화산업
양영철 | 경성대 연극영화학부

109 동유럽의 변혁과 언론의 역할
정대수 | 경남대 정치언론학부

110 환율, 임금, 물가가 국제경쟁력 및 수출입산업에 미치는 영향
하인봉 | 경북대 경제통상학부

111 일본기업의 기술혁신 전략
위정현 | 중앙대 상경학부

112 노후보장정책과 역저당연금제도
조덕호 외 | 대구대 행정학과

113 유비쿼터스 라이프와 미래 사회
김석수 | 한남대 멀티미디어공학과

114 죽음과 관련된 생명윤리적 문제들
구인회 | 가톨릭의과대 인문사회과학교실

115 경제적 세계화와 빈곤문제, 그리고 국가
김준현 | 한일장신대 인문사회과학부

116 한국의 세계불교유산
김종명 | 한국학중앙연구원 한국학대학원

117 복지레저서비스론
고태규 | 한림대 국제학부

118 자생적 철학체계로서 인간중심철학
선우현 | 청주교대 윤리교육과

119 전략적 통합과 한반도 평화체제
김승채 | 고려대 정책대학원

120 환경사법론
전경운 | 경희대 법학부

121 인터넷 자료를 통해 본 한국의 이혼문화와 사회복지
성정현 외 | 협성대 사회복지학과

122 유럽연합의 사회정책에 관한 연구
문진영 | 서강대 신학대학원 사회복지학과

123 여성건강의 통합적 관점
김혜원 | 관동대 간호학과

124 복잡계 네트워크 과학
강병남 | 서울대 물리천문학부

125 경제적인 3세대 전원주택 개발
박근준 | 호서대 건축공학과

126 사회복지와 인적자원개발
이상일 | 인제대 국제경상학부